“十三五”国家重点图书出版规划项目

中国乡村振兴示范村

丛书主编 陈文胜

副主编 王文强

袁家村

赵强社 赵晓峰 张贯磊 等著

东北大学出版社

图书在版编目（CIP）数据

袁家村 / 赵强社等著．—沈阳：东北大学出版社，
2020.12
（中国乡村振兴示范村 / 陈文胜主编）
ISBN 978-7-5517-2630-6

Ⅰ．①袁… Ⅱ．①赵… Ⅲ．①农村—社会主义建设—
概况—礼泉县 Ⅳ．① F327.415

中国版本图书馆 CIP 数据核字（2020）第 270315 号

出 版 者：东北大学出版社
地址：沈阳市和平区文化路三号巷 11 号
邮编：110819
电话：024-83687331（市场部）　83680267（社务部）
传真：024-83680180（市场部）　83687332（社务部）
网址：http://www. neupress. com
E-mail:neuph@neupress.com
印 刷 者：辽宁一诺广告印务有限公司
发 行 者：东北大学出版社
幅面尺寸：170 mm × 240 mm
印　　张：14
字　　数：251 千字
出版时间：2020 年 12 月第 1 版
印刷时间：2020 年 12 月第 1 次印刷
责任编辑：刘宗玉　张德喜
责任校对：潘佳宁
封面设计：潘正一

ISBN 978-7-5517-2630-6　　定　价：49.00 元

群山环抱的袁家村

袁家村门楼

袁家村农民夜校

袁家村村民赴日本学习（2016 年）

中办主任唐仁健视察袁家村

袁家村老支书郭裕禄在主持会议

袁家村春节大庙会民俗表演

袁家村第七届集体过大年盛况（2019 年）

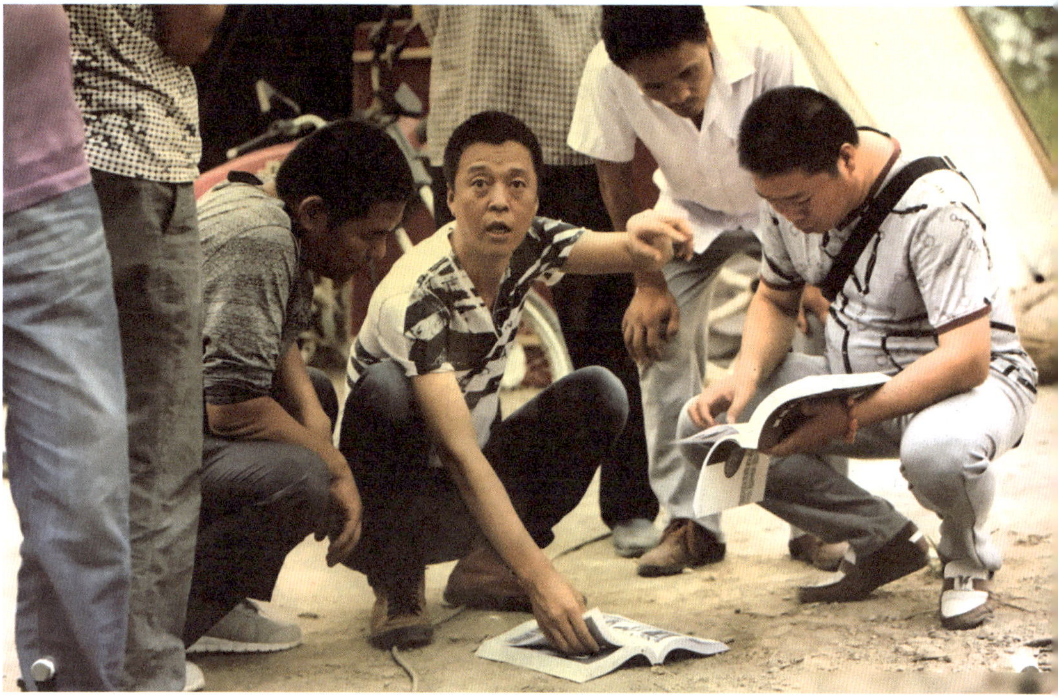

袁家村支部书记郭占武现场指挥建设工作

首届中国乡村振兴论坛袁家村峰会会场（左：周立，中：温铁军，右：郭占武）

袁家村游客接待中心内景

袁家村生态停车场

端午节时，中外游客包粽子

袁家村老街上人头攒动

袁家村民居建筑一隅

袁家村一角

袁家村客栈庭院

袁家村辣子作坊

袁家村竹风堂酒店庭院

山西“忻州古城·袁家村”夜景

序 Foreword

党中央始终高度重视农业、农村和农民工作，新世纪以来，连续推出了一系列强农惠农富农政策，我国农村发生了翻天覆地的变化，广大农民从物质到精神都有了前所未有的提高。习近平总书记指出，农业强不强、农村美不美、农民富不富，决定着全面小康社会的成色和社会主义现代化的质量。实施乡村振兴战略是党的十九大作出的重大决策部署，这是党的“三农”工作一系列方针政策的继承和发展，是开启全面建设社会主义现代化国家新征程的必然选择，是我们在新时代做好“三农”工作的行动总纲和根本遵循。

2020年，我国打赢了脱贫攻坚战，农村贫困人口按现行标准全部脱贫，贫困县全部摘帽，消除了区域性整体贫困现象。党的十九届五中全会提出“实现巩固拓展脱贫攻坚成果同乡村振兴有效衔接”的要求。脱贫之后的农户面临着尽快加入中等收入群体行列的新任务、新挑战，而乡村振兴正是他们实现这一美好愿景的必由之路。

村庄是乡村的基本社区单元，是乡村振兴的主战场。我国有60多万个行政村，从南到北、由东至西，情况千差万别，振兴之路也必然各有千秋。广大农村在实践中探索出各具特色的发展路径，一批村庄尽享强农惠农富农政策红利，通过艰辛探索，率先迈入全面小康，成为乡村振兴示范村；但仍有大量村庄在后起赶超，既需要政策的引导与推动，也需要典型的示范与带动。

习近平总书记强调，“要科学把握乡村的差异性，因村制宜，精准施策，打造各具特色的现代版‘富春山居图’。”实施乡村振兴是一个划时代的伟大创举，也是一项长期而艰巨的任务。党的十九大提出的实施乡村振兴战略，指明了村庄建设的前进方向，但还要不断总结典型经验，探索发展规律，才能持续推动乡村的全面振兴。

由陈文胜教授担纲主编、多位专家学者共同编撰的“中国乡村振兴示范村”丛书，选择不同地域、不同类型的10个典型村庄，系统、全面地介绍其乡村振兴过程，是一件十分有意义的事情。典型村庄的选取兼顾地理区域、发展路径、奋斗历程等多方面，既有经几代人持续奋斗形成的富裕村，也有在精准扶贫中脱颖而出的脱贫村；既有区位优势显著的城郊村，也有大山深处的边远村，有较强的代表性，可以为乡村振兴工作提供多视角的参考借鉴。丛书既详尽地叙述了每个示范村的发展过程，包括对村干部与村民思想、行为变化的细微描写，又对村庄发展的关键阶段、特殊环节的超常做法和成功经验进行了系统总结，给出了各示范村乡村振兴过程的全景式展示。纵览全书，一个个眼光独到、能力超群、公而忘私的村庄引领者的高大形象跃然纸上，一件件惊心动魄、事关生死大事的抉择过程展现在眼前。这种纪实性文体鲜活、可信，感染力强，是总结农村基层工作与农民群众创造精神的一种有益的探索。

丛书文字生动活泼，叙事生动简明，启发性、指导性强。衷心希望这套丛书能有助于广大读者了解乡村，为乡村干部和农民朋友提供有益的借鉴，为各级党政部门的科学决策提供参考，助力全国的乡村振兴工作。

是为序。

蔡　昉

2020年12月

蔡昉，全国人大常委会委员，全国人大农业与农村委员会副主任委员，中国社会科学院原副院长、学部委员、博士生导师。

前言
Preface

自从党中央提出乡村振兴战略以来，全国各地掀起了推进乡村振兴的热潮。在各地调研时，我发现每个村庄推进乡村振兴的积极性都很高，一部分村庄经过艰辛努力，探索出具有自身特色的发展模式，整体过上了质量较高的全面小康生活，但大多数村庄并没有明晰的发展思路，仍在乡村振兴的道路上彷徨且找不到突破的方向。由此，我心中一直想寻找一批优秀村庄，为其他村庄提供示范样本，以让更多的村庄能更快地实现乡村振兴。我也曾经将这个想法写进了对政府的建议之中。

我的这一想法与东北大学出版社的计划不谋而合。2018年秋天，东北大学出版社领导找到我，提出出版一套宣传乡村振兴优秀村庄系列丛书的构想，并希望由我来组织编写这套丛书，我欣然答应了。我们一致认为，实施乡村振兴，是党中央、国务院的战略部署，是广大农民过上小康生活的必由之路，但前景美丽而道路曲折，实现乡村振兴将是一个长期的奋斗过程。在这个过程中，已有许多村庄走在前列，提前进入小康，应该把他们的经验总结出来，供尚在乡村振兴奋斗路上的村庄学习、借鉴。各个村庄经济基础不同、自然条件迥异，笼统设定一个模式，照搬一个做法显然不妥，而是要有针对性地选择一批有代表性的优秀村庄，让大多数村庄都能找寻到学习的榜样，以最大限度地发挥优秀村庄的示范作用。为此，我们在全国范围内，遴选了10个走在乡村振兴前列的典型村庄，以通俗化语言、纪实的叙事方式，把村干部及村民的超前意识、奋斗过程、成功经验全面描绘出来，将它们的坚定信念、聪明才智、开拓精神细致展现出来，并以“中国乡村振兴示范村”丛书的形式奉献给广大读者。希望这套丛书能给各级政府以借鉴，给广大乡村干部和农民朋友以启示，为实施乡村振兴战略助一臂之力。这就是我们编写、出版这套丛书的初衷。

为确保编写质量，我们组建了一个由长期关注、从事“三农”研究的专家学者、政府官员、媒体精英等组成的跨区域作者队伍。具体分工是：

我任丛书主编，湖南省社会科学院人力资源与改革发展研究所所长王文强任丛书副主编。各分册作者分别是：《十八洞村》，湖南师范大学中国乡村振兴研究院教授陆福兴；《花园村》，人民日报社《民生周刊》杂志社编辑部主编、资深媒体人严碧华；《战旗村》，四川省农村发展研究中心主任、四川农业大学教授蓝红星，四川农业大学教师张正杰；《浔龙河村》，湖南省政协经济科技委员会主任、中南大学教授吴金明，湖南浔龙河投资控股有限公司刘红峰博士，国家税务总局党校长沙分校教师吴双；《景溪村》，河北农业大学教授申端锋；《郎德上寨》，中共黔东南苗族侗族自治州委员会宣传部副部长龙志波，黔东南苗族侗族自治州融媒体中心纸媒综合部主任、主任记者宋尧平；《袁家村》，中共陕西省咸阳市委农工办主任、西北农林科技大学兼职教授赵强社，西北农林科技大学教授赵晓峰、讲师张贯磊等；《振兴村》，山西农业大学形势与政策教研室主任、副教授庞丽铷；《张庄村》，湖南省社会科学院《毛泽东研究》编辑彭秋归；《大梨树村》，辽宁省直工委原副调研员张玉洁。作者们治学严谨、知识渊博，具有丰富的乡村调查经验，对所写的村庄比较熟悉，对所剖析的对象有着密切的关注。为了高质量地完成撰写任务，他们或常驻或三番五次前往所写村庄，目的就是真实记录所写村庄的振兴过程，挖掘出其潜在的精神动力。

本丛书的编写得到了各示范村村委会、支委会和所在地党政机关的大力支持和热情服务。尤其是本丛书的出版还得到了全国人大常委会委员、全国人大农业与农村委员会副主任委员、中国社会科学院学部委员蔡昉的关注，并在百忙之中为本丛书作序，其深厚的为农情怀和对“三农”研究者的关爱令我们十分感动。在此，一并对给予本丛书编写、出版以支持和帮助的各相关单位、各界人士表示衷心的感谢！

需要说明的是，丛书中的有些数据、案例引自专业著作与论文、媒体报道、政府门户网站发布的资讯。对各类文献的作者，我们致以真诚的感谢。由于时间关系，难以一一核对和注明所有文献的出处，在这里我们深表歉意。由于编者水平所限，加之时间仓促，丛书中的内容难免有不妥、失误之处，敬请广大读者批评指正。

陈文胜

2020 年 11 月

陈文胜，湖南师范大学“潇湘学者”特聘教授、博士生导师，中国乡村振兴研究院院长，中央农办乡村振兴专家委员，中共湖南省委农村工作领导小组“三农”工作专家组组长。

目 录
Contents

第一章

历史回眸：关中“小村”的往昔岁月

一、关中的腹地

陕西关中平原作为中华文明的发祥地之一，享有“八百里秦川”之美誉。“八百里秦川”，北界北山，南倚秦岭，东西分别以潼关、宝鸡峡为界。渭河由西向东横贯关中平原，干流及支流泾河、北洛河等均有灌溉之利。

九嵕山下袁家村

从古至今，秦川沃土一直以农业发达、土地肥沃著称，自从战国时期修筑好郑国渠之后，关中之地便成为兵家必争、立国建都首选的物资丰饶的风水宝地。正如杜甫在《秋兴八首》中所述：“回首可怜歌舞地，秦中自古帝王州”，在陕西关中地区先后有周、秦、汉、唐等十三个王朝在此建都，可谓中国历史上建立王朝最多的地区。被人们赞誉为“我国北方农村的一颗瑰丽明珠”的袁家村，便位于这片具有丰厚历史底蕴的关中腹地之上。

袁家村，坐落在陕西省咸阳市礼泉县烟霞镇北面的九嵕山下。九嵕山位于关中平原北部，山势突兀，海拔高达 1188 米，东西两侧，层峦起伏，亘及平野。主峰周围均匀地分布着九道山梁，高高拱举。古代习惯于将小的山梁称为嵕，因而得名九嵕山。九嵕地处泾河之阴、渭河之阳，南隔关中平原，山脉横亘东西，山峦起伏，冈峰横截，犹如一道屏障拔地而起，与关中平原南部的秦岭山脉遥相对峙。也许正是因为九嵕山的壮丽和险峻，开创大唐盛世的李世民将此地作为自己的长眠之地。每每说起唐朝，一股自豪感便油然而生。唐太宗开创的“贞观之治”的治世局面作为中华民族悠久历史中最为辉煌的篇章影响着一代又一代人，与此同时唐朝在世界上也拥有举足轻重的地位。直到今天，海外华人仍被称为“唐人”，中国人在海外的集聚区也通常被称为“唐人街”。大唐帝国是中国古代史上光辉灿烂的一段时光，它曾经以自己的绚丽光彩照耀了整个世界。九嵕山也因为唐太宗对它的青睐颇负盛名，并引得游客争相来此地游览、无数文人墨客为此作诗赋词。时光流转不息，漫漫时间长河，已将往昔记忆洗涤冲刷。千年已过，李世民的辉煌成就逐渐被众人淡忘，而九嵕山的名气也隐没在历史的长河之中。然而近年来随着袁家村这一小小村庄的逐渐崛起，它得以再度熠熠生辉、名扬天下。

以关中平原及九嵕山为依托，村庄整体地势西北高、东南低。村庄地貌分为南部台塬和北部丘陵沟壑区两大类，呈阶梯形跌落。北部山区土层深厚，海拔高，温差大，适合苹果种植；中部地区靠近九嵕山，矿藏丰富，石灰石、大理石储量丰厚，处于石灰岩底层的富锶矿泉水，天然纯净，具有很高的开发价值；南部平原土地肥沃，为宝鸡峡灌区，渠井双保险，灌溉方便，是重要的商品粮食基地和设施农业基地。除此之外，由于处在关中北部的九嵕山与关中南部秦岭之间的关中腹地，袁家村属于暖温带半干旱大陆性季风气候区，四季分明，年平均气温 12.96℃，受季风气候影响，降水主要集中在夏秋季的 7—9 月，年降水量 537~546 毫米。袁家村为针叶林和落叶阔叶林混交地带，现有耕地面积 201.9 亩；林地面积 204.2 亩[①]，这些耕地和林地种上了很多当地特色的农作物以及核桃、苹果、

① “亩”是非法定计量单位，一亩约 666.66 平方米。因农村中常用“亩”作为土地面积计量单位，故本书中予以保留。

石榴、柿子等经济性果树。

袁家村占地面积 500 多亩，共 62 户 286 人，外来固定居住人口 3000 多人，带动周边从业人员数万人。2007 年，袁家村依托得天独厚的人文资源优势，因地制宜，大力发展关中民俗文化旅游，建成了以康庄老街为主体的关中印象体验地。村子所经营的旅游产品以关中小吃为主，形成了以农家庭院、民俗客栈为主的民俗景观；以小吃街、回民街、祠堂街、书院街、酒吧街为主的街巷景观；以大剧院、观音殿、秦琼寺、烟霞草堂、维德书屋为主的文化景观。现阶段的袁家村内新栽槐树、皂角树、柿子树、樱花树和冬青等景观树 500 余棵，外围道沿及停车场、绿化林等栽种法桐、银杏、白杨、国槐、洋槐、雪松等各类树木 6000 余棵，村子东边还有专门打造的集种植养殖、休闲采摘、青少年研学为一体的休闲农业板块，不但增加了绿化面积，而且极大地改善了生态环境。

总体而言，袁家村是一座极具地方特色的，集民俗体验、休闲娱乐、旅游观光、特色餐饮、特产销售、民居生活等多类型空间于一体的当代复合型乡村空间典范。经过不断发展，袁家村成为陕西民间文化和旅游的第一品牌。被称为“陕西小丽江”的袁家村，相继获得了国家 AAAA 级旅游景区、中国十大美丽乡村、全国乡村旅游示范村、中国十佳小康村、中国最有魅力休闲乡村、国家特色景观旅游名村、全国一村一品示范村、中国乡村旅游创客示范基地等殊荣。小小村子汇聚千余创客，吸纳 3000 多人就业，带动周边数万农民增收，每年旅游总收入逾 5 亿元，村民人均年收入 10 万元以上。“空心村”变身为中国最美乡村、最具特色小镇。

二、便捷的区位

良好的区位条件是袁家村得以发展的基础。区位条件决定着交通的可进入性，而正是袁家村优越的区位条件保证了该村的客源市场及人才输入。袁家村地处陕西省礼泉县烟霞镇，坐落在举世闻名的唐太宗李世民陵昭

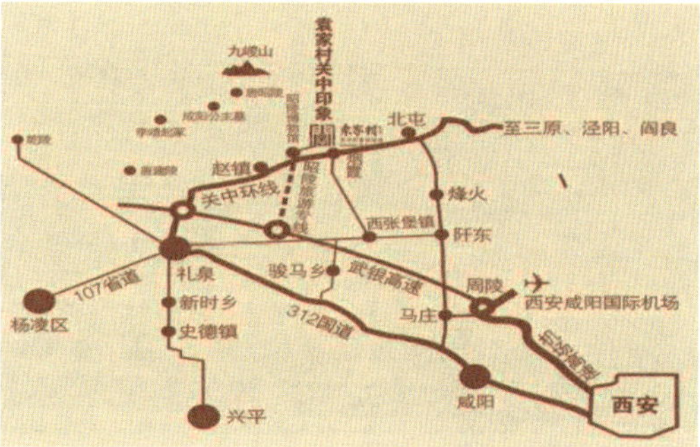

袁家村交通示意图

陵九嵕山下。距离西安市66.5公里，距离咸阳市不到50公里。依托西安这个拥有1000多万常住人口，有“天然历史博物馆”美誉的千年古都，它具备了村庄发展的优越交通条件。在交通要道方面，武银高速、陇海铁路、关中环线、312国道、107省道、唐昭陵旅游专线等线路经此地。另外它被规划在西安咸阳的半小时经济圈以内，咸阳至袁家村，西安至礼泉、袁家村每天都有客运大巴，发车频率高。从西安咸阳机场到达袁家村仅需一小时左右，交通十分便利。除此之外，政府为了进一步发展旅游经济，与袁家村旅游管理公司规划并开通了袁家村关中印象地往返于咸阳之间的公交路线。在交通方面，可以看到相比于大部分村庄，袁家村在空间区位上占有极大优势。

另外，袁家村周边具有丰富的历史文化资源。据统计，袁家村附近的古迹数量多达26处，旅游景点5处。北面距其1公里的唐太宗昭陵是全国第一批文物保护单位，是世界上最大的皇家陵园。唐肃宗建陵石刻，是关中地区帝王诸陵中数量最多、保存最为完整的石雕石刻群。除了昭陵之外，还有长公主地宫以及礼泉御桃观光园、乾陵、李靖墓等景点。袁家村本身还是秦琼墓所在地，墓前的石羊、石人、石马独具特色，为国家重点文物保护单位。2007年，陕西省礼泉县非物质文化遗产保护中心展开的秦琼、敬德门神文化保护计划，将秦琼墓前的石羊、石人、石马等文物收藏于昭陵博物馆内。虽然在旅游发展之前袁家村本身并没有什么特色的旅游资源，但由于地理位置优越，受到其他著名旅游景区的辐射作用，也成为乡村得以发展旅游的资源基础。袁家村现已形成以昭陵博物馆、唐肃宗建陵石刻等历史文化遗迹为核心的点、线、带、圈为一体的旅游体系，属于国家AAAA级旅游景区。

春节期间袁家村民俗活动表演

按照《国家乡村振兴战略规划》第九章关于“根据不同村庄的发展现状、区位条件、资源禀赋等，按照集聚提升、融入城镇、特色保护、搬迁撤并的思路，分类推进乡村振兴，不搞一刀切”的要求，袁家村依靠便利的区位条件，创新农村“乡村旅游”模式，探索出了一条乡村振兴的新路径。《国家乡村振兴战略规划》指出：“城市近郊区以及县城城关镇所在地的村庄，具备成为城市后花园的优势，也具有向城市转型的条件。综合考虑工业化、城镇化和村庄自身发展需要，加快城乡产业融合发展、基础设施互联互通、公共服务共建共享，在形态上保留乡村风貌，在治理上体现城市水平，逐步强化服务城市发展、承接城市功能外溢、满足城市消费需求能力，为城乡融合发展提供实践经验。”袁家村作为城市的“补充”，正是通过独具特色的城市所缺乏的“乡村生活”，吸引全国各地游客在此驻足停留。

三、流淌的历史

陕西是中华文明的重要发祥地之一，在上古时代是华夏“九州”中的“雍州”，历史悠久，是炎帝故里及黄帝的葬地。西周初年，周成王以陕原为界，原西由召公管辖，后人遂称陕原以西为“陕西”。

早在 110 万年前，“蓝田猿人”就在灞河两岸生息繁衍；8000 多年前，中华民族的始祖母、炎帝和黄帝的远祖、华胥国女首领华胥氏，创造了中国的农耕文化，从华胥到华夏，从华夏到中华，形成了一脉相承的中华民族文化，是华夏文明的源头；6000 多年前西安城东的半坡遗址，是黄河流域著名的仰韶文化母系氏族村落遗址，半坡人在此处种植谷物、饲养家畜、打猎捕捞，展示着六七千年前母系氏族社会的进步和文明；5000 多年前，华夏始祖炎帝、黄帝带领各自的部落，在陕西北部黄土高原一带开创了农耕文明，开启了中华民族五千年文明历史；到了西周末年，关中地区的农业生产有了新的发展，并向其他地区传播。后稷开启农耕文明，秦孝公重用商鞅变法，仓颉创造汉字，张骞开拓“丝绸之路”，司马迁独领传记史书之风骚……

礼泉历史悠久，自秦始皇二十六年（公元前 221 年）建县，距今 2240 余年。夏属雍州，周称焦获，秦叫谷口县，西汉置谷口邑，属左冯翊管辖，后改为谷喙县，东汉并入池阳，南北朝时改称宁夷县。隋文帝开皇十八年（598 年），因境内有泉，味甘如醴，且旁有醴泉宫，故更名为醴泉县。1964 年，经国务院批准，改“醴泉”为“礼泉”。礼泉县烟霞镇是以其境内的烟霞洞而得名。

唐太宗贞观十年（636 年），皇后长孙氏病危，临终之时遗言薄葬。唐太宗遵照长孙皇后的遗言，在皇后驾崩后把她临时安厝在醴泉县九嵕山新凿之石窟，定陵名昭陵，并决定把昭陵也作为自己的归宿之地。唐太宗以九嵕山建昭陵，并诏令子孙“永以为法”，开创了唐代帝王陵寝制度“因山为陵”的先例。《唐会要・亲谒陵》载，有唐一代，高宗皇帝和玄宗皇帝曾亲谒昭陵，拜奠先帝。永徽六年（655 年）正月初一，唐高宗亲谒昭陵，庄严肃穆，规模空前。这次祭奠活动结束后，高宗诏令免除了醴泉县当年的租赋，并将护陵的将军、郎将进爵一等，对陵令、丞加阶赐物，又诏令在陵侧修建佛寺。唐高宗时，唐军远征凯旋而归，献俘仪式也常在昭陵举行。依照中国古代传统礼制，献俘通常都在太庙、太社举行，但高宗为了慰藉先帝未灭顽敌的遗憾，将献俘仪式移至昭陵。《唐会要・献俘》载，显庆三年（658 年），苏定方俘叛将阿史那贺鲁，于十一月十五日献俘于昭陵；乾封元年（666 年），李勣灭高句丽擒高句丽王，于十月二十一日献俘于昭陵。

绵延的历史无不标志着陕西千年农耕文明的灿烂与辉煌。袁家村就坐落在这一片风水宝地上，在这里有太多的历史记忆，这片土地见证了太多的王朝更迭。地处龙脉的袁家村作为历史的见证者，沉淀了厚重的历史文化底蕴。

现在的袁家村是古村的支系。据说古村源于唐代皇帝为其母亲建造的一座“古宁寺”，这座寺庙是唐昭陵近 200 座陪葬墓、30 万亩陵园区内唯一的古寺。据村里人讲，新中国成立初期寺庙还在，被用作村中的学堂，庙前古槐亭亭如盖，晴天时站在西安城墙上远眺西北还看得见，只是后来寺庙就不存在了。如今村西有正在重修的宝宁寺，就是唐代天宝十年的皇家寺院。清《袁家村郭氏家谱》记载：“宝宁寺在村西，唐天宝辛卯十年，经唐元，明洪武、永乐，清康熙、同治、光绪年的多次修缮，最后形成。”新中国成立前夕，宝宁寺保持着光绪二年修复后的格式，前殿维持昔日原貌，中殿损毁严重，修复时为砖木结构，面阔三间歇山顶，封火山墙，香火兴盛，古色古香。新中国成立后大部分被毁，20 世纪 90 年代，由当地群众出资复建，如今修复一新的佛堂香烟缥缈，殿内幽静肃穆，令人心旷神怡。

袁家村康庄门楼

相传北宋建隆二年（961 年），有袁世臣、袁世官、袁世勋兄弟三人从云南迁至原陈家庵西边落户，定名袁家村。据《郭氏家谱》载：“袁氏乃宋建隆二年因战乱迁进，建村发展有 20 个院落，除三户属杂姓外，其余均为袁氏房舍。袁氏家族由建隆二年起，已传至十八代。”“老村有东西街，南北街两条；住宅排列有序，街面整齐，有十字门，后街两座。十字门坐落于东西南北两条大街中心、坐东朝西。一层为过街门洞，后街东头有袁氏祖庙”。1958 年袁氏家谱被烧毁，家谱无从考证。据 90 岁袁氏老人介绍，祖上迁进时家境贫困，家产一单挑。经历代勤俭持家，家业渐盛。从十代起，字辈依次为“天立性玉金承开运大少来复寺”。

据康熙七年（1668 年）《郭氏家族谱志》载：郭氏从康熙七年因战乱迁进发展其袁氏门户。据说，郭氏进村以来，人系发展旺盛，修建其祖庙、房舍院落大小 17 座。其一院落相当于整个村内院落全部房屋的造价，可能系郭氏为其祖父及其祖母所立。院门与南房为五间，过道东西两侧设有专挂郭氏红缨帽的木架，顶棚为木架彩雕，平门四门对开；从残存之各种木雕构件，可以想出当年在村内发展鼎盛时的兴旺程度。后为族人看病拆卖，正窑三间带穿廊，顶建一出入筒瓦诰封明楼一楹正门，门顶悬挂牌匾。在混乱时期，袁家村修筑了围墙以防止土匪官兵的侵扰。当时的陈家庵没有围墙，受土匪扰乱，陈家庵大部分人投靠亲友，剩余 20 来户，新中国成立后并入袁家村。

大概在 20 世纪 70 年代，古村应时势一分为四，分为上古村、下古村，其中下古村又分为西周、东周两村，另一个便是现在的袁家村。20世纪70年代，袁家村是当地的贫困村。全村37户人家，不足200口人，村民大多是从河南、山东等地迁居而来。全村的400亩耕地分布在弯曲不平的古河道上，“地无三尺平，沙石到处见”，可说是“跑水、跑土、跑肥”的贫瘠地。每当遇上荒年，村上不少人不得不出外乞讨。村民们大都居住在破旧、低矮的土坯房里，还有15户居住在低洼潮湿的地窑里，这一时期人们的生活较为贫苦。

四、独特的人文

自远古时代到商周，从春秋战国到秦汉，从唐宋到元明清，关中这片土地经历了太多的变迁，西安作为十三朝古都，是国内都城里历史底蕴最为深厚的地方，袁家村隶属于咸阳市礼泉县烟霞镇，饱含深厚关中文化底蕴。关中地区有着厚重的文化积淀，并在此基础上孕育出其独特的民俗文化。

民俗，又称“风俗”、“习俗”或“民风”，源于《汉书》：“上之所化为风，下之所化为俗。”钟敬文曾在《民俗学概论》中将民俗现象分为物质民俗类、社会民俗类、精神民俗类、语言民俗类四大类。民俗文化无论是从时间角度还是从空间角度来看，都是种类繁多，内容丰富，载体庞杂，涉及人类社会的方方面面。可以说，没有丰富的日常生活就没有丰富的民俗文化，反之，没有丰富的民俗文化活动，人们的日常生活就将失去价值和意义，社会将失去文化的文明价值和意义。在袁家村我们可以体会到浓郁而独特的关中民俗文化，包括其建筑文化、日常行为文化、农耕文化、饮食文化、民风文化等，这里是一个文化的盛宴。

（一）建筑文化

关中传统民居历史悠久。据专家考证，中国最早的房屋建筑雏形如半穴式、地面式建筑，四合院形态以及夯土、土坯和砖瓦技术，乃至城市建筑格局和形态发展的初步成型均出现在关中地区。经过百年变迁，关中传统民居依然以其独有的古朴恢弘、文化内涵丰富的四合院形式和建筑风格，在中国传统民居建筑体系中自成一派。

关中传统民居的一般特点为布局紧凑，用地节约，室内外空间处理灵活，营造技术完善。在装饰艺术上水平高超，留给人们的印象是素墙黛瓦、浮雕镂空、飞檐挑角、大气醒目、恢弘雄伟。关中传统民居无论是在土地资源利用、建筑平面布局，还是建筑装饰上都代表了我国古代劳动人民高超的建造技术，是我国建筑历史和建筑文化宝贵的遗产。关中民居一般以平房为主，仅大宅院在最后一排正房盖有楼房，少有门房为两层的建筑。主体结构为砖墙抬梁式木构架，以增加内部纵向空间。顶部与山墙的连接均为硬山式，屋面是小青瓦单层干搓仰瓦排列。普通民居的外墙多为夯土墙、土坯墙或砖结构内填充土坯墙，或墙外立面镶嵌毛石等工艺形式，为防雨水冲刷，在土墙上部砌有两三条小青瓦滴水檐，且具有装饰作用。

关中传统民居的布局由前向后的次序为：门房、庭院、厦房（厢房）、正房（上房）和后院。由于关中地区夏季炎热，冬季风大且寒冷，因此，较多的宅院在平面布局上采用南北窄长的内庭院式院落，使院内空间处在两侧房屋产生的阴影区内，以求夏季比较凉爽。另外，高大的墙体和密闭的空间在寒冷的冬季也能起到防寒的作用。这种院落也被称之为“窄院式”院落。在关中地区院落的厅房一般被用作客厅及处理日常事务，不住人，仅厦房为主要居室；大门一般设在临街门房的东面，其余两间作为杂用房；都有后院，用作杂物堆放或者牲口圈养棚及厕所。若是三合院式，则一般会把正房两侧的次间用作长辈的居室，而明间作为祭堂及客厅使用，同时，明间又被做成过厅用以连接前后院。

拥有独特魅力的关中八大怪之第二怪——“房子半边盖”——更是凸显了关中鲜明的建筑特色。一般情况下，我国的传统家居普遍都是“人”字形结构的木质房屋或砖瓦房，一般我们会想到北方传统的四合院，四合院里面的所有建筑都是这种结构的房屋。但是在关中地区，由于木少土多，这种结构的房屋对于一户人家而言可能只有一间，而这一间房被称作关中的“上房”。“上房”的结构是厅堂居中，两边为卧室，主人和家中的老人在此居住。在一户人家的院落，除了上房以外，还有偏房，也就是关中人所说的“厦房”。厦房的结构是“人”字的一半，是半边盖的房子，颇为奇怪。究其原因，是由于当地人过于贫穷，而这种房子可以节省大量的木材。“房子半边盖”这种独具特色的建筑在多土少木的关中地区很是常见，进而演变成了当地人的盖房理念。关中地区有一句“顺口溜”是这样说的：有钱住北房，避风又向阳。这句顺口溜中的北房也就是指坐北朝南的房子，一般情况下都是指上房，当然，其中也不乏有根据院子走向盖的厦房，这种格局的四合院是关中民居的主流。

结合“房子半边盖”以及关中四合院的整体建筑风格，一般情况下，大家对此的理解应是取自“肥水不外流”之意。因为厦房只是“人”字的一半，下雨后，房檐上的水都会顺着房檐流进自家院落，进而收集起来，可以缓解关中缺水的问题。

关中地区缺水的现实已是普遍的共识，为了缓解缺水的问题，很多关中地区的百姓都会采取收集屋顶流下的雨水到窖里的方式，在有需要的时候会用关中特色的打水工具“楼楼”把水从窖里打起来存放在瓮里，在袁家村，我们便可以看到这样的景象。

（二）行为文化

说起关中的行为文化，第一个会想到的就是关中八大怪之第一怪——板凳不坐蹲起来。这应该算是关中最具特色的“一怪”，人们吃东西的时候会蹲在一个地方，即使有板凳也不会去坐。可能会蹲在一边，也可能会蹲在板凳上面。这可以说是很多人识别关中人的一大标志。“板凳不坐蹲起来”这种现象又被称为关中“蹲景”，已然成为了关中地区尤其是农村地区的普遍现象，也是在其他地区少见的关中特色。关中人把蹲叫“圪蹴”，其历史可以追溯到春秋时期。关中地区的人们在蹲着和坐板凳之间更倾向于蹲着，其实是从古代的“坐”演变而来的，也就是换了个姿势，进而出现了“板凳不坐蹲起来”的现象。对于一般人而言，无论是站着、坐着还是蹲着，长时间保持一种姿势都会颇为乏累。不过，对于关中人而言，即便蹲几个小时甚至半天也是一切如常，身体并不会出现不适状况。漫步袁家村，便会发现吃饭时几个人端着面蹲在各家门口，一边吃着面一边聊天闲谈，好不畅快。

“姑娘不对外”作为关中八大怪之第三怪，所讲的就是关中姑娘找婆家的现象。其实这种现象在很多地区都会出现，不过关中地区会更有历史感，也更富人情味儿。这里的姑娘一般情况下倾向于选择关中本地的男人结婚。关中姑娘们出生于关中大地，出于恋家情结，不愿意远嫁他乡。这种观念的形成与当地的地理条件密切相关。从地理位置上讲，东出潼关后需要渡过黄河，进而到达中原之地。虽然中原为富饶之地，但是在古代经常闹灾荒，很多中原人逃荒也会来关中。而且中原是兵家必争之地，在战火连绵的时代，遭受生灵涂炭最厉害的也是中原大地。除此之外关中还流传着这样的谚语：“少不过潼关”，故而中原便不是关中姑娘的首选。往西走便是阳关，一过阳关就是少数民族的地域。当然，选择游牧民族托付终身也不会是关中姑娘的首选。南面是秦岭，北面是黄土高原的陕北，在交通不便的情况下，与其跋山涉水地出去，还不如嫁个关中地区的汉子，故而在小农经济时代，就出现了“姑娘不对外”的现象。

“帕帕头上戴”作为关中一大怪也颇有趣味。“帕帕”就是指较大的手帕，在关中地区，帕帕的材质主要是粗布。对于关中地区的汉族而言，头戴“帕帕”可以算得上是一种历史传承。一方面，黄土高原天气恶劣，常伴有风沙，且阳光直射，头顶“帕帕”便可在一定程度上起着遮挡阳光、抵御风沙的作用。另一方面，关中地区地处西北，自古干旱缺水，洗澡颇为不便，为了不弄脏头发就头顶包一块手帕。与此同时，由于手帕比较大，也可以作为手袋包裹东西，也就是我们经常看乡村戏中，那种作为包袱皮包东西的布。即使到了现代资源丰富时期，袁家村人依然习惯于将“帕帕”戴在头上，头顶戴帕帕已然成为了关中地区的习俗，作为历史的传承出现。

（三）饮食文化

“农为邦之本，民以食为天”，关中的饮食文化滋养了一代又一代陕西人。在关中腹地，我们得以体会吃出来的文化、吃出来的豪迈。关中八大怪，其中的“三怪”都与吃有关，可见关中饮食文化在关中文化中的重要地位。

由于自然环境的原因，关中饮食以面食为主，而且关中美食中面食占很大比例，关中人将面食做出了很多花样。就连简简单单的面条，关中人做出的花样就多达几十种。说起“面条像裤带”，也就是指面条的长度与宽度，关中地区的面条又长又宽，很多种面条都只是在一个大碗中装入很宽的一根长面条，其中当属棍棍面最多，臊子面最少（一碗面只够吃一口，又被称之为“一口香”）。袁家村保持着地地道道的面食特色，无论是浆水面、棍棍面，还是酸汤面、凉面、臊子面，都得以体会到“一口香”的魅力所在。

锅盔是一种饼类面食，是极富关中特色的美食。相传在修筑乾陵时，由于工期紧、任务重，为防止因吃饭而耽误工期，一士兵急中生智，想到用头盔为器具在火上烤面团烙成饼，后来被称为“锅盔”。其实锅盔的出现是有原因的。在古代的关中地区都是大家庭一起吃饭，家家户户都用很大的锅做饭，而锅盔就是用大锅烙出的跟大锅的锅底差不多一样大的厚度适中的饼，后来就被称为“锅盔”。袁家村的锅盔颇具关中特色，真的如大锅的锅底一般大，厚度适中。村民们所食的锅盔皮黄里香，香气扑鼻，虽只是面食，却真的已经不再是我们印象中的面食，完全颠覆了我们对于饼类面食的认知。

说起吃辣，可能我们首先想到的是四川、重庆、贵州、湖南等省市。其实，关中人民也对辣子情有独钟，这里的特色是将辣椒制作成油泼辣子，吃饭的时候当作一道菜来吃，故而也就有了这一怪——“油泼辣子一道菜”。油泼辣子的制作原料是秦椒。秦椒跟寻常的辣椒不同，不仅辣味十足，而且有特殊的香味。油泼辣子的制作工艺十分简单，但是在早期，袁家村每家每户的制作方式不尽相同，也就导致了同样都是用辣子面制作的油泼辣子，各家有各家的风味。

（四）农耕文化

关中文化究其根源是建立在农耕文化基础之上的，关中文化是以农为本的农业文明。关中地区拥有浓厚的农耕文化色彩，关中平原土壤肥沃、气候湿润，是理想的农耕之地。历史证明：秦国能在诸雄中胜出，商鞅变法的推动固是原因之一；而关中发达的农耕，则是必不可少的物质基础。从某种意义上讲，秦国对天下的征服，乃是关中农耕和关中农作物创造的奇迹。

我国北方的原始农业发轫于粟、稷（黄米）和黍。粟、稷、黍之后，首先，小麦的出现和大面积种植推动了时代的跨越发展。其次便是灌溉，春秋战国时期，各诸侯国竞相修建水利工程。其中秦国修建的郑国渠，彻底改变了传统关中农业格局。全长达 150 多公里的郑国渠引泾河流入渭北后，不仅解决了干旱问题，还改良了平原土质，关中平原从此成为膏腴之地。铁器和牛耕的使用更是代表着生产力的大大提高。铁器出现之前，农民耕作使用的农具还是以木头和石头为主要材料。春秋时期，冶铁在中国出现。随后的战国时期，铁器农具渐渐普及，从而使牛耕成为可能。铁犁和牛耕无疑是战国时期最先进的生产技术，至于秦国所踞有的关中平原，则是最早使用这种技术的地区之一。秦汉时期，关中平原成为中国最富庶的区域。司马迁的评价是：“关中之地，于天下三分之一，而人众不过什三；然量其富，什居其六”。虽然当时的农业发展与现在相比微不足道，但那些辉煌的农耕往事已永久定格在人们的记忆深处并值得中华民族子孙后代不断从中感悟华夏文明的悠久历史与博大精深。

（五）民风文化

儒家思想对中国传统社会产生了极其深刻的影响，并涵养了一代又一代关中子弟，也形成了袁家村淳朴重义的民风民俗。传统的家族制度，为孕育良好的家风文化提供了血脉根基。当家风逐渐推广，并且为周围人们所普遍接受和奉行，就形成了独特的民风味道。袁家村的历史是厚重的，坐落于“八百里秦川”的关中腹地之上，历史留给古村的财富是取之不尽、用之不竭的，厚重的历史底蕴和文化禀赋镌刻在了当地人的文化血液里，重义轻利的传统经过多年的传承演绎得更加自然，潜移默化地积攒了无法抗拒的人文力量。民风传承的担子，最终还是要落脚到个人身上。民风并不是空泛地刻在古籍或者挂在墙上的铭文，而是浸透在骨子里，融合在意识里，真真实实映射在每一个人的身上，这是对民风最生动的传承。袁家村的先辈们经过历代勤俭持家，使得家业渐盛，影响着一代又一代袁家村村民，并不断激励他们依靠自身努力，奋勇拼搏，为袁家村更美好的未来贡献出一份力量。

第二章
一穷二白：袁家村的艰难岁月

一、自然简陋的居住环境

袁家村地处关中平原腹地，渭河以北，地势呈西北高、东南低之特征，地貌分为南部台塬和北部丘陵沟壑区两大类。早在20世纪70年代以前，这里的村民大多都居住在条件简陋、环境艰苦的“地坑窑”当中。当时的地坑窑与现存的地坑窑有着较大的差距，那么那个时期的地坑窑是什么样的呢？为什么袁家村的村民习惯居住在地坑窑里面？通过老一代人的回忆以及现存建筑的参照，同时参考学术文献和书籍上的一些介绍，我们可以对地坑窑有一个大致的认识。

在陕西关中平原，地坑窑也叫天井院、地窑，是关中平原北部人们穴居方式的遗留，同时被称为中国北方的“地下四合院”，据说已有约4000多年的历史了。地坑窑为窑洞式住房的一种样式。在冈地上，凿掘方形或长方形平面深坑，沿坑面开凿窑洞，内有各种形式的阶道通至地面，如所在地有天然崖面，则掘隧道与外部相通。地坑窑是在平地上挖坑，深10余米，四周见方。然后在坑的四壁下部凿挖窑洞，形成天井式四方宅院。另从窑院一角的一孔窑洞内凿出一条斜坡甬道通向地面，为住户进出之阶梯式通道。天井窑院内设置有出水通井，院内一般都种有高大树木，沿窑院顶部四周筑有带水檐道的砖墙。

由于自然地理环境的不同，形成了千差万别的地貌和形态，生活在不同自然环境中的人类铸就了丰富多彩的文化要素，并影响着不同环境中的建筑形态。

袁家村地坑窑的存在与发展同样也受到了自然环境和地理因素的形塑

与影响，同时源于20世纪70年代国家整体的贫困状态，使得袁家村村民从外在条件和主观态度上都选择了廉价、结实、耐用而又简陋自然的地坑窑式居住形态，并发展了这里居民早期的居住结构和聚居特点。

关中地区从北部北山开始至南部秦岭北坡为止，由于泾、渭两条河流常年流经该地，其流水作用形成了关中堆积平原，由山河阶地与黄土台塬地貌组成。黄土台塬地貌则位于关中地区的渭河两侧或山脉前部，其地表完全被黄土覆盖呈阶梯状台地，台坎和平缓的台面特征十分明显。黄土高原的南侧正好位于渭河北部沿岸的断层台阶地带，段块状缀带自北而南陷落，断层凸出覆盖厚层黄土后慢慢形成阶状台面，阶状台面南低北高。黄土台塬地带整体地势偏高，总体海拔450米到800米不等，平均高出平原200~300米。地势西高东低，至黄河河床降到340米。下沉式窑院作为乡土建筑的重要类型，遍及关中平原北部区域，它是在一定的自然条件、生产状态下，经过长期发展与变化形成的。在关中平原以及黄土高原甚至北方很多平原地区，生活着众多以农业为主的人民，他们把一切来源都归于土地，生活在这里的人们可以利用土地，因地制宜建造能够节约资源、冬暖夏凉、结实耐用的各种形态的乡土建筑。袁家村的地坑窑正是在整个自然环境诸多条件之下产生并发展起来的。

20世纪60年代旧村一隅

二、条件有限的耕种环境

这里，重点要说的是袁家村耕种环境中的自然条件。农业种植当中最重要的因素便是土地因素，土地是粮食生产的重要资源，也是农民赖以生存的最重要的生产资料。袁家村在20世纪70年代可用于农业耕种的人均土地面积其实不算少，甚至比周边地区其他村庄要多出许多，但是这里的粮食产量少之又少，粮食的品质也相对较差。其中有一个重要原因就是袁家村周围的土地是沙土结构，沙土地作为耕种土地而言，其肥力较低，养分含量较少，当然种植出来的粮食数量较少，质量较差。

袁家村作为关中平原腹地的典型农业型村庄，和北方大部分村庄一样，以小麦和玉米为主要粮食生产类型，以棉花为主要经济作物类型。在那个年代，由于土地肥力较低，袁家村的小麦产量很低。据村干部张文西的回忆，1970 年袁家村的小麦亩产只有 75 公斤，这还是在气候正常和水量充足的情况下，如果遭遇了自然灾害，比如洪水或者干旱，那么，小麦亩产甚至达不到 50 公斤。在棉花生产方面，1970 年，袁家村的棉花亩产只有 10 公斤，这远远达不到一个务农型村庄正常的劳动产量，同时对于村庄的发展来讲，根本起不到任何作用。每年棉花的收成基本上也都是上缴公社，村民真正可用于生活的所剩无几。

由于不懂得沙土结构的土壤应该怎样去种植粮食，没有一种科学和系统的耕种方式，往往是按照以往简单粗犷的耕种形式，更加造成了袁家村附近耕种土地的水土流失、肥力下降。在人民公社时期，由于生产队盲目地追求小麦的耕种面积与人民公社过分要求粮食的产量，使得袁家村生产队的农民群众将扩大生产与提高产量作为了耕种的首要目标，而忽视了一个重要的条件，那就是土壤的类型决定了适合耕作什么样的农作物，土壤条件也间接地决定着粮食产量。因此虽然农民不顾一切最大限度地开发土地，但却因为没有根据土地面积和土壤性质做出合理的农业生产布局，最终导致的结果是粮食产量不但没有增加，反而出现了土壤沙化程度加深、土地肥力下降等情况。这里的土地更加难以生产出质量较高、产量较多的粮食，使得本就较为艰难的袁家村生产队更加束手无策，一时间没有办法来解决这里的土地肥力和粮食产量的问题。

除了在耕种中遇到土地肥力较低的生产困境以外，还有一个重要因素也在制约着村民的农业劳作和粮食收成，这就是袁家村的水利条件非常差，在农业生产中常常会遇到缺水断水问题。袁家村附近没有河水流过，只有一条 20 世纪 60 年代国家建设时期从宝鸡引来的灌溉渠。这条灌溉渠不仅作为袁家村附近村庄的饮水、灌溉、生产等重要水资源，更是作为礼泉县北部农业地区的水利灌溉重要资源。因此绝大部分时期仅靠着一条灌溉渠来作为整个村庄用水唯一来源是远远不够的，在干旱时节袁家村往往遭遇可用水量骤减，甚至没有可用水的情况，这对于本就土地条件较差的村庄农业生产来说更是雪上加霜。

由于袁家村在农业生产中的土地、水利等自然条件的限制，使得这里长期种植的粮食作物和经济作物的产量较低、质量较差。同时由于经济贫困和资源匮乏，袁家村在农业生产中也缺乏有效的劳动工具，到了1972年，很多村民在劳动过程中常常出现生产工具不够的情况。这使得很多农民在耕种中只能从事一些不用工具的劳动辅助工作，比如浇水、拔草、打药等初级农业生产方式，这极大地影响了粮食生产的效率和产量。在农忙时期，很多农民甚至需要轮换利用劳动工具或者到外村去借一些农业用具，甚至出现过几个农民为了抢一个铁锹相互打架动手的事件。这在现在看来是十分不可思议的，但却是当年袁家村农民生活劳作的真实写照。

20世纪70年代的村饲养室

三、错综复杂的宗族关系

袁家村是三大姓、五小姓的宗族格局，虽然只有区区的62户农户，但却有八个不同姓氏的人家在此居住，共同生产、一起生活。在老书记担任袁家村村书记之前，这八个姓氏之间矛盾不断、冲突不停。20世纪70年代，因为袁家村生产力落后，自然条件一般，农业生产不足，工业发展缺乏，人们普遍贫困，各个宗族之间常因为粮食分配以及水量划分的问题产生严重争执，不同宗族之间出现了内部抱团、排挤外族的现象。在村干部人选上，不同宗族之间派系斗争明显；在生产任务划分方面，各宗族都积极争取出力少、干活轻的位置。村中的老人曾经回忆到，那个时候村民们经常会为一些小事情产生很多的纠纷，如果这些小的矛盾没有办法及时化解，双方就纠合各家势力来共同应对，双方从争执到斗殴时常发生，严重之时村中将近一半的男青年都会参与其中，足以见得当时宗族关系的复杂。有时几个大姓之间发生矛盾，也会联合其他几个小姓支持自己，慢慢地则演化成为了各宗族拉拢势力的一场纷争，几乎所有宗族都会参与其中。而时间一长，人们往往容易陷入到不同姓氏的争斗当中，而将重要的农业生产、村庄建设逐渐忽略。因此，宗族斗争最严重的时候往往也是农业生产率最低下的时期，人们将心思和精力都放在了如何维护本族利益和抵抗族外力量当中，自然无暇顾及农业生产。60 年代到 70 年代，袁家村的宗族关系错综复杂、矛盾尖锐，从三大姓氏之间的矛盾到大姓与小姓之间的矛盾，从家庭生活琐事到村中政治生活，都会有各种各样的宗族矛盾和姓氏斗争。直到 1970 年，袁家村第 36 任队长郭裕禄上任之后，袁家村的宗族矛盾和宗族关系才得以缓解。总之，在以前袁家村中八个姓氏之间矛盾很多，大小姓氏冲突尖锐，宗族关系呈现出错综复杂的局面。

四、更迭不断的干部队伍

袁家村不仅存在着错综复杂的宗族关系，在村干部的人选以及村庄领导的选用上，也存在着极其复杂、难以持续的政治困境。在郭裕禄书记上任之前，村庄干部队伍极不稳定，往往是一年一换、两年三换。到 1970 年，袁家村已经产生过 35 任生产队队长，也就是当时的村干部。其更迭不断的干部队伍使得村中政治生活非常复杂，人们常常还没有习惯前任书记的指令要求和工作方式，就要适应下一任书记的工作方式。同时更迭不断的干部队伍也造成了干部体系的混乱，导致村中人心涣散，难以集中力量进行农业生产与村庄建设。在这样的政治环境下，几乎所有村民都不满村中持续更换干部这一政治怪象，很是无奈与气愤。那么，袁家村为什么在干部队伍上出现了这种特殊现象？又是什么原因造成了这一政治困境呢？

其实这与袁家村艰苦的生产生活环境与错综复杂的宗族势力有着直接关系。因为前文曾提到，袁家村在以前只有十分有限的耕种条件，无论是气候、土地还是水利方面，都无法满足先进农业的生产要求，因此农业生产的自然条件较差；不仅如此，村民们简陋原始的居住环境使得大家生活艰苦，几乎所有人都在煎熬之中。在如此艰苦的生活环境之下，大多数村民自然想的是怎样在这样的困境中多获取一些机会，在村中多获得一些利益，让自己的家庭和子女能够多分一些粮食，努力改善本家人的生活条件。在这样的思维驱动下，袁家村的大部分村民自然都想着当村干部。不仅如此，大家都想让本姓族人担任村干部，以形成一个稳固的利益群体。

事实的确如此，很多袁家村的村民都想争取当村庄干部的角色，大家在干部的争夺中展现了各种各样的手段，其中最为明显的就是联合本姓氏的族人排斥外姓族人，拉帮结派保证本家人能够当上村干部。这样一来，当选上村干部的一派姓氏就会积极考虑本家人的利益，在平时劳动中少给自家人分任务，年底分粮食多给自家人分一些，有了机会多想着自家人，而没有当选村干部的外族人们只能受他们“欺负”。时间一长，没有担任村干部的外族人们便开始联合其他姓氏排挤已经当选的村干部，以便让自己在下次争夺中获取村干部的职务。就这样，不同姓氏之间来回争夺，变换角色，今天还是这家，明天就是另一家。在这样的争夺中，袁家村政治环境变得复杂多变，干部队伍变得松散无力，即使村中遇到了大的发展机会，村干部也无法把大家组织起来共同行动，因此袁家村变得越来越贫穷，越来越艰苦。后来，袁家村生产队为了有效应对复杂的派系斗争、多变的宗族关系，以及平衡各家势力，大家最后共同商议出了一个“解决之道”，那就是按照家庭顺序，依次每年出一个有能力的男性轮流当选生产队长，这样既有效平衡了各家的力量，也避免了各姓氏之间的争夺和矛盾，同时也保证了每一个有能力的村民都能够有机会当村干部。正是这样的“解决方式”，使得袁家村在短短的十几年时间里竟产生了35任生产队长，这也极大地改变了村庄的政治稳定性并打乱了这里的政治生态，使得袁家村的村干部角色紊乱不清，也使得这里干部队伍松散，行动力量较差，在持续更替的干部队伍中村民抱怨不断、气愤难平，袁家村陷入了一片茫然的政治困境中。

第三章

披荆斩棘：勇挑重担的郭裕禄

一、“返乡”的第 36 任队长

20 世纪 70 年代，袁家村是当时有名的贫困村，全村 37 户，不足 200 人。“耕地无牛，点灯没油”，可见袁家村的自然条件和生产条件都十分恶劣。当时，袁家村只拥有 500 多亩土地，村落空间构成除少量住宅、耕地之外，其余全为荒废用地。袁家村村民难以达到温饱，大都居住在破旧、低矮的土坯房中，甚至有 15 户还居住在低洼潮湿的地坑窑里。然而转机发生在 1970 年的那个初冬，“返乡”的第 36 任队长郭裕禄上任。

面对“点灯没油、耕地没牛、干活选不出头”的困境，对袁家村来说迫切需要解决的是选出能够带领他们发展的“领头羊”。在 1960 年到 1970 年的 10 年时间里，袁家村的“领头羊”换了一次又一次，已经有 35 任队长上台，但都未成功引导袁家村走向正途。总而言之，村里除了一个聋子，一个瞎子，一个矮子这 3 个生理缺陷的人，几乎所有的成年男人都当过干部。有的人干三两月就撂挑子，也有不管事只管混日子的，无论他们的本事大小、水平高低、品质好坏，袁家村都是一年比一年穷，最后发展到了“干活选不出头”的地步。导致这种结果，原因是多方面的。首先，每一任队长都有自己的私心，没有把集体的利益放在第一位，遭到各种抵制。其次，村民大部分是从河南、山东等地迁居而来，全村姓氏分三派，人心涣散没办法团结。最后，村庄过于贫困，前面的 35 任队长没有能力让村庄发展。

谁能扭转袁家村乾坤？这是当时横在大家心中的难题，尤其是对于派驻在袁家村的公社干部邓定国。他经过多天的个别访问和多次召开社员大会，一直为选队长的事发愁。其实在选举会之前，邓定国就已经找郭裕禄谈过好多次，他十分看好这个“返乡”青年。1970 年初，在外干了几年合同工的郭裕禄回到村上。中学毕业使他比村里一般庄稼人多了一些文化科学知识；在外的几年合同工经历也使他比一般村民目光更加长远；在外务工几年时间，通过和形形色色的人接触，也使他的胸襟比一般庄稼人宽阔。但郭裕禄面对邓定国的请求总是寻找托词，不愿意当队长。

抱着不确定性，袁家村开始了新一轮的队长选举。1970 年初冬，夜幕降临，对于渭北来说寒风仍然呼呼吹着。在袁家村口的马王爷庙，村民七嘴八舌地说着，火光中又能看到一张张迷茫、无奈的脸。公社干部邓定国组织着村民开会，他时不时地提高声音讲上几句：“今天必须把队长选出来，我就不信这么大的一个村子选不出一个队长。”开会民主的精神是体现了，但是一直没个结果。无论他怎么启发诱导，也没有主动站出来的。这个选举会已经连续开了三天，全村 65 个劳动力，光候选人就提出 47 个，大家争也争过，吵也吵过，可还是没有结果，邓定国心里十分焦急。他的目光在破庙里环视了一遍又一遍，脑子里不断地列举可行的人选又一个个排除，眉头总不能舒展开来。最后他还是把目光落在了郭裕禄身上，开口说道：“郭裕禄，你农中毕业，又在外边干了四五年临时工，有见识、有文化，你来干怎么样？”郭裕禄吃惊地抬起头望着邓定国，但是没有表态。邓定国盯着郭裕禄继续说：“全村 37 户，除三户残疾人外，队长都轮着当遍了，现在该轮到你挑这副担子了。”

众人惊讶又疑惑地将目光投向郭裕禄，也有大胆的人当即提出质疑，让郭裕禄当队长，大家伙儿可以早早把枣木棍准备好，以后只好去讨饭了。“可不是，看他整天耍狗玩鹁鸽，能知道庄稼怎么种吗？”“看他穿得洋洋气气，哪像个庄稼人嘛！”前前后后不少质疑声。邓定国看得出虽然发话的人是少数，却代表了不少人的意见。会议陷入僵局，再继续也商讨不出结果，邓定国长长地吐出一口气，宣布散会，日后再议。村民对于郭裕禄的这般不信任其实也有由头。郭裕禄知道故乡穷，但当他刚从外地回到村里时并没有料到队里生产状况比他想象中的还要差很多，心里十分难过。为了排解心中的郁闷之气，郭裕禄买了一对鸽子，又养了一条训练有素的狼犬。走在路上鸽子奏乐，狼犬威风凛凛跟着，身后还有一串穷哥们儿，和村里面闷头苦干的庄稼人是有那么一点不同。在村上其他人眼里这可不就是吃喝玩乐，玩鸽子养狗不是正经的庄稼人应该干的营生。

即使村中有很多反对声音，但是邓定国没有改变自己的想法，散会后他还是找到郭裕禄："队长这个事情希望你好好考虑考虑，现在袁家村没人可以承担起来，但是我们也不能眼睁睁地看着它烂下去。"郭裕禄的心被邓国定的话击中，他脑子里火烧火燎，心中纠结不安，迟迟下不了决心。郭裕禄太了解袁家村了，他知道这个烂摊子不好收拾，但是毕竟是自己的家乡，自己对袁家村能发展起来也满怀希望。但他心里七上八下，担心搞不好，挨众人的骂。前面几年不停地换生产队长，生产队迫切需要一个好领导带大家好好发展袁家村，但事与愿违，每一任队长上任都是只顾自己捞好处，不顾集体不顾其他村民的利益。这些年袁家村没有向国家交公购粮，社员也没有分到一分钱，集体没有给袁家村人一个安全的避风港湾。集体靠不住，袁家村人纷纷寻找其他出路，但是怎么卖力对于袁家村人而言仍然摆脱不了贫穷。日积月累，袁家村没有富起来，反而欠了一万多元外债。日子穷了，人心散了。想到自家，四兄弟依次结婚，一张破桌子搬来搬去轮流使用。袁家村虽然只有 37 户人家，可来自四省八个县，分成了几个派别，袁、郭、王三大姓各成一派矛盾不断，全村思想七股八岔，相互之间不沟通不交流。这一切郭裕禄看在眼里，急在心里。

郭裕禄也认为袁家村面貌要改变首先得有一个好领导带领大家振作起来。郭裕禄上过几年学，在党的教育下有为家乡奉献的思想，他认为农村青年应听党指挥，勇担重任，发展农村。袁家村走到了这关键的一步，郭裕禄考虑了很久最终还是抱着试一试的态度同意了。但是郭裕禄也提出了自己的要求：由于对村里工作还不熟悉，不当正职，只当副职；公社党委要支持他的工作以及群众要选他。公社干部邓定国拍着郭裕禄的肩膀高兴地说："好啊！我答应。"当天晚上，邓定国就召集社员大会选举队长。但是当他把郭裕禄提出后，社员闭不吭声用沉默来表达抗拒。考验并没有结束，如何让大家选择郭裕禄成为一个首要难题。邓定国没有气馁，坚定要把事情做好，他挨家挨户给社员做工作。又是一个黑夜，还是在破庙里，袁家村又一次召开队长的选举大会，这一次的投票结果仍然不乐观，选票不过半。但由于袁家村的特殊情况，郭裕禄的票数也算矮个里面拔高个的了，邓定国把选举结果报到了公社党委，没多久公社党委的批示便发下来了，任命郭裕禄为正队长。就这样郭裕禄在 1970 年底当上了袁家村第 36 任"试验队长"。

二、同心协力抓农业生产

民以食为天，发展农业对袁家村来说迫在眉睫，而历来袁家村的土地就是贫瘠之地，庄稼要好离不开三要素：水、土地、肥料，而郭裕禄便是从这三要素入手打响了积肥、整地、打井的创业三部曲。

（一）平整土地

烟霞镇的人都知道袁家村没好地。袁家村地处古河道，全村500多亩地被分割成106块，它们分布在一面斜坡和一道沟滩里。袁家村南边的地和北边的地，高低落差约10米，凹凸不平成为典型。多年来的一次次山洪暴发，给这块土地覆盖上一层厚厚的沙石，一镢头下去就会碰着石头。土地贫瘠干旱，就是在好年景，产量也不高。现实的残酷使郭裕禄意识到要提高产量，就得彻底改变村上粮食生产的基本条件。1971年冬，郭裕禄带领袁家村人打响了改地的第一炮。这第一场战役，袁家村人就打了一场硬仗，他们选择了一块工程量最大的地。这块地东边是个“大鳖盖”，中间是个大沙梁，南边还被水冲成一个深坑。在郭裕禄的鼓动和组织下，村上成立了“铁姑娘战斗队”主攻“大鳖盖”，青年突击队的任务是主攻大沙梁。究竟如何平整土地？郭裕禄多次请教袁生瑞、郭正森等有经验的老农民，然后带领干部和突击队员，根据地形、坡形，铲高垫低，裁弯取直，小块并大块，把歪斜地改为方正。对那些土层薄、石头多的田块，则采取掏石垫土的办法。

青年突击队战天平地向荒山要良田（1975年）

20 世纪 70 年代初老书记郭裕禄带领村民平整土地

科技人员指导棉花种植（1973 年）

村上人的拼劲也感染了郭裕禄，他一边指挥着大家战斗，一边自己也在拼命干活。哪个小组完不成任务，他就给哪个小组搭把手，哪里劳动力弱他就在哪儿干，直到这个小组从落后变成先进，他才换地方。郭裕禄的拼搏和热情也感染了其他人，大家伙干活更有劲了。40 多米长的沙石梁被挖下去 1 米多深，沙石拉走了，从远处拉来的好土垫上了。东边的“大鳖盖”挖掉了，挖出的土填在了南边的大土壕里，就这样袁家村的人大干了一个冬天，平整好了 25 亩地，第二年这 25 亩地亩产达到了 400 公斤。就是这样，从 1971 年到 1976 年大干了几个冬春，500 多亩地几乎都翻过了，石头刨走了，坡地铲平了，小块并成了大块，歪斜变成方正。106 块坡地变成了 64 块保土、保肥、保水的平地，粮食产量大幅度提高。

（二）挖井取水

改土之后，紧接着的任务就是挖掘“水龙”，这也是郭裕禄心中蓝图的一部分。地里没有水，干啥都白费。烟霞公社原来有个抽水站，通过四级传送，把 10 公里开外的泾河水引过来。虽然有抽水站但是因为泾河水本来就不够用，等水流到袁家村，每亩浇一次还得收费 10 元钱，到干旱时节给再多钱也浇不上。郭裕禄时常望着龟裂的田地问自己：水在哪里？你能为袁家村打来井吗？要是失败了该如何？想来想去郭裕禄觉得村上要水还是得靠自己，世上无难事只怕有心人，要敢于走前人没有走过的路，敢于为人民利益而冒险。如果付出代价找到水那很值得，万一付出代价但找不到水也心甘情愿。

打井开始了，三天三夜，整整 72 个小时，郭裕禄一直没有离开打井现场。就这样，袁家村打成了自己的第一口井，将这口井命名为“争气井”，纪念着大家的拼搏和井的来之不易。人心齐，泰山移。经过几年的艰苦奋斗，他们又接连打了 5 眼机井，解决了 500 多亩土地的灌溉问题，也解决了袁家全村人的用水问题，袁家人第一次摆脱了靠天吃饭的命运。

（三）增强肥力

土地平整好，水利问题也解决了，在郭裕禄的蓝图中最后一步便是这土地肥力。庄稼一枝花，全靠粪当家，如果没有充足的肥料，庄稼还不能稳产高产。郭裕禄考虑到袁家村基础差，即使国家引进化肥大家也买不起，还是得从实际出发，搞有机肥料，才能高产量低成本效果好。一个偶然的机会，他得到了启迪。1972 年 11 月的一个午后，北风轻抚，郭裕禄满脸汗水地跋涉在九嵕山上，突然脚下一滑，差点摔倒。他低头一看，脚下满是羊粪，他突然发现山上到处散落着羊粪，这羊粪可以收集起来当肥料。

当天晚上，郭裕禄就在饲养室召开了社员大会，社员们有的坐在炕头，有的蹲在地上，有的靠在槽旁。郭裕禄站在饲养室正中央环顾四周说：“咱们祖祖辈辈都是农民，也都知道肥料对这土地重要。供销社是有化肥，但是咱们还穷买不起，我想了想这肥料还是得靠我们自己解决。我也想了几个办法，大家听听参谋参谋。第一个，我们把牲畜粪堆起来沤，割青草沤；第二个是队上共同号召，大家一起把家里积存的肥料拿出来；第三个，拾肥，利用牲口和村里公厕积肥；第四个是用烟火熏制土杂肥；最后一个，自己动手制造 5406 菌肥。我觉得这五个办法最好操作最有效的就是拾肥，今天恰巧我去九嵕山发现那有很多羊粪，我觉得我们可以去拾回来当肥料。明天，咱们全部上山拾粪，大家说行不行？”全体社员虽然诧异，但是因为前期郭裕禄带领大家平整土地，挖水井，都很成功，大家还是愿意跟着他干的，纷纷答道：“行！”

袁家村人没有懈怠，整整捡了一个冬天的羊粪，堆起的羊粪像小山岗一样，辉煌的战果让袁家村人明白了一个道理：只要努力，用自己的双手可以创造一切财富。第二年，他们继续上九嵕山拾羊粪。就这样四五年下来，袁家社员拾捡了六七万公斤羊粪蛋儿。他们把羊粪蛋砸碎，加上水堆起来沤，开春一用竟然比化肥还有效。400 多亩土地浇上肥料，土地的肥力提高了。没花一分钱就能弄到好肥料，可谓是难得的喜事。郭裕禄带领全村社员利用农闲时间，去九嵕山上捡拾羊粪蛋儿一度被周围村的人视为笑柄，但对袁家村的群众而言却是一段“佳话”。

经过郭裕禄这一系列对袁家村农业生产条件的改造，昔日满目荒凉的袁家村逐渐呈现了树林成网、梯田成方、渠道纵横的田园风光。郭裕禄在袁家村这块贫瘠苦焦的土地上，带领乡亲们勇于向大自然挑战，虽然遇到了许多的困难，但取得了前所未有的成果，他们前进中的每一步都那么不容易，也体现了袁家村人艰苦奋斗的革命精神。经过六年的奋斗，袁家村换来了丰硕的回报，粮食亩产由 1970 年的 80 公斤，逐年提高到 123 公斤、203 公斤、252 公斤，到 1976 年已经达到亩产 825 公斤。棉花产量由过去每亩平均产几公斤皮棉，到最高的亩产 81 公斤皮棉。社员常年四季吃麦子也吃不完，一年还卖给国家几十万斤余粮，群众的生活也一天天好起来，干瘪瘪的口袋也一天天鼓了起来。在这期间，村民的住房也从 1970 年以前的地坑窑变成 1976 年村集体改造的传统窑洞式关中民居。每当谈到袁家村翻天覆地的变化，袁家村的群众总不会忘记为他们办实事办好事的当家人——郭裕禄。

三、与时俱进发展村办企业

改革开放后，在国家政策支持下袁家村率先发展村集体工业，经济开始第一次转型。村两委带领村民充分利用九嵕山石灰石资源丰富的优势，大力发展建材工业，建石灰窑、砖瓦窑等。1983 年春节，集体投资 70 万元，建成了一座年产量 1 万吨的水泥厂，投产当年就创利润 30 万元。1986 年将规模扩大为年产量 5 万吨，一直到 1990 年，其产值一直稳定在 80 万元左右，占全村工农业总产值的 56%，为村里的支柱性产业。1988 年，袁家村成立农工商公司，制定出“内引外联，借船出海，创办扩建，滚动发展”的方略。1990 年春节，集体先后投资 460 万元，建起了硅铁厂、印刷厂等一批小型企业，伴随当地建材业的崛起，运输业、建筑业和服务业也逐渐发展，袁家村成立了汽车运输队和建筑队，还投资了房地产和影视行业，使工、商、建、运、服得到全面发展。回顾袁家村一路走来的工业发展，可谓精彩纷呈。

（一）工业探索期

经过 10 年发展，到 20 世纪 70 年代末，袁家村农业有了跨越式发展，家家户户能够吃饱饭，也逐渐有了自己的积蓄。袁家人正在一步步地向前走，就在这时，郭裕禄又向大家许下“楼上楼下，电灯电话”的诺言。这时，郭裕禄的眼光已经看得很长远了，步子也比大家更向前迈了一步。他知道把农民牢牢绑在土地上，努力大干，产量大幅提升，生活水平提高了，但是袁家村也仅仅是解决了温饱问题，要富起来还差很远。“楼上楼下，电灯电话”的愿望实现对袁家村人而言似乎还遥远了一些，在他们看来，不要说享受楼上楼下、电灯电话的幸福生活，能让村上的小伙们都娶上媳妇就已经够美好的了。对于郭裕禄来说，这个许诺等于给他一个新目标、新方向，也是他前进的动力。如何才能实现这个目标呢？郭裕禄去与袁生瑞商议，袁生瑞觉得可以搞起买卖副业，这无疑是一个好主意。多年的生产实践让郭裕禄越来越清楚地意识到单纯靠农业很难致富，要彻底改变袁家村的面貌，除了抓好农业这个根本之外，还得把工业这个副业搞起来。

郭裕禄从实际出发，又加上他到处奔走调查了解情况，广泛与人进行思想交流，最后决定拿九嵕山的石头和土“做文章”。说干就干，他马上召集社员开会。会上郭裕禄对大家说：“咱们不能只局限在地里做文章，农无副不富，咱们居住在九嵕山下，要把这儿的石头、泥巴、野草，都当成宝贝利用起来！”大家用疑惑的目光瞅着他。郭裕禄继续说：“我考虑，村上可以办个砖瓦厂和石灰厂。黄土和石灰石九嵕山上到处都是，我们变废为宝，不也是一条赚钱的出路吗？”刚开始这个主意让大家有点接受不了，心里充满了疑问：不好好种地搞砖瓦厂和石灰厂能赚钱吗？烧下的砖和白灰能卖给谁？“我们的目光要放长远，咱们祖祖辈辈都在地上刨也没有刨富。这些年我们在土地上花费的力气也不少，产量提高了很多，但已经到了瓶颈期，以后再怎么折腾这收入也增加不了太多。这个时候我们得搞副业、搞养殖业，这是袁家的根本出路。”在郭裕禄的一阵劝说下，又加上之前他带领大家做了几件大好事，群众还是愿意听他的，纷纷表示同意。

“怎么干，你开尊口吧！”

“信得过你了，裕禄，你说咋干？”

郭裕禄开心极了，浑身充满干劲，信任、民心，这是即将做的事业成功的保证。

办工厂需要资金，但袁家村最缺的也是资金，思来想去郭裕禄觉得还是白手起家老办法最好，靠村上的人用双手共同创造。于是，袁家村人发扬自力更生的精神，自己建起了工厂。白天，他们在地里劳动，晚上跑到砖瓦厂打砖窑。几天工夫，砖窑就打好了，砖坯也有了，只等买煤点火烧砖。然而，这么大的一个生产队却连百来块钱都凑不齐，这个时候靠郭裕禄出马对外借了两百元，煤拉回来了，砖窑终于燃烧起来。砖窑厂在村东面的高坡上，最开始由 3 个人包干，2 人做砖，1 人烧窑，一窑砖卖 4.5 万元，砖做得多，多记工分，窑煤烧得省，多给报酬。很快，砖窑厂就有了收入。不久，郭裕禄又领导大家建起了白灰厂。白灰石料在山上，他们白天在地里干活，晚上上山拉白灰石料。两个人一个架子车，你拉我推，在崎岖坎坷的山路上飞跑，拉了一趟又一趟。第一窑白灰烧出来了，当时一天就能烧出 80 吨白灰，一吨 35 元，一天可收入 2800 多元。烧石灰的社员，最高一天可记 30 分，多劳多得。

袁家村 1975 年创办的砖瓦厂

砖瓦厂和白灰厂办起来后，郭裕禄觉得还得再找不花多少本钱，又能赚钱的买卖。寻思着，郭裕禄又办起了养牛场，郭裕禄觉得，秦川牛吃的草山上有，再者队上有几个人干别的不行但是可以养牛，而牛粪又可以变成肥料，一举多得。为办养牛场，郭裕禄领着村上几个年轻人到集市上买牛。

砖瓦厂盈利了，白灰厂盈利了，养牛场盈利了，副业越搞越多。手中有了钱，郭裕禄给队上添置了拖拉机和汽车，用于耕田和跑运输。每年，一部拖拉机或汽车，向队里交回 2 万元利润。后来，许多社员学会了盖房子，办起了一个 10 多人的基建队，冬闲时间到外边替人家盖房子。到 1979 年，袁家村农副业收入就已经由 1972 年的 2 万元增加到了 20 万元。

（二）水泥厂致富

1978 年 12 月，党的十一届三中全会作出了全党工作重点转向经济建设的决定，也号召广大农村“积极发展社队工副业”。在这种情况下，郭裕禄看中了北山储量丰富的石灰石，他决定创办水泥厂。办水泥厂无论是对郭裕禄来说还是对袁家村来说都是至关重要的一步棋，经过日日夜夜的思考才下定决心。他找到县委和乡党委，倾吐自己的心思，得到了上级领导坚决有力的支持。

1984 年夏，麦场上的活一干完，郭裕禄就带领全村人一起动工来兴建水泥厂。水泥厂的土建工程开始后，袁家村人便争分夺秒，挑灯夜战。村上能出力气的都参与了水泥厂的修建，没有人要报酬，也没人喊苦喊累，他们一心盼望水泥厂能早日建成，早日生产出合格产品。在短时间内水泥厂就建成了，占地面积 40 多亩。郭裕禄算了一笔账，建成这样一座年产量 1 万吨的水泥厂，仅土建工程一项，若用外单位的人来施工，起码要花 100 多万元。但袁家村人靠自己动手建厂，除了请必要的专业技术人员进行具体指导外，全都是自己动手干，所有的基建材料，都是自产自运，砖、石灰等都是自己窑场烧制的现成货，成本很低。就这样，袁家村人自力更生，边建设，边生产，仅投资 70 万元，就建成了一座年产量 1 万吨的水泥厂。

这座年产 1 万吨水泥的水泥厂，当年投产便创利 30 万元，随后改扩建为 5 万吨，到 1990 年其产值一直稳定在 80 万元左右，占全村工农业总产值的 56%，成为村上的支柱产业，到 2000 年水泥厂的规模已经达到年产量 30 万吨。袁家村水泥厂完善了从供应、生产到销售的各项规章制度，包括各车间、各工种的岗位责任制、安全措施等，完全按正规大厂的生产规范来要求。他们一开始提出“跟踪管理”，后来逐步采取“定额管理”“按产计酬”“独立核算”的承包责任制，取得了很好的效果，水泥厂虽然处在逐步完善设备的阶段，但管理却完全按照国家正规化管理的标准进行，从质量管理、技术管理、企业管理三个方面严格把关，不断增强企业的竞争能力。

（三）开拓进取奔小康

1993 年，郭裕禄又投资 1800 万元，再建一条 8 万吨水泥生产线。1998 年，袁家村金裕集团出资 1800 万元兼并咸阳第一制药厂，又投资 5500 万元成立陕西金裕制药有限责任公司，研发、生产出金裕星注射液和止消通脉灵胶囊两个国家级新药。1999 年创立陕西金玉股份有限公司，已进驻西安高新技术产业开发区，购置70亩土地，建造新厂，开发生产国家重点科技攻关项目生物波调控因子洗脸产品。陕西金裕房地产开发有限责任公司于1994年成立，1998年开发建设了金玉花园，金玉花园于2001年10月完工。

陕西金裕制药有限责任公司制药车间外景

袁家村内引外联，积极发展外向型经济，逐步将当地经济融入大西安经济圈，涉足房地产开发、旅游、影视、制药、餐饮、铁路联运和众多高科技开发领域，并在多个领域全面开花，促使袁家村成功打开市场化发展的大门。全村90%以上的劳力转移到第二、三产业中来，工农业产值比重发生变化，农业仅占0.5%，工商业则占99.5%，这标志着袁家村开始从传统农业跨入了现代农业的新阶段。袁家村一直以来都是坚持集体致富，通过集体的力量提升产业发展活力。从生产队，到1988年成立农工商总公司，随后成立了袁家农工商联合总公司，然后成立了礼泉县袁家集团公司，这些都带着集体主义和共同富裕的特质。人均收入从1970年的29.6元变成2001年的11660元，村上产值积累达到6.8亿元，人均住房面积达到52平方米。

第四章

迷茫与挣扎：踟蹰不前的袁家村人

从20世纪70年代到2000年的这段时期，袁家村先后实现了农业的丰产到工业产业的跨越，并且在政治、经济、文化等方面都得到了全面的发展。20世纪70年代起袁家村开始加强集体的组织建设，充分发动了群众的积极性，通过平整土地、修建水井解决灌溉问题、捡拾羊粪解决土地肥力不足问题，进而实现了粮食的连年丰产，在“农业学大寨”时期就在当地打出了名气。从20世纪80年代开始，袁家村又开始尝试发展工业，在壮大集体组织经济实力的同时，也解决了村民的就业问题，实现村民的增收。据村民回忆，在20世纪90年代，村民在村庄的集体企业中上班，每个月的工资有500~600元，而当时在一般国有企业中上班的工人的工资也就是50~60元一个月，袁家村村民的生活早早就达到了小康水平。而在2000年之后，袁家村的集体经济面临着发展的困境，其所经营的几个工厂都面临着被淘汰的可能。因此，从2000年到2007年这段时期，可以说是袁家村转型发展的迷茫期。

一、农业收益的降低

20世纪90年代，在袁家村种植3亩苹果树，平均每年都有10000元的毛收入，除去全部的投入成本后平均下来还有5000元的利润。村民的收入结构也由单一的工资收入转变为“果业收入＋工资收入＋村集体分红”的形式。而到了2000年之后，苹果的价格下降，收购价只有几毛钱一斤，苹果的产值收益大大下降。在苹果价格下跌的同时，袁家村的苹果树也开始普遍出现老化的问题，果树的产量大大下降，有不少农户将果园抛荒。除了种植苹果这类经济作物之外，村民们还会种植粮食作物。据村民们回忆，当时一亩小麦的产量一般在250~300公斤之间。在20世纪90年代，小麦的收购价开始上涨，但最高也只有1公斤1元的价格，种植一亩小麦的收入只有250~300元。但种植小麦的投入成本却很高，其中包括农药、化肥以及人工等方面，当时每亩小麦要上交50~60元的农业税，这样算下来不但赚不了多少钱，有时还会倒赔。由此可见，袁家村的农业种植收益增值的空间十分有限，村民很难依靠种植业发家致富。

二、集体产业的下滑

在农业产业效益不佳的同时，从2000年开始，袁家村集体产业的收益也开始走下坡路。袁家村的集体产业开始下滑的重要影响因素是宏观环境变化。在2000年前后，中央开始提出要淘汰规模小、耗能高、污染大、效益低的乡镇企业。在没有国家政策支持的情况下，小规模的乡镇企业发展空间被压缩。袁家村的预制厂和锅炉厂在2000年时就已经破产，在这两个厂破产后，袁家村只剩下了自1983年建立的水泥厂。但在2000年之后的几年中，袁家村附近乡镇相继引进了三个规模较大的水泥生产厂，其中一家离袁家村只有不到10公里，这大大加剧了水泥销售市场的竞争。而且水泥的生产与加工存在着明显的规模效应，即生产规模越大，其生产过程中所产生的单位成本就会越低。据袁家村的村民回忆，当时袁家村的水泥厂每个月的水泥生产量是1万吨，而新引进的这几个厂单日的产量就有1万吨。这也意味着这三家水泥厂的生产成本要大大低于袁家村水泥厂的生产成本，袁家村1吨水泥的成本要在200元以上，而这三家则只需要100元出头。在如此悬殊的生产成本差距下，袁家村水泥厂的销售价也大大高于其他生产厂家，因此在与这些厂家进行竞争时完全没有优势。在2005年，袁家村的水泥厂已经面临着破产的困境，袁家村被迫将该水泥厂承包出去。袁家村将水泥厂承包转让出去之后，只有20人左右能够继续在水泥厂上班，有100多名村民面临失业。而且第一个承包商仍旧未能降低生产成本，且出现了较大的亏损，该承包商在拖欠了工人几个月工资、村庄几个月的承包费以及水电费的情况下逃走。在匆忙之中，袁家村又引进了一名来自浙江的老板承包水泥厂。这个承包商为了降低生产成本，只保留了两个车间来负责两道工序的生产，生料和熟料则是从其他厂家购买，这也意味着水泥厂的用工量大大减少。自此之后，在集体创办的工厂纷纷倒闭或者转让的情况下，袁家村的村民失去了原本稳定的工作，村民们也开始各谋生计，村集体开始走向离散。

三、村庄发展的困惑

2000年以后，国家出台关停“五小”企业的政策，袁家村的水泥厂、白灰窑厂等村办企业首当其冲，村集体工业发展进入瓶颈期。在工业生产陷入困境的同时，农业生产也面临着生产的问题，袁家村走到了发展的十字路口。当了解到隔壁村养奶牛的效益较好时，老书记郭裕禄就开始号召村民养奶牛。而且当时政府还有相应的支持政策，村民可以通过信用社贷款来购买奶牛发展养殖业。在2005年3月份就有23户村民从内蒙古买回了共500头奶牛进行饲养。刚开始发展养殖业时，村民们在硅铁厂的旧厂区内养奶牛，但是随着村民饲养奶牛数量的增多，硅铁厂的空间不能满足饲养奶牛的需求。为此袁家村投入500万元建了一个奶牛饲养场，成立了礼泉袁家奶牛养殖经济合作社，推选出奶牛养殖合作社的理事长、副理事长、会计、出纳等人员。与此同时，袁家村还与银桥集团合作在村里建立了奶站，让农户可以及时地将牛奶冷冻，让农户的牛奶不愁卖。当时村领导班子还邀请相关的技术员为村民讲解养殖奶牛过程中的注意事项以及在取奶过程中相关的卫生问题。此外，村领导班子还主动担任奶牛场的管理人员，为村民统一采购草料、兽药等物资。而且在奶牛场建成初期，村上还专门聘用了一名技术指导员为村民提供实时指导。

但袁家村的奶牛养殖项目运行得并不是很顺利，在饲养了一段时间之后出现了大量的问题，有不少村民亏本。饲养奶牛过程中出现的问题主要包括以下几个方面。村民们饲养的奶牛或多或少出现了不能配种、产奶期太短以及经常生病的问题。从2005年10月的一次奶牛场会议记录中可以发现，23个养殖户当中，有90%都面临着类似的问题。奶牛的喂养问题的出现，主要是因为袁家村并没有自己的草场，饲料主要通过市场购买，而袁家村附近并没有草料供应，每次都需要到比较远的地方购买，加上运输成本，奶牛喂养的成本上升。而且在喂养奶牛时，村民由于没有饲养经验，奶牛的产奶期非常短，有的奶牛甚至长期不产奶，这也大大增加了养奶牛的成本。以一名养了 12 头奶牛的村民为例，其养殖的这 12 头奶牛只有两头可以产奶，而其每天需要投入的饲料就在 100 元以上，他根本无法承担如此大的投入成本。此外，由于奶牛场生产的奶的质量没有保障，而银桥公司方面又有着严格的验收规定，因此会经常出现村民所提供的奶不合格而不能售卖的问题。而且，奶牛的饲养需要投入的人工非常多，饲养 10 头左右的奶牛需要两个年轻劳动力每天贪黑起早地工作，人工投入非常大，而相对的产出却非常少，一年忙活下来一头产奶奶牛的纯利润只有 5000 元。对于那些劳动力较少的家庭，很难做到对奶牛的精细管理。在这些问题的困扰之下，很多村民在养殖奶牛一段时间之后产生了放弃的念头。当时也有村民以亏本的价格将奶牛卖出，农户们在买进奶牛时的价格基本上都在 10000 元一头左右，而在卖出时基本上只能达到 5000 元左右。从奶牛项目的整体运行过程情况上来看，袁家村在发展迷茫时期试图通过养殖业来继续推进村庄经济的发展，凝聚村民以集体的形式发展下去，但是由于前期考察和准备的不充分，导致该项目走向失败，袁家村也未能实现向养殖业的转型。

四、村民外出求生计

面对村庄集体企业倒闭和被迫转让、大部分村民下岗失业的现实，为了生计，有一部分村民继续在家种植苹果、从事奶牛养殖业，而另一部分村民则开始走出村庄外出发展，村集体面临解体的危险。由于没有集体工厂的存在，村民不再被村集体工厂的生产时间所限制，村民也变得更加自由，进出村庄也开始变得非常频繁。为了谋生计，村民们开始各自为战，各谋生路，村集体组织化发展模式被舍弃，当时袁家村的村干部都开始外出打工自谋生路。引用袁家村老干部的话说，村集体经济发展受挫之后，虽然外出打工的村民只有 20 多人，但这对于村集体而言是一个非常大的影响。

自此之后，村民与村集体的关联性大大降低，开会时村民参与的积极性也没有之前高。到各家各户中去通知开会时，经常找不到人。而且随着村民之间的交往频率降低，村民之间的熟悉程度开始下降。在此阶段村庄的收入结构也日益多元化，村民们的收入来源由原先主要是依靠村集体资金，转变为养殖业、种植业收入和外出打工的工资的多元化收入来源。在此时期在村发展的收入与外出打工的收入基本一致。因此，当时稍微有些技术的村民开始选择外出打工。如懂得建筑设计、开车等方面技术的村民，就会到工地打工做建筑工程的技术指导或者去跑运输。但当时外出打工的村民都不会走远，他们活动的区域基本就在省内，以西安、咸阳为主，只有个别村民会出省谋生。

据一名外出打工的村民回忆说："当时我外出打工的收入基本在1500~1600元/月，如果除去生活的支出，一年能够留存的收入在10000元左右。而在家养牛的农户，如果管理较好，养一头牛一年可以净赚1000元，养10头牛一年的收入就能抵上外出打工获得的收入。在这个时期我们的收入出现了比较明显的下降，所以我们心里面也都在向往回归集体发展，实现再次的抱团，共同致富。"

第五章

薪火相传：临危受命的郭占武

一、心系村庄，辞职回乡

作为郭裕禄老书记的儿子，郭占武深受父亲郭裕禄的影响。他和父亲郭裕禄一样，怀揣着带领全体村民走向共同富裕的坚定信念。从小生长在袁家村的郭占武，对这片土地和生活在这片土地上的人有着深厚的感情，他亲眼见证了自己的父亲带领全村人大干四个冬春，改土造田、打井修渠，把原来的贫困落后村变成了全县的先进村，使得群众从食不果腹到过上了吃饱穿暖的好日子的艰苦历程。对于这段历程的亲眼见证和亲身参与让他激情澎湃、热血沸腾，也激励着郭占武不断成长。父亲的孜孜教诲和袁家村村民的言传身教让郭占武懂得要用自己的双手去创造财富。“天上不会掉馅饼，要奋斗，不奋斗就不会有幸福的生活。”这是父亲郭裕禄经常教导他的话。保持着袁家村村民所拥有的独特品质，郭占武成长为踏实肯干、勤勤恳恳、怀揣理想的奋斗青年。

1989 年郭占武到咸阳机械制造学校学习，1992 年毕业后分配到咸阳市渭城区公安局工作。出于对家乡的深厚感情，他在工作之余一直关注着袁家村的发展情况。此时的袁家村已没有了往昔的辉煌，有劳动能力的人外出谋生，留在村中的人无精打采、闲散度日。街道上三三两两的人，各自忙着各自的事情，但每次郭占武回乡，却都能受到各家的热情招待。或因为爱戴老书记而喜欢他的儿子，或是出于对郭占武能力的认可，大家都将郭占武视为郭老书记的接班人，一致认为袁家村的未来把握在他手中。

在城市工作的郭占武每次回村便多了一份惆怅，也多了一份对袁家村的愧疚之情。那时的自己在城市有着稳定的工作、固定的收入，整个人生的发展轨迹是朝上走的，然而自己的家乡却在走下坡路。现在的袁家村还能称得上是“黄土高原上的一颗明珠”吗？正是见证过袁家村曾经的风光，反倒越接受不了袁家村如今的迷茫、挣扎。况且若是连自己的家乡都发展不起来的话，自己本身发展得再好又有什么意义呢？这样的想法不断盘旋在郭占武的脑海中，逐渐在他的心中生根发芽，并萌生出了离开城市回乡建设村庄的念头。

一次与村民的聊天让郭占武坚定了回村的想法。如往常一样，郭占武从城里回家看望村中的家人，在路上遇到了儿时经常照顾自己的一位叔叔，感觉很是亲切便攀谈了起来。询问了叔叔近期的生活，叔叔说道：“我的儿子儿媳现在也出去打工了，一年也回不来几次。家中就剩我和你阿姨，平时种种地再也没别的事情可做。现在村里和以前不一样，果树不挣钱，村上的厂子也不行了，大家都没了劲头。原来村上三天两头地开会，给我们安排任务和要求，我们也都乐意去听，也愿意跟着老书记他们去做。可如今村上没啥事，连会也不开了，真的是无聊得很。”谈到未来的村庄发展问题老人便满脸愁容，郭叔叔将自己的担忧告诉郭占武：“现在村上有能力的人都走了，留下我们这些老的小的，没体力也没脑力的，村庄怎么能发展起来呢？回想当年全村百姓一起开大会、扛大锹，即使流着汗也是幸福的。因为我们有盼头！我们能感觉到只要全村一起努力，就能摆脱贫困，就能填饱肚子。那时我们对未来的美好生活有着无限的向往，我们对我们的村庄的未来发展有很大的信心。现在感觉自己都没盼头了，村庄留不住人了，有能力的人都离开村庄寻找新的发展机会，留在村里的人各忙各的，每天为自己的生计发愁还怎么想着去建设村庄呢？”郭叔叔又道：“当初老书记带领我们大家艰苦奋斗，形成一股劲儿，我们一起上山拾羊粪，一起打地下水，从原来的贫困村变成了小康村。老书记的能力和品格是毋庸置疑的，我们都相信郭老书记，都愿意跟随他。但如今社会发展得太快了，可谓是瞬息万变，郭老书记其实已经没有办法紧跟时代的步伐了，现在村庄的发展可就要靠你们年轻人了啊。占武，你作为郭老书记的接班人，袁家村的未来可就要靠你了。”

郭占武听完这番话后心里面五味杂陈，他不甘于家乡的贫穷和乡亲们的贫困，为乡亲们无力摆脱贫困而焦虑。一番思考后郭占武决定放弃现在在城市所拥有的一切，回到家乡为袁家村的发展拼尽全力。郭占武将这个想法告诉了他的父亲郭裕禄，起初郭裕禄不赞成他的这种想法。在他看来，儿子好不容易才从农村考出去并拥有了一份合适的工作，一切都步入正轨了，反倒要回农村重新开始，况且现在城市发展得很好，在袁家村也看不到什么希望，这样做是不是欠些考虑？

郭占武开始做父亲的思想工作，自己虽然过惯了城市的生活，但无时无刻不在想着村庄的发展。郭占武对父亲说道："您当初带领咱全村人从食不果腹到全民小康，我是一路见证过来的。我从小受您的熏陶深知依凭自己双手去创造幸福生活的必要性，也深知您一直强调的大家一起富裕的真谛。您为咱们袁家村的发展付出了很多，而如今我也想用自己的所学所为为袁家村做一些事情。您是咱村的顶梁柱和带头人，现在我想要将您的精神发扬下去。"听了这番话郭裕禄很受触动，并重新燃起了将袁家村发展起来的信心。

在新的时代里，袁家村人仅仅依靠过去的强硬姿态已经没有办法在时代浪潮里游刃有余。郭裕禄的工作方法已然不适用于新时代的发展。与父亲相比，郭占武见识过大都市的生活，对时代发展的新事物更加敏感，也更具备学习能力和创新能力。袁家村未来的发展正是需要这样有新想法、有新思想且有能力的人来参与村庄建设，郭占武的归来给村庄的未来发展带来了重大转机。

郭占武回乡的第一件事就是协助大家把现阶段村上奶牛养殖的经济效益提上来。当初村上的养牛事业郭占武也参与其中，而如今奶牛养殖并没有达到早先预想的收益，通过到牛场考察郭占武发现现阶段的主要问题是奶牛不产奶。郭占武通过与父亲沟通决定，将有问题的牛挑选出来，退回牛场，把奶牛养殖数量减少。每户养殖十头以上的退两头，十头以下的退一头。除此之外牛场实行奖励制度，针对不退牛的农户给予奖励，与此同时奶期增长的也可以给予奖励，奶牛生出牛犊的一只奖励1500元。郭占武再三嘱咐，在挤奶时相互监督，并动员大家团结一致，把牛场办好。全村在郭占武的带领下，大家协调一致，奶牛养殖产业日渐好转。

二、共谋发展，重组队伍

原来作为袁家村村民主要经济来源的苹果种植及村子上水泥厂的效益日渐下滑，郭占武回乡后帮助大家寻找新的生计，袁家村需要另外寻找新的出路。长期在西安打拼，见多识广的郭占武很清楚袁家村想转型发展不是那么简单。办工业的路子彻底走不通了，搞农业产值又太低，在短期内很难发展起来。但是郭占武是一个责任心、好胜心特别强的人。他是郭裕禄的儿子，他决不能让父辈树立的“袁家村”这面大旗倒下，决不能让“袁家村”这块金字招牌蒙尘。

在这极为艰难的时候，恰逢村班子换届选举。经过村民大会的热烈讨论和投票，郭占武被一致推选为袁家村党支部书记。郭占武正式上任后首先想到的就是对袁家村进行产业转型，为此他连续几天自己一个人不出门，待在自家院子里冥思苦想。村民回忆道：“那时候郭书记一个人在院子里不出门，我们都很担心他。我们都知道郭书记是在院子里想袁家村的发展问题，他不想让袁家村没有路可走，郭书记希望大家聚在一块。几天之后郭书记从自家的院子里出来了，我们知道他心中已经有了想法。”恰逢 2007 年县委、县政府作出大力发展乡村旅游的战略决策，郭占武书记结合自身经历，依托得天独厚的人文资源优势，开启了袁家村的第二次转型之路。

村两委现场商讨景区建设事宜

郭占武发动自己在西安的人脉，邀请专家学者为袁家村“把脉号诊”。2007 年袁家村悬赏 20 万元，向社会公开征集发展的“金点子”。深圳某策划公司提供的“金点子”便是发展乡村旅游经济，这个“金点子”与郭占武的想法不谋而合。与此同时，郭占武关于乡村旅游的设想便在这个时候正式提出，郭占武首先与村班子成员进行商讨，村班子成员对于郭占武的这一想法，争议很大。他们认为对于袁家村发展乡村旅游并没有优势，根本没办法发展起来。对于众多争议，郭占武把自己的想法袒露给大家，“袁家村发展乡村旅游符合现代城市居民需要，现阶段城市的食品安全很没有保证，大家都想吃得放心、吃得健康，而现在城市无法满足市民的这种需求，人们反而对乡村生活有了新的向往。况且，现如今政府大力支持发展乡村旅游，我们开办乡村旅游定会得到一定程度的帮助。除此之外，咱们的百姓住得十分集中，很好开展农家乐。”村班子针对郭占武发展乡村旅游的想法反复地开会、讨论，会议开到凌晨两三点都是常事。在反复协商和郭占武的坚持下，大家达成一致意见，同意了他的想法，并决定凝聚起来一起做村民的工作。

在明确了开展乡村旅游的目标后，村班子开始了全体村民的动员工作。参会人员主要由郭俊武和王志学召集，由郭占武来向村民陈述思路，与村民探讨他目前的想法。会议的一开始郭占武便把自己的心里话和大家分享：“其实大家知道我从外面回到村中的目的主要是想让咱们村重新发展起来。我的父亲郭裕禄在那个时代带领咱们村民共同奋斗，从刚开始的贫困村到后来的小康村，其实那个过程是十分令人激动和骄傲的。在那个时期我看到大家的整个精神面貌都是昂扬的、积极向上的。可是看看现在咱们村，想走的都走了，留在村中的人每天都在迷茫，没有精气神。我看了真的很难受，咱们村毕竟当初是经历过辉煌的，现在变成这样都不是大家想看到的。我的父亲能把大家发动起来共同致富，作为郭裕禄的儿子，我也有义务有责任带领大家走出困境，重新把咱们袁家村发展起来！”郭占武的一番话让村民们很是感动，也调动起了村民的昂扬斗志。经历过辉煌时期的袁家村人面临如今的状况心有不甘，他们怀念当初在郭裕禄老书记的带领下共同携手致富的日子，而现在他们将袁家村崛起的希望放在了郭占武身上。郭占武与大家积极探讨村庄未来发展的想法，并将发展乡村旅游的构想与村民分享：“如今社会都在发展，我们原来的一套发展模式已经跟不上整个社会的节奏了，仅仅通过农业和工业在我看来已经不能让咱们袁家村重新发展起来了，咱们村也必须顺应时代潮流进行转型。”他又说道：“我觉得咱们袁家村可以走乡村旅游这条路，咱们袁家村要搞出自己的特色来，搞一些城市没有但需要的东西。咱们袁家村要讲求因地制宜，不要借助外在的其他力量。我们分析了一下，宝宁寺作宗教旅游，周边有法门寺限制；唐昭陵作陵园历史文化旅游，但是周边又有乾陵和西安兵马俑限制。那咱们袁家村有什么独特的呢，就是农民了。咱们农民又有什么优势呢？就是做饭和缝缝补补等日常事情了。怎么能发挥出来咱们的独特优势呢？”见村民不说话，郭占武又说道：“我觉得关中民俗这个想法就很好，我们不做红色延安，也不做唐昭陵，因为那些跟我们的生活都没什么关系，我们就要做关中地地道道的农村生活。我们说的话，我们的衣着，我们的很多东西都是关中民俗的一部分，所以我说我们是因地制宜。我就觉得这个东西咱们能做，别的咱们做不了。通过搞乡村旅游，带动咱们村农家乐的发展，除此之外我们可以把咱们村的其他产业带动起来。我们的目标是建设社会主义新农村，我们不仅要搞农家乐，还要在西安做农副产品，打造属于袁家村的无公害农产品品牌。”郭占武的一番话得到了部分村民的认同。“我认为咱们村搞农家乐一定会成功，除此之外我们还可以在西安搞一个属于袁家村的农副产品展示平台。”郭兴武说道。王志学也十分赞同郭占武的想法：“农家乐目前来看，是一个很好的亮点，现在咱们袁家村的村民要搞二次创业，我们要努力实现第二次的腾飞。我认为郭书记的思想比较超前，这个想法很新颖，我强烈支持。”但在当时，大部分的村民没有什么热情，都持观望态度。

为了将袁家村发展乡村旅游的设想落地，郭占武即刻付诸实践。为了让老百姓认识到开展乡村旅游办农家乐符合整体的社会发展趋势，也符合袁家村实际情况，郭占武多次带领村民到外地参观学习，以求村民开拓思路、解放思想。但仅依靠自己的能力把乡村旅游办起来显然不切实际，郭占武对村民发起号召准备配备 10 名村干部，征集想要为建设社会主义新农村作出贡献的村民，积极安排干部职位。“对我来说，全村人我都是一视同仁的，如果大家有想出一份力的，尽管来找我谈，我给你们安排合适的职位，也希望大家不要用消极态度来抵制。”根据村民自身能力、思想态度等方面来考察，经过全体村民的投票表决，最终决定由郭俊武担任袁家村村长；袁家村党支部副书记由王志学、袁智恒、杜长民担任；惠文侠任村妇女主任一职；副村长由郭权武、郭兴武、王创造、袁智军担任。至此，以郭占武书记为中心的袁家村村委会领导班子正式组成，并将此队伍命名为“袁家村建设服务队”，队伍旨在为袁家村的发展建设作出贡献，村委班子就此投身于袁家村乡村旅游建设之中。

村委班子建成后，袁家村开始了村庄容貌改建的项目。由于农业收益的降低和集体企业的衰败，村集体已经没有充足的资金进行村庄容貌的改建，这时郭占武将自己多年的积蓄拿了出来并向周围的亲戚朋友筹集资金，最终筹集到了200万元的项目资金。具体的改造计划如下：第一批3

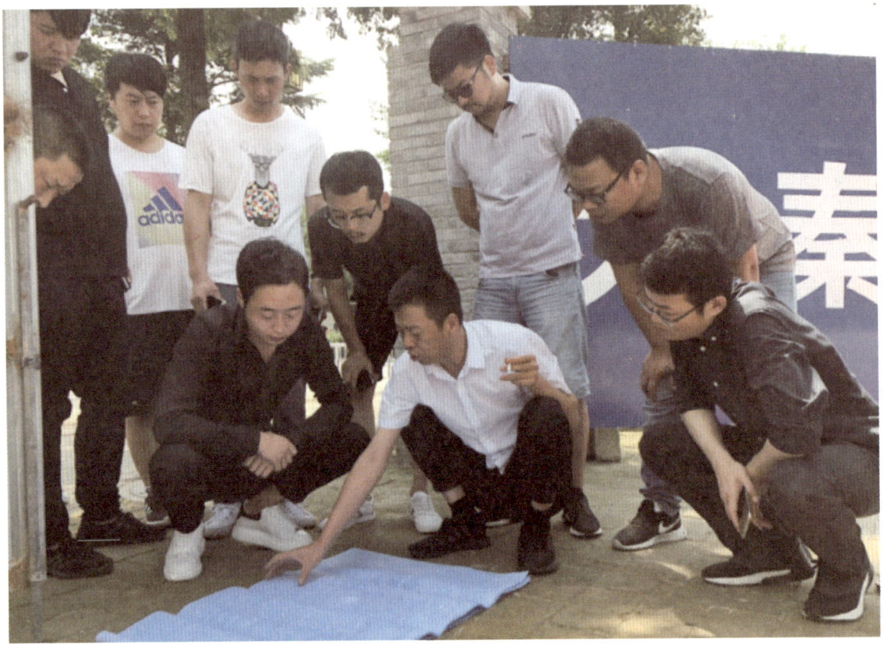

郭占武书记现场指导“旅者营地”项目建设

至5户农家乐改造给予补贴预计5万元；村接待站改造、西客坊一楼门楼改造，这部分的项目花费预计10万元；建设预制厂、苄朋、三档房各一间，预计支出50万元；路牌修建、广告宣传、西安旅行社的落地，此部分项目预计花费100万元。趁热打铁，郭占武提出“大干一百天，打造康庄一条街”的口号，将任务具体明确，责任落实到人。村班子通过连续几天的开会讨论，明确了每个人的具体任务。由郭占武书记亲自挂帅，负责统筹规划。袁家村北边的作坊部分由郭全武负责统筹；袁家村南边的土墟清理和商店由王志学负责；袁智军负责村内的盖房设计，与此同时，袁家村整体的道路改造以及农户的房屋改造由郭兴武负责。关于袁家村整体环境方面，村庙的维护，村中植被的保护，村周围环境的监督与管理，由村长郭俊武负责，剩下的部分包括村街道、前门、村柴草堆放的管理由袁智恒负责。除此之外，王创造负责乡村旅游建设相关文件的整理备份；杜长民利用自身的技术优势负责软件策划部分。针对各个项目的经费问题，郭占武为每一个人所负责的部分专设了账户，并强调尽量压缩开支，在保证工作质量和工作效益的前提下，以最小的成本达到最大的效益。除此之外，郭占武出于对村干部能力和品质的信任，安排村一切财务审批，由王志学和郭俊武签字方可报销。为了将乡村旅游建设做好，村班子动员群众积极参加村庄建设，村上的男女老少一到空闲时间纷纷参与到乡村旅游建设工程中来。围绕乡村旅游计划，郭占武与袁家村乡村建设服务队的成员反复讨论协商，制订方案，无数次的会议协商，无数次的进度汇报，增加的都是对未来袁家村发展的坚定信念。郭占武在会议中不断强调此项目的重要性并不断给予规划意见，“俊武和志学，你们是否能承担作坊一条街这么大的工程？对于咱们的乡村旅游建设必须要有亮点展示，我可以明确地说，咱的整体的建筑布局等方面必须让游客感兴趣。需要你们不停地问自己，如果我是参观的，我希望看到哪种景象？就比如织布，就要求对于这套工艺必须懂。在设计袁家村的任何一个地方时，结构必须要考虑周全。你们两个干部决不能轻视这个工程，这个民俗作坊一条街必须要有看头。现在群众的态度不冷不热，咱们当干部的一定要与群众沟通，希望大家一定要重视。”在郭占武书记的统筹下，大家同心协力，白天晚上加班加点连轴转，但也没有丝毫怨言，净是用不完的力气。经过大家的协同合作，袁家村乡村旅游的雏形已然显现出来。

为集体过大年准备年夜饭

通过袁家村乡村旅游建设的前期工作我们可以看到，班子团结有力是袁家村成功的一大法宝，不管是20世纪70年代初的郭裕禄、张文西、王志学等一班人，还是现在的郭占武、郭俊武等一班人的身上，都展现出了一股强烈的进取心和实干精神。正是这些“领头羊”的敢为人先和顽强拼搏的斗志，确保了村庄实现转型，并保持了村庄发展的持续性和旺盛的生命力。袁家村的成功、袁家精神的发扬离不开以郭占武为中心的村领导班子的带领。

郭占武说：“袁家村的核心应该是干部不为自己，一心一意为群众办事。”此时郭占武带领的班子也继承了父辈的这种团结一致、共谋发展的理念，他们达成的共识是：将旅游做成产业，引导村民参与其中，就是带领大家走上共同富裕的道路。干部为了服务村民、帮助村民致富，牺牲了个人与家庭的利益，走村串户动员群众发展旅游业，逐家逐户做工作，帮助他们装修院落、指导和培训村民经营。郭占武书记说：“不要钱的服务就是袁家精神，干部就是服务队，就是为村上跑腿的，为群众服务的、干活的。”袁家村的村干部几十年如一日为村里工作，然而这一切都是义务的，并没有实际的工资。正是因为有了村干部的团结协作、牺牲和奉献精神，袁家村才没有错失转型良机，他们牺牲小我，成全大我，共谋袁家村的发展，让袁家村始终走在时代的前列。

三、以诚待人，不断试错

袁家村原住居民仅60余户，200余人，要想将袁家村的乡村旅游发展起来仅仅依靠这样的人口规模是远远不够的。在这样的考量下，郭占武开始广纳贤人，实行“放水养鱼”策略。为了将经营商户吸引到袁家村，他秉承“先做强再做大”的经营理念，在发展乡村旅游的起步阶段对所有经营户免收租赁费，对投资规模较大、缺乏资金的经营户给予一定的经济支持，以使这些经营商户能在袁家村扎根，并以其带动袁家村的整体发展。

郭占武用自己的真心和行动感动和影响着每一个人，他与袁家村的新老村民们建立了深厚的情谊并获得了大家的尊重和敬佩。为了实现袁家村人的共同富裕，郭占武为每户村民的农家乐建设出谋划策。在农家乐装修建设方面，村民们在一开始几乎是一窍不通，面对这种情况，郭占武先将自家进行装修，待装修完成后带领村民进入自己家中参观学习，并耐心讲解，村民有其他想法也会及时与郭占武沟通交流，在彻底的沟通和商量后获得一个完美的解决方案。除此之外，在袁家村乡村旅游建设过程中他要帮忙给村民联系商户、教村民如何经营，很多事情亲力亲为、任劳任怨，郭占武这种为每名群众的发展竭尽全力的一片丹心大家看在眼里，记在心里。也正是这一片丹心让袁家村得以拥有如今的辉煌成就，与此同时郭占武也得到了老百姓的尊敬和爱戴。

猜灯谜闹元宵

郭占武十分重视人才，并将每一位在袁家村寻求发展的经营户视为“自己人”，为他们出谋划策、殚精竭虑。现在在袁家村经营按摩生意的张师傅便是其中的受益人之一。

“精气神”的老板张师傅在 2009 年 7 月来到了袁家村，并从此与袁家村和郭占武结下了不解之缘。对中医按摩有着浓厚兴趣的张师傅经过几年的拜师学艺、进修班的学习以及自身的摸索，已具备了扎实的中医按摩手艺，开一家按摩店便成了张师傅最大的梦想。但是在早期，由于资金不足，张师傅只能在咸阳市的街道上摆一个小摊位招揽生意，生意一直不温不火，仅能够维持生计，但由于手艺精湛也常会有回头客光顾。通过朋友介绍，张师傅得知袁家村正在招纳商户便来一探究竟，张师傅便是在这一时期与郭占武结识。郭占武向张师傅提出了邀请，通过与郭占武的一系列交涉，张师傅决定在袁家村开始他的第二次创业之路。

张师傅的按摩生意一开始并没有一个固定的门店，张师傅通过走街串巷招揽游客。起初的按摩生意经营十分惨淡，一天下来按摩的没有几个，这也在一定程度上打击了张师傅的信心。面对张师傅这样的经营现状，郭书记也十分着急，他经常来找张师傅聊天给他出主意。在一天与张师傅聊天过程中郭书记发现了一个十分重要的问题。张师傅在招揽生意和给顾客按摩时总是穿一套十分正式的西服，走在街上别人不会知道也不会感兴趣他是干什么的。除此之外，明明是中式按摩却穿着西装，可信度看起来也不是特别强，必然招揽不到顾客。在这样的情况下，郭占武开始给张师傅想各种点子，“你搞中式按摩在你身上就要彰显中式特色，你穿个西服谁信得过你？要换个行头，先把穿着改成中式服装。”在郭占武的建议下，张师傅专门去做了黑白两套中式服装，并找了一个带有古朴味道的木箱子，箱子上写着“祖传按摩、针灸”。张师傅这一身行头的改变给他的按摩生意带来了很大的转机，前来袁家村观光旅游的游客看到这一身打扮的张师傅感到十分新奇，纷纷前来要求和张师傅拍照并光顾他的按摩生意。与游客的拍照合影作为一种变相的宣传也对张师傅的生意起到了积极作用，长此以往的变相宣传并结合张师傅的精湛手艺，顾客纷纷慕名前来，按摩生意逐渐有了起色。在经营过程中郭占武书记不断地给予张师傅以鼓励，并对张师傅承诺两年之内肯定能赚到钱。郭书记的承诺给了张师傅一份心理保障，也让张师傅对未来的生活充满了希望和信心。

张师傅在来袁家村初期，由于没有固定门面，在生意不好的时候经常到咸阳招揽生意。经常性的流动在郭占武看来也是生意不见起色的主要原因之一，因此在张师傅到袁家村的第二年，郭占武书记专门为他安排了一个门面。“精气神”店面的创设也算是在一定程度上完成了张师傅一直抱持的“有一天能拥有一个门店”的愿望，郭书记的举动让张师傅十分感动，这也在很大程度上激励他将生意经营好。当时的他在心中暗自下决心要将“精气神”办起来，决不能辜负郭书记对自己的期望。

没有固定店面时期张师傅可以在袁家村与咸阳之间来回流动招揽生意，并且工作的时间也很随意自由，有了店面之后，张师傅不得不每天按时到店面经营生意，在这样的情况下张师傅在袁家村正式扎下根来。在郭书记的指导和袁家村村民的帮助下，张师傅的中式按摩店正式开张。随着店铺的开张，相应的经营策略也要跟上，这时候的张师傅又遇到了难题。虽然张师傅的手艺精湛，但是由于之前也没有过开店经历，可以说是对相关的营销策略一窍不通。也正是因为营销策略没有跟上，在店面开业初期经营状况不良。郭占武看到张师傅的店面生意不见起色又开始着急起来，经常去张师傅的店里与张师傅讨论按摩店的经营策略问题。郭占武对张师傅的关照让张师傅十分感动，他记得有一次郭占武来到他店中询问生意情况，说着说着便做起了模特。他让张师傅把他当作顾客来按摩，其他的游客看到这里有人按摩也纷纷激发了兴趣。张师傅仍记得那时的景象，当时的张师傅正在给郭书记做按摩，外面的游客看到了十分感兴趣，进来道："那给我也做一下按摩吧。"张师傅说："那稍等一下，我这边给我们书记做完给您做。"这时郭书记特别无奈地说道："谁是书记？谁是书记？我是你的顾客！"就这样，郭书记为帮助经营业主招揽顾客做模特的事流传开来，并成为众人口中的佳话。

在与张师傅的几次探讨后，郭书记给张师傅出了两个主意：首先，大量发放宣传单，通过广告宣传吸引游客眼球；其次，增加店员人数，郭书记认为按摩店生意只靠老板一个人是干不起来的，要招揽人手才能将店支撑起来。出于对郭占武书记能力的信任，张师傅听取意见立刻采取行动。首先，张师傅印了五六千份广告，专门发放给游客；其次，从咸阳招人手帮忙打理生意。与此同时，开始招收学员，有意愿学习这门手艺的人可以到这里免费学习，手艺练成后可以在这成为正式员工。在招收初期，有大约 30 名学员前来学手艺，之后随着名气的打响，学徒人数逐渐增多。除此之外，郭书记也总是动用他自身的人脉，经常把他周围的朋友叫过来照顾张师傅的生意。随着一系列活动的展开，伴随着袁家村游客量逐年激增，"精气神"经营逐渐走向正轨，生意也日渐红火。

没有规矩，不成方圆。郭占武做事十分讲求原则，对待袁家村的新老村民一视同仁。张师傅的按摩生意日渐红火，便也遭到了旁人的妒忌。身为一个外村人，在袁家村挣的钱却比本村人还要多，这多多少少让有些人感觉到心理上的不平衡。张师傅回忆道："当时有些人看到我生意这么好，挣这么多钱，便也想要在袁家村弄一个按摩店。但是之前郭书记给了我承诺，说只要我在袁家村做这门生意，他就保证村内只有我一家做这行，不会有人和我竞争。郭书记信守着他的原则和承诺，凡是有人想做这门生意向郭书记申请的，郭书记一律给予拒绝。袁家村中式按摩这一领域的钱都让我赚了，这让很多人红了眼。”看到张师傅的生意如此红火，人人都想分一杯羹，有些人甚至想尽各种办法让张师傅离开袁家村。据张师傅回忆，有一段时间总是有各种人来找店里的麻烦，很多人假装成顾客来找张师傅按摩，等按摩结束后便挑各种毛病，说这里的手法不行。那段时间，一遇到这种情况张师傅便能很快看出这又是来找麻烦的，但因为有郭书记的撑腰和评断，他并不会感到慌张。遇到此种情况，张师傅便要求去村上找郭书记评理，见过世面的郭占武看到此种情况便明了问题的症结所在，在一次解决类似纠纷时，郭占武当着大家的面也表明了自己的态度和立场。“我拿命来保护他。”这是郭占武当时当着全村人的面说的话，这句话深深地震撼了张师傅，与此同时，那些人见到郭占武的坚定态度也不敢再打张师傅门店的主意了。

袁家村休闲度假新业态

张师傅在袁家村得到了什么？仅仅是可观的经济收入吗？绝不是如此。在笔者看来，更重要的是，张师傅在袁家村、在郭占武书记那里获得了一种心理上的安全感和归属感。在这里他不用担心被排挤、被算计，在这里他感受到了被关心被保护，找到了生活的价值和意义所在。现在的张师傅已经把他的家正式安置在袁家村，并把在老家的 20 多个亲戚招揽过来在袁家村一起寻求发展，这里已然成为了张师傅真正的家，这里的家满足了“家”的真正意义。正是因为与袁家村、与郭占武的情感联结，张师傅从未想过有离开袁家村的一天，他想用自己的行动来报答袁家村，报答郭书记给予他的恩惠。郭书记用自己的一颗真心，换来了包括张师傅在内的袁家村的新老村民们的无数颗真心。张师傅绝对不会忘记那个夜晚，那个来袁家村第一年由于生意惨淡以至于连回乡的车票都买不起，只得在袁家村度过春节的前一夜。郭书记得知张师傅没有回家的原因后，二话不说地把包中的一千元钱都给了张师傅，让他赶快买票回家过年。当时的他在就想，郭书记的人情怕是还不完了，自己一定要把生意搞好以报答郭书记的恩情。

袁家村旅游发展的一砖一瓦，一业一房，可以说是郭占武在现场一天一天指导发展起来的，在这个过程中没有旅游行业所说的策划、规划、设计、运营和营销团队。诚然，袁家村是乡村旅游发展领域的探索者和成功者，郭占武作为袁家村乡村旅游发展的“领头羊”，是袁家村关中印象体验地的设计师、组织者和灵魂人物，袁家村的辉煌发展是建立在郭占武的正确决策基础上的。但是我们要深刻地认识到，郭占武带领袁家村不断发展的道路，是在不断试错的基础上艰难地走到今天的，其成功的背后是一次次的艰难选择和尝试。

郭占武做的每一个重大决定都是谨慎和思虑再三的，他深知他的一个决定可能影响整个村子之后的一系列发展，他背负的是全村老老少少的生存和发展问题。对于袁家村乡村旅游发展的相关重大问题，他愿意接受新事物、喜欢尝试，但决不轻举妄动。郭占武对于袁家村每一个商户和项目的引入都要亲自把关，对于新项目的引进他愿意不断试错去证明该项目在袁家村生根落地的可能性。郭占武并不是神人，并不是他的每一个决定都是绝对的正确，但是他愿意不断地试错，去证明一个项目存在的合理性和必要性。雷军曾经说过：“有机会一定要试一试，其实试错的成本并不高，而错过的成本非常高。”试错，是一种勇气和稀缺能力。试错，不是说在错误的道路上试来试去，而是说在未知的道路上验证结果。

2018 年，郭占武看到了直升机空中观光旅游项目的发展潜力和发展趋势，便决定在袁家村进行一次尝试。由于对此新兴项目的了解不够透彻，直升机空中观光旅游项目存在较多的不确定性，郭占武决定进行一次初步的尝试去试验该项目在袁家村是否能够发展起来。郭占武首先在全村范围内向村民进行宣传并筹集资金邀请村民入股。出于对郭占武书记能力的信任，村民纷纷踊跃报名投资入股，在三天的时间内筹集资金达 1000 多万元。在有足够资金支持的情况下，该项目正式开始试运行。由于是新兴产业，该项目的受众人群并不多。且直升机的运营和管理成本十分高昂，直升机项目经过几十天的尝试之后并没有达到预期的收益。面对这种情况郭占武果断决定将此项目下马，以防止之后更大的资金损失。

郭占武书记在作报告

正是因为郭占武的勇于试错，形成了袁家村如今多业态的配套式发展模式。一次次新想法的提出，一次次新项目的实行，一次次的筛选淘汰……如果要找到通往未来的路径，就要允许多元尝试和不断试错，并以实践为标准来进行检验。郭占武勇于试错的精神鼓励了袁家村村民对未知事物不断探索、勇于尝试的决心和勇气，这种精神也成为了袁家村现阶段不断发展和创新的前提和保证。在郭占武的激励和鼓舞下，袁家村村民不断将这种精神内化于自身，并也将这种精神作为袁家村的重要标志传承给新一代的年轻人，使得袁家村得以不断向前发展，开拓创新。

第六章

扬帆起航：全民参与下的乡村旅游和村庄蝶变

一、产业转型，农民捍卫食品安全

（一）转型乡村旅游，打造袁家村关中民俗体验地

在1980年，袁家村经历了从农业生产到工业发展的转型；同样，在2006年，袁家村也经历了从工业发展到乡村旅游的转型。但是并不是每一次转型都是一帆风顺的，而是伴随着许多现实的挫折和不同程度的困难。在乡村旅游开展以前，袁家村的领导班子和广大村民就如何开展、经营乡村旅游进行了无数次讨论和争辩，也进行了多次的考察。

在村两委的会议记录中，我们发现2005年2月20日，在村庄大会议室举办的村干部会议上，郭占武书记首次提出了发展乡村旅游，建设农家乐的想法。时任村庄主要领导干部的王志学、张文西等人就此事展开了充分的讨论。可以看到，虽然袁家村的农家乐项目真正建设和发展是从2007年开始的，但是早在2005年郭占武书记就此事的相关想法和大家进行了详细的论述。

顺着会议记录和主要领导的讲述，我们发现郭书记提出发展袁家村农家乐的想法是有着深刻的时代背景和现实意义的。从20世纪80年代以来，袁家村的乡镇企业和工业建设的发展经历了从无到有，从小到大，从单一到多元，从薄弱到成熟的复杂过程。到了90年代中期，袁家村的乡

镇企业实现了发展的高峰，不仅在本地区建设了多个配套工作厂房并打造了完善的生产体系和成熟的市场环境，而且在周边的咸阳市和西安市进行了多个业态的商业投资和基础设施建设。袁家村一举成为了周边地区从农业发展到工业发展的“领头羊”，也创造了乡村集体发展的各种产业奇迹，打造出一张张闪亮的新农村名片，成为了那个时期全国各地争相学习和模仿的对象，袁家村一时之间风头正劲。

然而，2000年以后，随着国家的一系列环境保护政策的出台，伴随着许多限制乡村工业发展措施的执行，村庄乡镇企业面临着如何适应复杂环境、寻求新的发展动力的难题。此时袁家村乡镇企业的核心产业水泥厂的生产和经营面临着转型和改进。村办厂子不仅需要迎合国家政策，还要面临外部竞争的困难，在2003年以后，袁家村工业发展面临的最大难题是如何与市场竞争的问题。随着外来大型水泥公司在附近设厂生产，外来企业中先进的生产工艺和稳定的价格优势迅速占据了咸阳市周边的水泥市场。而此时袁家村水泥厂需要立即调整生产规模和经营方式，但由于村办水泥厂的技术限制和成本限制，无法与诸多的外来企业相抗衡，于是只能通过裁减人员，增加生产时间、压低价格等方式来保持水泥厂的正常运转。然而，水泥厂毕竟只是一个乡镇企业，时代的洪流已经将其逐渐淹没，如果无法有效从根本上转变乡镇企业的发展方向，则很难再有新的突破。在一次次业绩下滑、销量不佳的现实面前，郭裕禄书记和众多村领导班子成员开会，商量如何经营袁家村水泥厂的问题，最终在王志学、张文西、郭兴武等人建议下，袁家村将村办水泥厂承包给了一家浙江的企业，本村的主要干部逐渐退出了水泥厂的经营和管理，而担任水泥厂生产任务的工人群体袁家村村民也大多都离开了自己的工作岗位。至此村庄集体工业在改革开放的浪潮中从兴起到发展再到兴盛直到当时的衰弱，袁家村的工业发展经历了一个又一个阶段和过程，直到2005年水泥厂的正式转让标志着村办企业的落幕，也意味着村庄发展需要根本性的转型。

为了改变村庄发展的困境，提升村庄发展的活力，增加村庄的吸引力，避免空心化村庄的形成，在2006年以后，郭占武书记决定带领大家发展乡村旅游，建设袁家村关中民俗体验地，将袁家村打造为具有民俗文化特色的乡村旅游综合体。起初发展乡村旅游，大家都没有什么好的思路，于是郭书记提出了先建设农家乐，让城市里的游客感受、体验农村传统的农家饭。建设农家乐，发展乡村旅游看似具有很新颖的观念，也是一个良好的商机，但是在当时却不被大多数人认可。首先，郭书记的父亲郭裕禄老书记就不看好农家乐建设，他认为袁家村地处渭北平原，此处并无山水资源，也欠缺文化底蕴，如果发展农家乐，怎么样去吸引别人，怎么样去招揽游客，都是大问题。其次，村中主要的干部也不同意建设农家乐，他们认为袁家村距离周围主要城市较远，在2007年左右，私家车还不普及，拥有私家车的人只是少数，因此，如何让游客来到袁家村是个必须解决的大问题。还有，村中部分村民也提出反对袁家村农家乐建设，因为当时关中地区的农家乐主要集中秦岭的各大峪口之处，而且已经形成了一定的规模，而袁家村附近只是种植粮食和苹果的农业区域，如何让游客到这里来感受不一样的农村生活是村民担心的主要问题。

小吃街冬季客流

在村中众多群众和领导的反对意见之下，郭占武书记并没有就此退缩，也没有放弃发展乡村旅游的念头，他不仅没有被众人所影响，反而坚定了自己的想法。此时，他首先去做班子成员的思想工作，他逐个去找村两委领导人，和王志学、张文西、郭权武、郭俊武等人不断谈话，深入展开自己的想法，并且给大家不断注入强心剂。经过几个月的思考与论证之后，村庄领导班子成员逐渐认可了郭书记的想法和主意，并且大家统一了思想，一致认可袁家村应该并且可以发展乡村农家乐，这是一条未来重点的发展之路。在领导班子统一思想之后，郭书记带领着主要领导向村民们做工作，说服大家，让大家放下顾虑，齐心协力，一起建设农家乐。为了使村民放下顾虑，提升信心，坚定想法，郭书记主要做了两件事：其一是带领大家参观游览其他地区的农家乐，学习农家乐的经营模式和服务理念。“我们北边的上王村都可以建，我们为什么不可以，我带你们去看看。”郭书记当时对大家说。其二是组织村民开会，为了让大家更好地开展乡村旅游，办好乡村民俗体验的事业，郭书记经常召开村民大会进行组织动员，郭书记在会上反复劝说，耐心地回答每个村民提出的问题，并且针对不同人的不同顾虑提出了相应的实施方案。时任副村长的郭权武回忆说：“郭书记那时候总爱开会，没有固定的参与人，也没有固定的时间，更没有固定的会议形式，只要是郭书记有事了，就召集大家到村委会开会，人少了就去他家开，有时候一开就开到深夜两三点钟。2006 年那段日子里，郭书记每个月至少组织大家开会十几次，小的会议那就更不用说，几乎天天开。”就这样，郭占武书记通过对领导班子做思想工作，组织村民到其他地方的农家乐参观，在平时不断给村民开会、不断强化大家的信念和定力，最终在 2006 年底的时候，村中统一决定开展乡村旅游项目，以农家乐为主要形式吸引外地游客，打造新的关中民俗体验模式。

既然是乡村旅游，那就一定要体现出“乡村”的本质和特征。为了打造袁家村独特的旅游品牌，郭书记和许多群众商议后，决定将食品安全的理念作为袁家村乡村旅游的重点方向和核心思路。在 2007 年前后，国家发生了多起食品造假和食物中毒事件，这一件件由食品安全引起的公共危机引发了人们对日常食物的广泛关注，同时也激起了许多城市居民对于食品安全的高度关注。他们开始逐渐重视每天食物的成分和质量，并且许多人不断寻找安全、健康、无污染的天然有机食品，他们将目光投到了乡下。此时，袁家村郭占武书记第一时间抓住了城里人的心理诉求，袁家村农家乐的特色就此定位为食品安全，“让城市游客体验到健康、无害的农村天然食材，让大家品尝到最纯正的农家有机食品”。这样的经营理念一经提出，便得到了其他村干部和大多数村民的支持。“城市里缺什么，我们就给他们提供什么，城里人怕食品不安全，我们就让他们在这里吃个放心，我们坚决不糊弄游客，把最好的蔬菜和粮食都给游客！”郭书记在村干部例会上慷慨激昂地讲到他的理念。

2007 年 6 月 19 日，郭占武书记在多次会议和不断考察之后，向村庄正式地提出乡村旅游发展思路及口号，同时他要求村庄集体齐心协力，在村村民共同参与，一起建设袁家村关中印象体验地，打造独特的农家乐旅游形式。为了加快建设进度，提高施工效率，尽快让村庄进入营业阶段，郭占武书记提出了“大干一百天，幸福袁家人”的口号。在郭权武和袁社娃等村庄主要干部的领导下，袁家村在三个月之内完成了5家农家乐的改造工作，并且建设了一条以主要农产品加工为主的作坊街。2007年9月29日袁家村关中印象体验地开业，迎来了袁家村的历史性时刻。当年接待游客量达3万人。之后，随着袁家村旅游产业不断发展，游客数量逐年增加，原有的5家农家乐和作坊街的商户无法满足日益增加的游客需求，村庄在2008年将农家乐数量增加到了19家，之后村书记和村委会迅速规划并打造了以关中特色小吃为主的小吃街，在2009年9月袁家村小吃街板块建成并正式营业。2010年5月袁家村将作坊店改制为作坊合作社，扩大了作坊街的规模，提升了各作坊的生产能力，满足了游客对农副产品的需求。至此，袁家村关中印象体验地的核心业态农家乐、小吃街和作坊街形成了当前的经营规模并且相互依托、互为补充，也成为了袁家村旅游的中心板块。

作坊街春季客流

（二）食品安全重于泰山

袁家村在餐饮经营上的核心理念体现在食品安全上，这样的经营理念伴随着袁家村发展的始终。无论是当前的小吃街、作坊街还是农家乐，任何一个产品的原材料、加工以及处理的环节都深刻地表达着袁家村村民对于食品安全的不断追求。进入村庄，可以在宣传栏中看到“农民捍卫食品安全”几个醒目的大字。这也表达着无论是哪里来的袁家村的游客，他们在袁家村可以感受到最为真实的农产品、食材和最为安全的加工工艺。原材料的高品质，蔬菜和肉类的高新鲜度，厨房操作间良好的卫生环境等都是袁家村食品经营所重点关注的方向。换句话讲，袁家村打造关中印象体验基地的一个重要环节就是营造并强化食品安全和食材质量的基本理念。这也是多年来小吃街、作坊街和农家乐经营的立足之本、成功之处。

我们所看到的袁家村的“食品安全”理念并不是一个简单的口号或者一个销售标语，而是扎扎实实的经营之本，它从乡村旅游创立之初，就被村中的郭书记和广大村民视为袁家村发展的核心和经营的关键。食品安全不仅仅是一种理念，更是袁家村的经营之道、发展之本。袁家村在乡村旅游发展的不同阶段增加了很多产品业态，也打造了许多新的旅游热点，但无论是哪个板块，发展到哪个阶段，袁家村都深深地将食品安全理念贯穿在经营始终，将食品安全视为其发展的本质和不断追求的目标。可以看到，袁家村目前在以小吃街和农家乐为核心板块之下，打造了一系列配套式板块，如民宿体验、文化创意、酒吧街、古镇街、祠堂街、回民街等其他相应的产业形态，但是他们在不断扩张、发展的过程中，始终将食品安全作为第一要义，也从没有改变过朴素的“农民经营健康的农产品”这一初心。那么，袁家村是怎么样提出食品安全的理念并发展出健康餐饮的经营模式呢？袁家村为什么能牢牢地在市场竞争中坚持食品安全的理念，没有受其他因素影响呢？

袁家村食品安全理念的提出是基于2006年村庄发展转型的困境，那时为了发展乡村旅游，村庄书记和领导干部提出了打造袁家村的核心竞争力，那就是将农家饮食和农副产品的经营作为主要产业形态，将食品安全的理念牢牢贯穿其中。那时，郭书记认为袁家村这么做可以有效回应城市当中人们对于食材安全、餐饮质量担忧的问题，同时顺势而为提出了袁家村乡村旅游要建设并发展出关中地区最为安全的、最为健康的农村餐饮与农副产品的产业形态。其中食物原料的质量、食品加工的工艺、食物处理的方式都是郭书记关注的重要方向和经营重心。食品安全的核心理念正是在那个时候提出来的。

在袁家村关中印象体验地开业之后，郭书记亲自带领着农家乐的经营农户以及作坊街和小吃街的各个商户贯彻并落实着“食品安全”的理念。具体来讲，食品安全的核心理念体现在食品原料的选择、食材的加工方式、餐饮食用的过程、剩余食材的处理、餐饮服务过程等几个方面。下面介绍两个商户的日常工作，体会他们对食品安全核心理念的认知和重视。

1. 李大姐的水煮鱼

在农家乐的经营上，以经营者李大姐为例，看看她是如何将食品安全的理念嵌入到日常的食物加工与餐馆经营中，看看袁家村食品安全的理念是怎样在普通商户的工作中得以实践并完成的。

李大姐，50岁多一点，陕西省汉中人，之前从事黑鱼餐厅经营将近16年，2017年她来袁家村旅游的过程中发现这里主要经营一些关中小吃，没有鱼类海鲜等方面的饮食门店。因为自己有娴熟的做鱼经验以及长期积累的餐饮资源，她萌生了在袁家村的农家乐一条街经营一家以水煮鱼为特色的餐饮店的想法。于是2017年下半年她承包了村上的一家农家乐，开始了以水煮鱼为主的餐饮经营。目前袁家村只有李大姐一家是以鱼类加工和海产品餐饮为主的经营商户。据了解，李大姐的水煮鱼很受游客欢迎，甚至有很多西安的游客专门到这里品尝李大姐的“汉中水煮鱼”。在经营中，李大姐不仅将其食物口味和服务态度不断提升，并且打造出了具有特色的“李大姐水煮鱼”品牌，在袁家村也成为了一个“必尝美食”和“特色打卡”的地点。同时李大姐也间接地帮助袁家村吸引了更多的游客，带动了更多的饮食项目和旅游活动。无论李大姐水煮鱼发展到哪个阶段，她始终秉持着一个核心理念就是“食品安全”和“吃得健康”。通过李大姐的叙述和分享，可以得知她的食品安全理念有着一套严格的制度标准和规范的操作方法。具体地的讲，分为以下几个方面。

第一，原料采购方面。水煮鱼大部分原料来自村中作坊街，主要的佐料辣子完全是由辣子作坊供应，菜籽油是由油坊供应，豆腐由豆腐坊供应……有些原料作坊没有，李大姐便向村里申请，到指定的镇上蔬菜供销点，采买所需原料。在食品原料的购买中严格按照食品采购流程，原料产地、重量数量、规格等级都需要写清楚，一份交给蔬菜购销点，一份自我保留存档，以备村里检验。同时在食品购买中，不可以私自到别的蔬菜购销点去购买，一经发现，村中农家乐协会会严厉处罚商户，严重的会被赶出农家乐一条街。除了水煮鱼的一些辅助原料和蔬菜，水煮鱼的主要食材黑鱼和五花肉的采购更是十分严格和细密。李大姐的鱼类产品都是从西安大型水产市场采买，每天早上通过货车运送至村中，且运输中一定用最好的保质储柜，保证鱼和肉的新鲜。相比于蔬菜，肉类需要更多的合格证和更为规范的手续，从食材的选择、运送到加工有着一套严格的手续，必须按要求执行。同时每天农家乐协会会检查肉菜的购买流程是否合格，检查鱼和肉的产品手续是否齐全，规格和新鲜程度是否符合村中规范，同时除了一些海产品，肉类的选择尽量要以本地为主，选择运输距离最短的，保证质量的高要求，新鲜的高标准。整个过程比一般餐馆要严格得多，这也从根本上保障了农家乐的食品安全和饮食健康。

第二，食物加工方面。每一天清晨将买回来的菜肉反复清洗，直至所有杂质清洗干净，同时肉类加工方面，有着严格的调料比例，不可放置过多去腥提味的佐料，保证食材的原汁原味，让食客们体会真正的食物口味。操作间每天三次消毒，一定要在厨房环境上做到干净、卫生、没有异味。厨具摆放整洁，厨房墙壁全部贴上瓷片，不允许光墙面，防止时间长了墙皮脱落，影响食品质量。总之在食物加工环节，李大姐在自己的能力之内做到让客人最大化地满意，如果客人需要的话，李大姐会邀请客人到厨房内参观或者监督。除了李大姐的自我要求，农家乐协会每天会到不同商户中检查三次以上，重点关注厨房卫生和操作环境，如果哪一家经营不符合制度要求，协会会立即下发整改通知，限期改造，否则勒令商户停止营业。

第三，剩余食材处理方面。李大姐每日都会对剩余食材进行严格处理，保证食材的新鲜。在剩余食材处理方面，袁家村农家乐采用了成本最高的处理方式。一方面，已经加工的蔬菜类食材如果卖不完，当天晚上选择质量较差的全部倒掉，剩余部分较为新鲜的放入冰箱，不新鲜的自行处理或是送给邻里亲戚。食物的处理方式直接决定其是否可以留到第二天，其实大部分蔬菜都不会过夜，土豆和萝卜如果切丝并尚未使用，必须要扔。如果是肉类卖不完全部倒掉，放置冰箱会影响生肉的口味。另一方面，未加工的食材当天晚上选择颜色较好、质量较好的蔬菜放到食物冰箱内，其余全部倒掉。对于油类而言，因为大部分菜品要保证口味上的新鲜感，每做一菜要换一次新油，不能重复使用植物油。同时李大姐根据不同菜品用不同的油，炸鱼使用炸鱼的油，做虾使用做虾的油，蒸菜使用蒸菜的油，比如菜籽油、花生油和豆油等都会根据不同菜品相应地使用。这样虽然会带来食物成本的增加、原材料成本偏高，但是从根本上保证了食物安全，原料新鲜。李大姐的口碑和信誉越来越好，同时食材成本上涨但是价格不涨，大家更是充分信任李大姐，回头客不断，也提高了经营的效益并保证了经营的稳定性。

第四，时间把控方面。现场操作，不提前准备是李大姐食物加工的操作方式。熟悉李大姐的人都知道，到她家吃饭需要提前预约，不是因为李大姐的店面太小或是顾客人太多，而是李大姐每次做鱼都不会提前准备，都是现场烹饪。从活鱼现杀到调料腌制，从配菜种类到上菜顺序，袁家村的李大姐都是在现场进行。客人用餐时将鱼活杀现做，再用 30 分钟不断腌制，同时将鱼片吃完后才能上其他蔬菜和肉类。因此，如果有的客人未预约去吃鱼，那光上菜就要等将近 50 多分钟。这个过程中也有很多人在抱怨上菜时间太久，等的太长影响吃饭速度，但是当客人们尝到味美汤鲜的黑鱼之时，他们的心情都放松了下来，开始用心地享受这一美妙时刻。因此，李大姐从食材新鲜到现场加工，都要保证让所有客人感受到第一时间的味道，保障游客的口感。现场操作、没有提前准备也是李大姐经营之道的一方面。

2. 万姐的热米皮

在小吃街的经营上，以小吃街的汉中热米皮经营商户万姐为例，从她的经营过程中来看袁家村是如何在一道道小吃中强调乡村旅游中的食品安全核心理念，同时也为大家展示袁家村是怎样将食品安全的理念在食物经营中尽量发挥到极致的。

万姐，40 多岁，袁家村小吃街汉中热米皮商户的经营者。她在 2012 年入驻小吃街，目前她的米皮生意在小吃街算是中等偏上，深受广大游客的喜爱，经常有老顾客来品尝她的热米皮。在销售量上升、口碑较好的背后，是万姐每天辛勤的付出，当然她的努力一直在如何保证食品安全，让大家吃上最好的热米皮上面。她自己曾经说过自家的热米皮经营的“秘诀”是“米皮上乘、减少佐料、加工朴素”，经营的目标是“立足质量，让客人食用放心”，不仅严格地做到了食品安全和食物卫生，也很好地契合了袁家村食品安全的经营之道。关于汉中热米皮的操作和经营的过程，我们可以分为三个方面共同讨论其核心之道和重点方向，我们可以从这三个方面来看小吃街是如何将食品安全的核心理念贯彻在个体商户的小吃餐饮加工与经营当中的。

第一，原材料必须新鲜。汉中热米皮的配菜中必须要有豆芽，如何让豆芽更新鲜，万姐费了很多心思。每天一大早，万姐会第一时间在袁家村指定的蔬菜采购点去购买新鲜的豆芽，并且会不断挑选，尽量选择新鲜且刚刚到货的小豆芽。在豆芽的加工中，万姐会再一次细心地检查是否有坏掉的豆芽或是颜色有变化的豆芽，要保证上到客人桌子上的每一颗豆芽都是新鲜且好看的。当每天晚上豆芽没有卖完的时候，万姐绝对不会将豆芽留到第二天，她会将豆芽分给附近的村民或者自己带回家食用，如果当天剩的太多，她会全部倒掉，以免这些豆芽流入到其他的商户。同时万姐会在每天收摊时一定将剩菜剩饭倒入村中厨余垃圾投放点，绝不会让饭菜回流市场。村中也会为商户准备固定垃圾回收车，每天垃圾车都会定时来收取每家的剩余饭菜，尚未使用的食材也要倒入其中。这些做法都是为了保证食材的新鲜感和食用口感，最大化地保障游客的食用安全。

第二，在食物保存中食材生熟分开。这个做法是为了避免不同食材的味道混合以及细菌滋生，保证所有食物的新鲜和质量。在热米皮的食材准备中，万姐将蒸好的米皮放在蓝色标示的笼屉中，将豆芽、青菜等蔬菜放在红色标示的菜篮里，将面筋、辣子、调料等放在黄色标示的桌子上。这样做既节省了食材准备的时间消耗和精力消耗，也极大地避免了不同食材放在一起造成的味道混合，更重要的是，豆芽和青菜等生菜不会因为没有加工而将表面的杂质和残留物混合在已经加工的熟面皮之中。这样最大程度地保证了食材的安全和新鲜。

第三，严格的卫生保障。万姐在食物的加工和餐馆的经营中，在小吃街协会的要求和自我约束下，有着一套严格的卫生标准，以此来把控食品安全。其中最为重要是，厨房环境一定要干净，厨师个人一定要卫生。厨房环境体现在地面卫生和加工工具等方面，万姐说她每天要打扫四至五次厨房地面，保证没有灰尘和杂质进入到食物或餐具里。同时她会不断清洗菜刀、漏勺、菜板等，保证每做完一个客人的饭，不会留给下一个客人一些残余物。同时对于厨师也有严格的卫生要求，只要厨师走出厨房，就必须脱掉厨房衣物；走进厨房，必须提前洗手，换掉自己的衣服，这些是每个经营商户长期经营中形成的自我行为。此外，村中每天都会检查厨房操作的安全卫生。在操作间厨师必须戴头巾，戴口罩，勤剪指甲，不能戴首饰，衣着一定要整洁，干净利落，房间无异味，这些都是小吃街协会重点检查的方面。

（三）食品安全制度建设

为了更好地贯彻和落实袁家村食品安全的经营理念，袁家村村委会联合农家乐农户、小吃街商户以及作坊街各商户共同制定了一些保证食品安全的重要措施和制度。具体地讲，有以下几个方面。

1. 协会负责，共同监督

为了监督农家乐和小吃街食品安全标准执行情况，由村领导班子牵头，广大农民群众参与，众多经营商户加入，组成了农家乐协会和小吃街协会组织。协会成立的目的是提高村庄旅游发展中的食品安全和服务水平。农家乐协会的成员由经营农家乐的农户组成，村庄选举有责任心的、经营状况较好的、服务意识较高的农户担任农家乐协会的会长，同时由几家农户作为督察员，平时负责农家乐经营中的食品安全检查与监督，以及农家乐服务过程的改进与完善。小吃街协会也是由一个经营商户作为协会负责人，加上部分经营商户作为整个协会的成员，来检查和督促小吃街的各商户经营是否规范、食品加工是否符合要求、食品质量是否达标等事宜。通过农家乐协会和小吃街协会的工作内容和形式，可以看到，其设定和作用严格保证了游客在村中用餐安全和食物品质的不断提升，同时也促进了袁家村食物消费过程中的高端服务理念，通过各种细心的考虑和人性化的操作，让不同年龄阶段的游客体会到袁家村的热情和淳朴。除此之外，农家乐协会还起到了协调各个农家乐之间的竞争关系、稳定农家乐经营状况的作用。协会设定了一套严格的管理标准，通过统一的原材料进货，各种调料的统一分配，以及各菜品价格的指导，口味的不断改进，让各个农家乐的经营处于一个有序、合理的商业环境；也避免了不同农家乐之间的刻意竞争和个别农家乐经营人破坏市场平衡的被动局面。农家乐协会协调各个农家乐的经营关系，通过不断地调整和平衡，使得农家乐整体有一个稳定的经营状态，保证了农家乐的服务质量和食品安全，也保障了农家乐的经营品质和市场稳定。

2. 定期例会，讨论交流

在袁家村，可以看到小吃街协会、作坊街协会和农家乐协会在每周一早上都要开例会，只要涉及食品加工与售卖的商户，都要求参加。下面以小吃街协会的例会制度为例，说明袁家村食品经营中例会制度的角色、形式和意义。小吃街周一例会设定在每周一早上 8 点，开会时间一般为一个半小时左右，由副村长袁社娃主持、协会会长汇报、各商户共同参与讨论为基本形式。周一例会一般会讨论三个方面的问题：第一，强调食品安全，通过反复提高食品安全的意识让大家对于食品安全有正确的认识，并且将其转化为行动，提升对于食品安全的实践；第二，讨论小吃街经营中出现的问题，各商户可以提出并讨论在经营中遇到的问题，村干部根据问题可以做出相应的政策调整，同时小吃街协会会派专人将大家的问题综合起来，形成一个问题库，通过不断地实践找到最好的解决方法，并将其记录下来加以加工提升，形成一种稳定的制度化手段以应对相似问题；第三，本周经营的目标和经营预估，村中会根据各个商户提供的经营估算确定食物原料的数量和本周食材选择的种类，制定食材规模和食材类别。每次周一例会中强调和讨论最多的主题仍然是食品安全，无论袁家村经营方向和经营规模发生了多大的转变，食品安全的主题始终是不能改变的核心方向。

3. 不断学习，加强意识

为了不断适应农村新时代的餐饮业发展，迎合更多人对安全食品的需求，袁家村饮食产业需要不断强化食品安全的理念，丰富食品安全的含义，扩大食品安全的范围。这时只靠村中现有制度和例会形式是无法满足的，需要组织农家乐、小吃街和作坊街的商户提升观念，不断学习，每周三晚上的集体夜校学习就是一项非常有效的手段。从 2008 年以来，袁家村村委会联合高校成立了村办夜校，专门为这里的经营商户和农民讲授经营之道、食品加工方式、服务内容和方式等。目的是提高他们的食品安全意识，强化其服务水平，从整体上加强他们的经营能力。夜校学习班的地点就是村委会大会议室，时间为每周三晚上 7 点。夜校学习的主要内容为食品经营理念，更新餐饮加工方法，服务细节要领，同时经营好的商户可以传授比较好的经营方式给一般的商户，思想觉悟较高的商户带领反映一般的商户，在学习班的学习中，所有商户的思想统一到一起，力量凝聚到一起，让大家意识到食品安全不仅是一个标语、一个要求，更是村庄的深刻信仰和永远不变的立足点。小吃街、作坊街是个平台，需要大家共同建设，未来共同努力。

4. 对外参观，见贤思齐

为了让小吃街上的商户更加意识到食品安全的重要性、提高食品安全的理念和内容、全方位地贯彻食品安全的基本要求，袁家村村委会曾经多次组织这里的商户前往外地旅游景点参观并学习。2017 年，村里领导组织小吃街的大部分商户和农家乐的经营农户到全国各地主要的旅游景点进行体验和感受。丽江、桂林、乌镇等都留下了村民们的足迹，每到一处景点，村民们都会一一体验那里的食品味道，感受不一样的食品质量，同时在这个过程中他们会学习当地的食物加工与保存甚至处理的方法。通过丽江古城的参观与学习，小吃街商户们都深受启发、体会颇多，很多人都认为这次参观学习打开了自己的眼界，深化了自己的食品安全观念，丰富了自己的食品安全范围。在他们回来之后，从食物的加工与保存上改进了许多的细节，增加了很多新的技术性内容，全面并深刻地保证了食品安全的经营理念和以人为本的服务形态。通过不断地对外参观与学习交流，大部分农户和商户看到了自身与其他地方经营者的差距，也激发了袁家村商户不断学习的积极性和持续探索新方法的动力。在加强学习的同时，本村村民也从很多方面提升了自身素质和文化水平，整体上提升了袁家村旅游的文化软实力，农家乐和小吃街商户们在不断学习中，向更好榜样看齐，向更高标准迈进，不断提升自我的创新和发展水平。

5. 提高服务，增进质量

在袁家村，郭占武书记给许多小吃街和农家乐商户贯彻的服务理念是：让顾客感到宾至如归。之所以提出来这样的服务理念，是袁家村一直以来强调打造关中印象体验地的农家风情氛围，相应地在旅游服务上，袁家村村委会认为这里不需要实现多么高级的服务体验，也不需要运用现代西方式的服务理念，袁家村只需要将本地农村的自然本色、农民的淳厚朴实极大地展现出来，让游客有“像家一样的旅游感受”就是袁家村旅游服务的最大追求。因此，热情好客、大方豪迈、真情实感等服务理念才是袁家村服务中的重点。在食品安全的基础上，袁家村农家乐为了更好地吸引游客，提出了“不仅留住游客的胃，更要留住游客的心”的口号。“让游客有像家一样的感受”，多年来一直是指引着袁家村农家乐经营的服务理念，通过不断提高服务水平，游客们感受到了来这里的温暖和舒适，也体会到了袁家村在产品经营中的热情和淳朴。更重要的是，通过服务水平的提高和服务理念的深化，许多游客了解到了袁家村的食品安全和食物卫生的经营理念，他们在与商户的交谈和自身的服务体验中，认识到了袁家村在经营中的用心和细致。因此，小吃街、农家乐及作坊街在不断深化食品安全理念的同时，更加强调了服务质量的提升。只有不断提高服务水平，让游客放心地来村中旅游，舒服地享受这里的一切，充分地感受在村中的安逸生活，他们才能理解袁家村的“良苦用心”，才能记住袁家村的独特之处，才能充分了解袁家村为游客做的周到考虑。同时，当游客逐渐理解了袁家村的经营模式和独特之处后，会对这里的食物更感兴趣，也会全面理解袁家村食品安全的核心经营理念。郭占武书记常常对农家乐的经营者们讲，“来这里的游客就是上帝，大家要把他们服务好，食品安全是本质，良好服务是关键，大家要使游客们感受到家一样的用餐体验，让所有人感受到咱们农村人的热情和淳朴。”正是这点，很多来了数次的游客都认为袁家村能够让他们感受到小时候的淳朴生活，能够让他们吃上一碗最放心的农家饭，这对于他们而言就足够了。

袁家村“千人饺子宴”

村民、游客集体过大年

二、转变观念，外出参观凝聚共识

在袁家村陷入迷茫期的时候，郭裕禄老书记的儿子郭占武从西安辞掉工作回到日渐衰落的村子，为村庄寻求新的发展道路。恰逢 2007 年县委、县政府作出大力发展乡村旅游的战略决策。郭占武书记结合自身经历，也是为了响应国家发展乡村旅游的号召，提出转型发展的思路，想要带领袁家村走发展乡村旅游办农家乐的路子。然而乡亲们对外界社会的发展情况并不了解，经营农家乐的号召几乎无人响应。在村民看来，在袁家村搞乡村旅游实在是不切实际，“这里没有什么旅游资源，没山又没水，附近的旅游景点离袁家村又很远，人们来这边干什么呢？也不会为了吃一顿咱们这的农家饭就来吧？”为了做好农民的思想工作，郭占武采取了一人一策的方式。全村所有村民的内心想法，郭占武都会一一摸透，并针对每个村民的性格特点制定出不同的应对方案。正是这种细化到人的工作方式，让郭占武在每个村民内心树立了牢固的威信。郭占武当时说了一席话：“我们要千方百计谋发展，带领乡亲们奔小康，绝不让一家一户掉队。”与此同时，村上开上宣传车，村干部走村串巷地为村民介绍村上的旅游发展规划，并且推出了一系列的优惠补助政策，凡是按村旅游规划开办农家乐的农户村上给予50%的费用补助。虽然一系列的工作手法取得了一定的成效，也改变了大部分起初对农家乐规划持反对意见的村民的看法，但当时村民对村庄外界的发展不甚了解，对发展乡村旅游办农家乐积极性不高，呈现出“被推着走”的状态。与此同时，村民具体对什么是乡村旅游，怎么搞，如何办农家乐都不是很了解。在这样的情况下，郭书记便开始组织村党员干部带领村民到西安、成都、丽江、平遥等旅游热点地区学习，让大家开拓思路、解放思想。

2006年袁家村村两委首次组织村民参观学习。第一次外出学习，村委将地点选在了距离袁家村40公里左右的东韩村。东韩村是陕西户县城郊的一个村庄。通过别具一格的农村生活体验、美味的关中农家乐和久负盛名的农民画得以为众人所知，被誉为“陕西第一村”。通过在东韩村的参观学习，原来对农家乐没什么概念的村民形成了对农家乐的初步认识。农家乐是农村居民向城市居民提供的一种回归自然从而得到身心放松、精神愉悦的休闲旅游方式。袁家村的村民也逐渐意识到农家乐主要是通过当地农户利用当地的农产品进行加工，以此来满足客人的需要，因此不需要什么成本也没有太高的技术要求。东韩村当时因独具特色的农民画为众人所知，吸引游客众多，来农家乐吃饭的人应接不暇。袁家村村民看到了东韩村村民开农家乐获得的好处，在他们看来东韩村发展农家乐效果还是很好的，办农家乐挣的钱比挣工资多，比较之下收益是比上班要好的。这次学习增加了袁家村村民开展乡村旅游办农家乐的信心，村民参与村庄建设的积极性明显提高，纷纷开始筹划各家的农家乐事宜。

上王村利用良好的自然条件和交通条件，自2003年开始便抓住秦岭旅游业的发展机遇发展农家乐，将农家乐作为主导产业。作为西安市第一批发展起来的农家乐，上王村带动了一波又一波的乡村旅游热潮。在2006年全村163户中108户开展了农家乐服务，全村年接待量达到60万人次，当年创产值700万元。出于向上王村学习农家乐经营经验和上王村整体的设计布局管理方式等原因，袁家村村领导班子带领全村村民开始了第二次参观学习之旅。在2006年，上王村的农家乐产业发展已近乎完备，包括村容村貌，以及农家乐的制度规章皆较为完善。在村庄整体布局设计规划和农家乐运营模式等方面，袁家村服务队获益不少。然而，这次考察并没有达到当初预想的效果。参观完上王村后，村民们变得消沉起来。从上王村回到袁家村之后，村民们更不积极了，更不愿离搞农家乐了。“人家那里有山有水，大家去那里看看风景顺便吃个农家乐。咱们这什么都没有，怎么搞得起来呢？”村民很是疑惑。“咱们不要依靠山水，我之前也说了咱们袁家村打造的是关中民俗，就依靠咱们地地道道的民俗生活来吸引外面的游客，让外面的游客一进来就能体验到正正经经的属于关中的传统文化。咱们要有信心。”郭占武对于发展农家乐的必胜决心和坚定信念也在不断感染着袁家村全体村民，即使村民们对本村开办农家乐的未来存在着些许担忧和迷茫，但是出于对郭书记的信任，村民们依然坚定地跟随着郭占武的步伐。就这样，在2007年初，袁家村村民们又赴白水县学习农家乐经营经验，白水之行大大增加了村民开办农家乐的信心。

白水县富卓村利用当地生产苹果的优势，开始经营以苹果为主题的名为“苹果人家”农家乐产业。然而与苹果种植相比，富卓村的村史馆反而更具魅力。该馆以群众的情感体验为陈展思路，设置乡魂、乡音、乡土、乡味、乡情等展区，呈现出群众生产生活的热烈场景，让人们仿佛置身于当时的场景中，在回忆和体味中产生对这片土地的爱恋和对乡村的依恋之情，引导和激发群众互帮互助，共创美好生活的热情。对富卓村村史馆的参观给了袁家村村民重要启发，村史馆的建立是有重大意义的。首先，袁家村具有厚重的历史沉淀，早在郭老书记在任时期，郭裕禄率领袁家村人团结奋战，改土造田、打井修渠大搞农田基本建设使得粮棉丰收、产量翻倍。特别是在改革开放后，袁家村推行“统、专、包”的经济责任制。在把袁家村农业提高的基础上大力发展村集体经济，实现了袁家村从贫困村到小康村的历史性跨越，被誉为“黄土高原的一颗明珠”。袁家村那一时期已成为全国各地纷纷拜访的对象，可以说是一段传奇。这段传奇值得人民铭记，并且依靠袁家村过去辉煌的历史资源在新时期能够吸引游客前来参观。与此同时，更重要的是，通过村史馆的建立能让大家回忆过去的青葱岁月，体会当年的奋斗激情，并以此将袁家村精神传递下去。对于袁家村村民来说，村史馆代表着袁家村村民的集体记忆，通过回忆袁家村全体村民的奋斗历程能将袁家村村民的集体意识重新凝聚起来。白水县的参观学习除了对袁家村村史馆的建立给予一定的启发的同时，也大大增加了村民对农家乐建设的信心。在白水县参观学习后的村民大会上，村民文霞与大家分享了他的想法：“现在来讲，我认为开办农家乐是一件好事。在最开始的时候我还有点犹豫，搞不清楚到底袁家村具不具备发展农家乐的条件。通过到白水县的参观学习以后，我觉得不论从哪方面，我们袁家村都比白水的条件好。况且现在县委大力提倡乡村旅游项目，村镇领导对咱们很是支持，我觉得我现在有决心将这个旅游农家乐干好。”文霞之后，大家也纷纷发表了自己的意见，都认为袁家村发展乡村旅游是有优势的，这条道路是光明的。

袁家村农家乐项目于2007年的国庆节正式开放，令人欣慰的是最先开张的五户农家乐生意很好，前来袁家村的客人应接不暇。随着游客的逐渐增多，农家乐的经营问题也凸显出来。

由于之前没有经营农家乐的经验，在菜品的选择、上菜速度，以及农家乐的收费方面都存在多多少少的问题。首先，农家乐提供的菜单比较单一化，大部分是按桌上菜，游客自主选择性不强。其次，农家乐上菜速度慢，客人每次等菜都要很久，有时候等桌上都没有菜可吃了下一道菜还没有上来，耗费游客时间的同时也消耗了对农家乐的耐心和热情。最后，农家乐的费用结算不清。起初农家乐效仿上王村和富卓村的收费方式——按人收费，每人15元，根据一桌的人员数量提供菜品并且强调吃到饱为止。但在实施过程中出现了较大的困难，由于每桌人数不固定，相应的提供的菜品和菜量是不同的，但是针对人数提供菜品的标准不明晰，会让有些游客觉得不公平。有时候也会出现费用少收、混收、错收等现象，可能一天经营下来成本收益勉强持平。面对这种情况，袁家村决定全村再次外出参观学习。为此，袁家村于2007年二次分别到礼泉县东平村及临潼下河村参观学习。通过一系列的参观学习，袁家村农家乐的经营管理、服务质量和服务水平得到了很大的提升。

2008年下半年，袁家村农家乐已然步入正轨。随着游客的逐渐增多，为了满足游客的各类需求，农家乐的规模逐渐扩大，已由最初的五六家发展到如今的二十几家。但是袁家村依然没有停止前进的步伐，郭占武深知袁家村乡村旅游要与整体的社会发展相适应的重要性，只有确切了解游客需求、满足游客多元化体验才是乡村旅游得以持续性发展的关键。在郭占武的带领下，袁家村各户村民又相继到四川宽窄巷子、山西平遥古城、陕西韩城党家村、云南丽江等地进行参观学习。对于袁家村村民来说，每次学习都有新的收获和感触。“2008年我们去了四川，去了四川后给我最大的感触就是做农家乐规模不能太大，要让大家都有饭吃。如果为了招揽客人单单一家农家乐就放几十张甚至几百张桌子，那整个村子的农家乐估计都不能长久。我也去了党家村，党家村的配套设施和环境虽然都不是最好的，但依然这么出名。我觉得宣传工作很重要，要把宣传搞好。”村民王创造如是说。村委会会计郑曼也与大家分享了外出学习所获得的经验：

“每次外出学习回家后都会有所改变。丽江的风景很美，一些设施设计得也很别出心裁，从丽江回来后，我们家农家乐增添了秋千，在各处放满了小夜灯。我丈夫 2008 年 6 月去了平遥之后又给屋子里添置了火炕，许多地方的特点我们都有所借鉴。”

丽江的参观学习可以算作袁家村乡村旅游发展的一个比较重要的转折点。丽江整体建筑布局、道路环境及丽江旅游行业的服务态度都十分出色，值得学习。经过在丽江一段时间的参观学习，郭占武提出了打造“陕西人的小丽江”的想法。郭占武在丽江参观考察之后，在村民会议上提出了他的这一想法：“我去云南丽江学习后受到了一些启发，更新了思想。丽江参观学习后我考虑把村上的农家乐重新进行划分，对部分农家乐进行改造，大体上按照丽江风格装修改造。我想了想，当前只考虑改造八户，大家自愿报名，谁有意向及时联系我。咱们这次做的这一套房间是上档次的农家乐，我们要满足游客的多样化的需求。农家乐这是一个主业，大家要把它当事业来做。”随着袁家村农家乐客流量的逐步增大，以及村民不断地外出学习，解放思想，村民们的干劲越来越高，袁家村丽江风格装修改造工程进行得十分顺利。除此之外，袁家村看到了乡村旅游夜生活的发展潜力。经过在丽江、四川等地的学习，让袁家村明白多业态发展的重要性，并以此将酒吧街、文创街等多业态产业融入袁家村乡村旅游中去。

2015 年，郭占武做了一项重大决定，即组织袁家村村民到日本学习。村民起初听到这个消息很是反感，日本在第二次大战时期对我国进行了残酷的掠夺，给中国人带来了深重灾难。它所造成的创伤让国人刻骨铭心，这对于我们中国人来说是世世代代无法忘却的民族仇恨。袁家村村民觉得对于日本人我们恨还来不及呢，竟然还要我们到他们的地方参观学习，简直可笑。结果不出所料，大部分村民都没有报名，都不愿意去日本。面对这种情况，郭占武召开了村民动员大会：“记住民族仇恨和学习人家的先进经验是两回事，如今日本的旅游产业在全世界都很出名，人家之所以能成功肯定是有道理的，我们对于人家的优点还是要虚心学习的。而且看看当前的农家乐，我说要一家一品，到如今几乎是家家一样的菜单。咱们一直这样搞下去是不行的，我们不要同一菜单，我们每家要卖自己的特色，只做一样。正好趁这次机会到日本去学习人家的服务和传承。”经过郭占武的动员，袁家村村民都放下了心中的芥蒂，每户人家都至少派了一名成员去日本参观学习。

到日本的参观学习给袁家村村民带来的感触很大，日本的服务质量和行为方式给袁家村村民留下了很深的印象。“去日本真的让我很惊讶，他们的服务很讲究。”郑曼说道：“给我印象最为深刻的就是当时我们队六个人准备找一个餐馆吃饭，进到一个餐馆内他们看我们是六个人不接待我们。那位年纪将近40岁的服务员说，为了保证我做菜的口味和我的服务质量，我只能招待四个人。如果可以的话，只能其中两个人选择另外的饭馆。没有办法我们就只能重新找能服务六个人的饭馆。”日本的这种经营方式与中国有很大的不同，在中国的大部分地区，饭馆的老板都会尽最大力气招纳顾客，也不会顾虑他的人手是否充足，加桌子更是常有的事，这样下来服务质量根本没有办法保证。如与日本相比，中国服务产业还有巨大的提升空间。郑曼又回忆道：“日本的街道很整洁，路上根本不会有垃圾，烟灰也不会落到地下。过红绿灯时还有居民参与义务管理，避免行人闯红灯，行人过去后还给我们深深地鞠了一躬，真的印象特别深。”从日本回来后，整个袁家村村民的素质有了很大的提升。领略过日本的高质量服务后，袁家村农家乐的菜品也从原来的家家户户同一菜单逐渐改进为每一家有各自特色的主食。打造袁家村小吃街时期同样是借鉴了日本的饮食文化精髓，也是按照同样的“一家一品”的理念建构出来的。

袁家村全体村民到外界参观考察的过程对于整个袁家村的成长和发展来说具有重要意义。参观考察是一个学习的过程，是通过与外界的接触不断感知新事物从而提升自身意识的过程。这个过程是将新想法新理念逐渐内化于心的过程，以这样的方式来让村民学习和成长十分奏效。参观考察的学习机制，也可以说是袁家村乡村旅游得以发展至今并十分出彩的重大法宝之一。

三、党员带头，示范引领打开局面

开办农家乐初期，村民对于办农家乐没有信心，大家有诸多疑问，袁家村没有南方的青山绿水，也没有远近闻名的名胜古迹，靠什么吸引人？为了让大家思想有所转变，袁家村先后组织村民多次赴宝鸡、四川成都、云南丽江、山西平遥等地学习经验。开办农家乐之前，村上召开了村民动员大会，会上郭占武把自己的思路展示给大家，并说：“看现在的政策趋势，以后国家肯定会重视旅游业，全国许多地方也都已经开始办农家乐。袁家村发展农家乐是因为工业开始走下坡路，袁家村必须转型，以后发展农家乐也有政府的支持。原汁原味的农村生活是能够吸引城里人的，可以让大家赚到钱。现在报名愿意改造的到时候会报销补贴。”听到有报销补贴，会上当场就有四十几户群众报名参加。会后，听到补贴需要农家乐改造完成经过验收才能拿到，当真正要实施改造时却无人行动。见此状况，郭占武便开始挨家挨户动员。11 号和 22 号农家乐是郭占武最先动员成功的两户，11 号农家乐是村民王创造家，22 号农家乐是村民郭权武家，也是这两家最早响应村上的号召，随后又有 18 号、16 号、19 号跟上，这就是当时第一批开办农家乐的五户。

11 号农家乐户主是村民王创造，在开办农家乐之前一直务农或者是外出打工，从未做过生意。王创造家中共有五口人，妻子是 90 年代的高中生，共产党员，同时也是村上的妇女主任。郭占武明白党员带头的作用，他最早动员的便是王创造家。郭占武亲自到王创造家，主动坐下敞开心扉和他聊农家乐，他真诚地对王创造说：“创造，我觉得农家乐真的能够赚钱，现在旅游业是发展得越来越好了，而且县上也很支持我们。”对于郭占武画的“大饼”王创造其实将信将疑，他只能说：“不是我不想帮忙，这年头改造屋里得拿出个十万八万的，这笔钱不是小数目，要是赔了找谁说理去？”郭占武心里也清楚大部分村民的顾虑，害怕农家乐失败自己白白赔钱，也害怕农家乐办起来了却招不来游客。于是，他开口承诺：“这样，你先改造装修，验收完花销村上和你一人一半。”听到这个条件，王创造内心松动却没有马上答应。之后，郭占武又多次上门谈心，讲清利弊，并劝说王创造，党员要发挥先锋模范带头作用，就这样王创造和他妻子同意了将屋里改造改造。王创造家的农家乐主要是由他妻子负责，最早他们只是把农家乐当成任务，认为自己装修房子村上负责报销一半经费不吃亏。

初期投入大约 10 万元，这基本上是当时王创造和妻子在水泥厂上班多年的存款。王创造家只购置了两张桌子，农家乐以土鸡为主打菜，仅以吃饭为主，并未发展住宿和休闲。郭占武从他家的房屋改造、装修设计到饭菜质量、卫生服务，全程予以指导和帮助。就这样，王创造家的农家乐在 2007 年国庆节期间开门营业，开业时间不长生意就红火起来。“王家土鸡”生意越来越好，从最初的一年挣十几万元到后来年收入五六十万元。经过两年发展，游客逐渐增多，开始办起住宿，最开始只有两个房间，只有普通的床位休息，而且没有卫生间，也不能洗澡，也没有空调电脑等设备，住宿条件相当差。伴随着旅游业的发展，袁家村乡村旅游逐步红火，客流量逐步增大，王创造2016年又投资200多万元，把农家乐改造成精品客栈。王创造表示，自己家客源基本算是稳定，平时游客少一些一半能住满，周末节假日人多一点，国庆期间，农家乐房间全部住满。初步估计，国庆节期间仅住宿一项收入就高达15000元。2016年装修完之后，王创造的农家乐增加了包厢，但包厢并无多大用处。王家农家乐的目标群体是大众客户，一般做的是熟人生意，主要靠回头客。王创造表示让游客在这里吃得放心，住得舒心，下次他们才愿意来。

王创造一家的成功起到极大的示范作用和带动作用，其他村民正是从最早吃螃蟹的王创造、郭权武两家看到了收益和希望，才纷纷办起了农家乐。当然，袁家村农家乐的成功也脱离不了政府支持，在前两年过渡期政府起重要作用。为了支持袁家村农家乐的发展，推动陕西旅游业的发展，礼泉县政府把政府接待都放到袁家村，并且通过各种方式对外宣传袁家村农家乐。2008年3月，村子北边第二批农家乐就开办起来了。到2008年底，北边的村民家家都办起农家乐。看到北边农家乐如此兴旺，2009年南边和东边零星有几户人家也开办起农家乐，到后来建成了停车场，南边在2010年农家乐开始普及。正好也印证了那句："今年不办明年办，明年不办后年办，总有一天你还是要办农家乐，旅游行业什么时候进入都还不算太晚，只要努力还是能挣到钱。"53号农家乐老板娘周某便是搭了农家乐的"晚班车"，周某是袁家村本村人，2012年之前她和丈夫一家在咸阳生活，她的丈夫是长途货车司机，收入不稳定。看到村上旅游业逐渐发展壮大，周某一家才从咸阳回到袁家村，2012年对原有的房屋进行了加盖与装修，共计花费了六七十万元，2013年周某的农家乐正式开业。

2007年农家乐开办后，袁家村就设立了农家乐协会负责管理。协会委员由各商户之中选举、推荐产生，每户都有一个代表。协会不定期对农家乐的生产、卫生、食品质量进行检查，检查小组由村干部和商户代表组成，今天这五家商户负责检查、明天另外五家负责检查，采取轮流的方式。后期农家乐协会则是以"中心户"为单位，5个中心户每户负责12家的形式来进行管理。农家乐早期没有菜单，都是按桌上菜，按人收费，荤菜20元/人，素菜15元/人。这种模式造成了很严重的浪费，三个人也是一桌菜，四个人也是一桌菜。除此之外，也不好管理，什么菜色上过什么没上过，哪个客人吃过哪个没吃过都难以判断，总能遇到有偷鸡摸狗吃白食的游客。从2008年底，开始有农家乐设置了菜单，效果显著，陆陆续续的其他农家乐也效仿，主要模仿11号农家乐的菜单。农家乐菜单的定价是由农家乐每一户自己先定价，根据实际成本和饭菜质量，然后由村上核定后才最终定下来，不能胡乱定价。住宿定价也是需要村上核定，一间房大概 150~300 元左右，且节假日不能大幅度涨价。

农家乐食材，袁家村有固定的食材购买点。商户可以自己去采购，也可以告知数量和种类，卖家送货上门，所有的食材均由村上把关。赵某是庄河村人，在庄河村有一家厂房专门用来生产烙面，做烙面已有好几年的时间，平均每天生产烙面 150 公斤，节假日期间 250 公斤，一年除去成本，纯利润有十几万元。赵某的烙面，现在除了自己贩卖之外，有很大一部分供应袁家村的农家乐。赵某说自己有次来袁家村销售烙面，一位农家乐的老板正好烙面用完了，最后买了一点自己的烙面进行尝试，发现味道很好，经过检查食材制作过程也健康卫生，于是就开始定制，开展了长期的合作。他和家人一般早晨四点半起床，现做烙面，当天就会卖掉，不会有剩余。烙面加工方面，由赵某妻子把关，注重食品安全质量。送给供应商的烙面，都是由赵某自己开车专门派送，不会有延误。赵某也表示，袁家村村委会定期检查烙面的质量，非常关注食品安全，这也让他自己在生产的时候格外注意食品安全。赵某想把自己的烙面推向全国，扩大知名度，而袁家村的游客有部分是陕西省外来的游客，也成为了宣传烙面的免费载体，袁家村这个平台实在功不可没。

在节假日客流量增大时，农家乐也会雇用一些临时工，女工一天工资在 70~100 元，男工一天工资在 100~120 元。这些短工多来自附近村庄，一般都是熟人介绍来这里帮工，每天这些打短工的工资是不固定的，农忙时候找不到人，一天 200 元的情况也有。随着网络的发展，农家乐的付款方式也由之前的现金到现在刷卡、支付宝、微信付款。此外，餐饮住宿都可以在美团百度糯米等常用的团购软件上预定，线上线下同时进行，方便了游客。袁家村现有农家乐 62 户，每户配置容积为 120 升、50 升的塑料垃圾桶各一个；垃圾转运车每日早中晚分三次清理垃圾，垃圾经收集后，由镇上组织运输，县上统一处理。农家乐协会也有例会，如果商户代表无故不出席例会将会罚扣 1000 元。

随着各地旅游行业和农家乐的兴起，袁家村的农家乐在 2012 年左右开始下滑。郭占武看到这种情况，在农家乐例会、村民大会及商户大会都反复强调服务质量、食品安全、卫生环境三个方面。2009 年，郭占武就居安思危提出农家乐要持续发展，需要大家共同努力，要把农家乐做成“都市人的后花园”。袁家村农家乐发展需要人才，提出让各家各户尽力让孩子能够回到村上，为村庄发展服务。

2013年的一次会议上，郭占武再次给村民讲他开办农家乐的思路，他讲："袁家村是一个大的旅游度假区，袁家村的生活方式以吃到健康东西为理念，牢记'农民捍卫食品安全'。我反复强调大家要把握住享受农村的这种气息，每一个人相当于这其中的演员，要学习要提升自己，让游客也体会到幸福感。大家一定要从中悟出'快乐生活，幸福赚钱'的真正意义。我不要你们创新，只要求大家和谐生活，把自己的饭菜做好。袁家村和谐了，袁家村旅游的事业也和谐了，游客来了才会深深体会到乡村的淳朴气息。自己的东西卖完了不要关门，等大家都卖完了再下班。村上老汉、老太太少，这民俗和农家的气息太淡了，没有老人就做不了民俗，村上每户必须有老人，让生活气息浓郁，农家乐的路子得有特色。"

村上干部开会时也是经常提出自己发展农家乐的见解，并让村民参与讨论。郭俊武提出村庄农家乐菜单同质，渐渐流失客流量，需要增加特色小吃，一户一个招牌菜，也是一个亮点。郭兴武说："我正在改造，农家乐的配套不齐全，拥护村上领导的指引路子。通过学习提升农家乐菜的质量、品种。开发农家小吃特色菜。之前我曾带游客参观榨油、织布机，但是现在很多都不好好做了，大家都抓经济，忽略了咱们地地道道的农村风情，我认为符合农村的东西才能吸引游客。"

对于农家乐的发展，郭占武也没忘记让农家乐商户不断学习。2013年11月20日，郭占武就让农家乐停业一天，分三批参观农家乐、小吃街、酒吧街、作坊街，共同提出意见并改正。农家乐也分三批到西安去学习，希望通过这一系列的开会外出学习，转变农家乐商户思想，做好细节，让游客满意，保证袁家村的细节品质。

除了村上领导班子，郭裕禄老书记虽然年岁已高退休了，但是每天都会步行视察街道，还是十分关心村庄的发展。如遇到卫生问题、安全问题、与游客的冲突问题，老书记都会直接训斥，毫不避讳。有一夜暴雨倾盆，老书记发现村内的水沟又臭又脏，还有很多石头，便发动全村村民冒雨进行清理，直到清理干净，大家才回去休息。尽管这样折腾但是大家也没有怨言，因为村民都觉得在袁家村的发展中受益匪浅，都得到了好处。大家知道老书记是为大家考虑，所以都尊重他。

从2013年开始，袁家村农家乐便陆续有经营户将自家农家乐承包给外来商户。袁家村并不反对商户将农家乐承包给外来资本，但是提出农家乐往外出租的第一步是看人，而不是看租金，看人能经营多长时间，有没有能力，是否会损坏袁家村的口碑，第二步才是房租。时至今日，袁家村的农家乐有将近一半都已经承包给外来商户，罗某便是其中的一个承包商。

罗某44岁，是安庄人，于2013年9月承包农家乐，一直承包到今天。承包期间，农家乐总租金是每年9万元，除去各方面成本，每年的纯收入约六七万元。按月来算，每月工资、水电费、房租约计2万元的成本。袁家村2011年左右开始进入大规模发展时期，罗某认为这完全是靠口碑相传，因为袁家村从来没有投放相关的宣传广告。农家乐食材都由村委会指定的固定批发鲜蔬的商家供应，这就保证了食材的质量。在袁家村开办农家乐的店员会民主选出农家乐协会会长，每条开办农家乐的街上选出一位，一共三位，负责解决经营中的问题，促进袁家村在农家乐方面更好地发展，而选举的标准则是自家农家乐的人气与特色。罗某表示，总体上来说大部分农家乐之间并没有什么很大的差距。罗某也说，在2014年之前，袁家村的农家乐一年可盈利四五十万元，但随着各地乡村旅游业的发展，农家乐的营业额大不如前。

四、主打民俗，体验关中乡村生活

阳光洒在青石板铺就的老街，这边的师傅在埋头雕刻皮影，那边老阿姨手里梭子飞舞。废弃的石辗、木轮和农耕用具，古色古香的老街让人心慢慢静下来。被烙上岁月痕迹的传统工艺精彩纷呈，令人眼花缭乱，拍案叫绝。袁家村正是抓住这独特的关中印象，发展成如今璀璨的关中明珠。

（一）关中民俗大观园

民俗是一个民族或一个社会群体在长期的生产、生活中逐渐形成的文化事项，体现了一个地区的风土人情。

自2007年决定做乡村旅游，袁家村就开始思索自己的发展思路，袁家村先后派多名干部外出考察，在媒体广发消息，20万元买来了“建设关中印象体验地”的金点子。袁家村也请了专门的旅游公司、策划公司帮助策划方案，由于袁家村没有充足的旅游资源，有些聘请来的公司参观完袁家村后给出袁家村不适合发展旅游业的错误结论。迫于无奈，袁家村的旅游业只能村民自己上，思来想去郭占武紧紧地抓住了“关中民俗”“体验农村生活”的要素，希望打造出“关中印象体验地”。这关中印象的打造主要是依托关中传统文化而开展的，将关中民俗、关中美食、关中建筑等有机结合。在这里可以看到关中人民真实的生活状态，可以了解关中的饮食文化，也可以看得见山、望得见水，更留得住乡愁。

袁家村民俗活动

袁家村关中民俗文化的开发，主要围绕“关中八大怪”这个关中文化的核心，并结合袁家村的实际情况讲述在袁家村见到的“关中八大怪”，更立体地展示这个不负盛名的“关中印象体验地”。袁家村的村民着重发展关中美食服饰方言等民俗文化。美食方面，将传统的大瓷碗与各类特色面食结合，二者相得益彰。服饰方面，袁家村村民及雇用员工普遍穿着蓝色灰色黑色衣服，妇女服装颜色以红绿蓝等浅亮色为主。建立了宗族祠堂，用于祭拜祖先，巩固村民团结，同时修建了观音庙、财神庙等庙宇，用来满足不同层次村民和游客的需求。对民间艺术的开发，主要包括剪纸、年画、秦腔、华阴老腔等传统艺术。最后在建筑方面，恢复了关中民居文化。袁家村对村民住房进行了复古改造，投资建成了具有仿古特色的青石板路、青砖灰瓦风格的回民街，以及祠堂街、康庄街、关中戏楼、村史馆、左右客民俗客栈等。

2005年袁家村重建了宝宁寺，这也是袁家村的第一座寺庙，是袁家村的文化组成之一。宝宁寺是袁家村原有的寺庙，原址在村东，始建于公元751年。宝宁寺是最早开创了佛家文化的寺院，弘扬了佛家文化。但是抗战时期和“文革”时期，寺院遭到破坏，长期修缮未果。2005年，通过将近两年的努力宝宁寺得以重建。寺庙没有僧侣，只有几个上班的村民，单纯作为一个旅游景点对游客开放。

对袁家村发展的最早记忆在康庄老街，也是“关中印象体验地”的发源起点。康庄老街不长，但却是“元老一条街”。康庄老街是2007年建立的，一路伴随着袁家村的发展。康庄老街上最早有布坊、油坊、皮影店等。为了构建袁家村的民俗文化体系，袁家村的领导班子尤其是郭占武费了很大一番功夫。皮影张师傅就是被请来的传统手艺人，皮影这门手艺在张家已经传了三代，张师傅的父亲张老先生年轻时走南闯北，曾代表陕西进京表演，但现在作为一种非物质文化遗产，人们对皮影的关注日渐减少。2007年袁家村得知药王洞有个西府皮影能人，便主动邀请张师傅入驻袁家村，店面不收租金，出于对皮影的热爱，也抱着能宣传继承皮影的想法，张师傅入驻了袁家村。

（二）剪纸手艺人——孟庆玲

对袁家村影响深远的还有六十几岁的农妇孟庆玲。孟庆玲是陕西泾阳县永乐镇亢营村人，机缘巧合下来到袁家村。孟庆玲小学二年级起就跟着姥姥、妈妈学剪纸，也常常因为太投入剪到天亮一宿未眠，这一剪就是50多年。还没来到袁家村时，孟庆玲的剪纸作品就已多次获奖，其中《清明上河图》荣获第二届陕西省农民文化节手工艺类一等奖，她的许多作品被国内外名家收藏。在一次展会上，郭占武见到了这位民间传统手艺人。因为孟庆玲的作品既富有时代特色又蕴含乡土气息，表现了新时代农民的思想和情感，这些作品刚好符合了袁家村对民俗对乡村生活的追求，郭占武动了邀请这位剪纸艺人入驻袁家村的念头。

孟庆玲剪纸深受游客喜爱

说行动就行动，展会结束后郭占武就联系上了孟庆玲，他开门见山地说："孟老师，了解了您的作品后我觉得很有感触也很适合袁家村，想聘请您到袁家村去。"孟庆玲毫不犹豫地拒绝了，袁家村又不是自己家乡，况且现在年龄大了，懒得动窝。郭占武见此路不行，继续开口说道："孟老师，我们是真心实意想邀请您去袁家村的，不会亏待您，我们高薪聘请您。到时候，也会给安排一个店面售卖作品，偶尔也可以给村民上上课。"高薪聘请对孟庆玲的诱惑不大，虽然前几年家里苦全靠自己剪纸赚钱，但是这些年孩子大了，家里面也有之前的积蓄，实在没必要为了钱去做出选择，但是能有个门面售卖自己的东西倒是让她有些动心。郭占武见孟庆玲有所松口，乘胜追击地说："孟老师，我知道您也不是为了钱就妥协的人，但是剪纸作为非物质文化遗产却没什么人了解学习，继承人青黄不接。您来袁家村我让村民跟着学，袁家村游客也多，这正是宣传剪纸的好平台，说不准您还能收几个徒弟，实在不行也有人陪着聊聊天。"这些话算是说到孟庆玲心里去了，她思索了一会儿就答应了，从 2015 年开始，孟庆玲就正式来到了袁家村。

（三）百年瑰宝——秦腔

如果节假日来袁家村游玩，那么观看民俗表演是必不可少的活动。作为一种非物质文化遗产，国庆期间高台花鼓的传承人书安抚会带领陈家班团队在袁家村驻村表演，每天三场，场场观众爆满。除了民俗表演，袁家村比较出名的就是童济功茶楼的秦腔。茶楼也是关中特色的建筑之一，童济功茶楼是清代关中地区的老字号茶楼，最大特色是煮茶，师傅会一边唱着秦腔，一边随着韵律拉风箱煮茶，自唱自伴奏。如今，童济功茶楼在露天撑起几把大伞，茶客盈门，童济功所卖的泾渭茯茶属于黑茶的一种，也是当地特色，除了拉风箱、唱秦腔之外，这里还有独具特色的皮影表演。童济功茶楼是袁家村最早一批店铺，最早的是茶馆，后来生意好了起来，开了茶坊，主要是品尝和销售茯茶，到现在已发展成“品”和“做”相结合的模式，品尝茯茶是直接感觉它的味道，而做茶则是由游客自己亲身体验在茶坊做茶的乐趣。

童济功茶楼烧茶处

国家级非物质文化遗产——袁家村“弦板腔”

提到茶楼就不得不提秦腔，茶楼请了一些师傅时常来唱戏，其中于师傅便是一个典型代表。于师傅今年 70 多岁了，是山地村人。他年轻时就开始唱戏秦腔和弦板腔，后来年事渐长便不再外出，附近村庄有红白喜事的时候会请他过去唱戏，在 2010 年被邀请至童济功茶楼唱戏。据于师傅说，他的同事一共有四个人，都是附近村庄的村民。而这茶楼唱戏的工资是和旅游淡旺季紧密相连的，旅游淡季每天 50 元每周只需周末去，旅游旺季 8 天 500 元，每天去。于师傅一般十点上班，晚上六点下班，中午自带馍，一般开水泡馍就凑合一顿午饭。于师傅讲：“游客多的时候一天有可能会唱十几场戏，包括《血泪仇》《智取威武山》等大家耳熟能详的故事。除此之外，我也自编了一出歌颂袁家村辉煌发展历程的戏，时不时会唱给游客听。”由于弦板腔是国家级非物质文化遗产，于师傅作为非物质文化遗产的传承人，曾去西安教育学院唱弦板腔。在袁家村工作，一个月收入有 500 元左右，工作时间短。平时闲暇时间，他还会去村里义务帮办红白喜事。于师傅认为，袁家村旅游业的发展不仅提高了自己的收入水平，而且使自己的娱乐活动也更加的丰富，认识更多的人，最重要的是因为在袁家村工作的关系，自己的心情每天都会很好，觉得自己的才艺受到肯定，受到尊重，心里得到满足。袁家村的村干部带动村民用自己的双手让全村人富起来。两任村书记都非常的好，老书记爱听戏，跟自己比较熟悉，小书记相比而言更有能力，见识独到，通过分红来帮扶穷人是非常无私的。

五、严格管理，打造精品关中小吃

2009年，因为客流量增大，农家乐接待能力饱和。袁家村在老街的基础上，延伸出一条小吃街，汇集了将近100种陕西尤其是关中地区的特色美食。俗话说“民以食为天”，袁家村起初的火爆，关中小吃一条街功不可没，这条街是袁家村最热闹的地方。小吃店都不大，桌椅摆在外面，粉汤羊血、蓼花糖、臊子面、麻花、手工烙面、醪糟和搅团都是有名的小吃。

袁家村小吃街吸引游客的主要原因有三点。第一，小吃种类繁多，在这里人们可以尽情地选择符合自己口味的小吃来品尝，真正做到不出袁家村，品尝各地美食。第二，味道鲜美，这是众多食客选择的重要方面。第三，质量有保障，袁家村小吃街建设之初就是为了重建食客与商贩之间的信任，在袁家村，游客可以放心吃到嘴里的任何一样东西。

（一）小吃街管理运营

袁家村小吃街中多数商铺的硬件配置是一致的，都配有关中传统的灶台、超大型的案板、洗菜池、具有现代感的冰箱和消毒柜，以及其他必备工具，再加上门前位于公共区域的木桌木凳。但是小吃街的环境营造并未遵循统一的风格，而是每一家小店都有各自的特色，从配餐区到用餐区都有浓郁的乡土文化，不能让游客有拘束感。为保持乡土风情，小吃街以农家土灶为佳。就餐区除了要有具有乡土气息的桌凳之外，还要保证干净卫生。不允许食品隔夜，所有的制作过程必须直观地展示给游客，不允许有暗档和死角。

为保证食材的新鲜、味道及安全卫生，小吃街的食材是由村委会统一调配的，像面、辣子、油都来自村上的作坊，而其他食材也有专门店铺供应。在厨房管理时，小吃街做到器具统一化，使用有地方特色的厨具及餐具，厨房设施和器具应当定期清洁，保证卫生。还有废弃物及厨余应及时处理，当天的垃圾当天处理。专注于食品安全是袁家村小吃街成功最关键的因素。袁家村搭建的食品质量管理体系，以及由此与游客建立起的信任体系，一步步推动着袁家村的发展。村委会深知，餐饮是袁家村发展的命脉。因此，在小吃街发展初期，为了让游客吃得放心，村里要求所有店主在门口竖牌子发誓，如：“店主发誓承诺，如果羊血掺假，甘愿祸及子孙。店主吕伟”“店主重誓承诺：如做不到以上几点甘愿后辈远离仕途坠入乞门”。如小吃街生意最火爆的粉汤羊血，其羊血是由店主吕师傅亲自到礼泉西关回民宰杀点采购，豆腐、粉条、辣子、菜籽油都来自袁家村作坊。袁家村每家小店都有营业执照挂在墙上，店员也不厌其烦地向游客们解释食材的来源，食物制作的全过程也大方展示，游客们也就吃得更加放心。

人流如织的袁家村小吃一条街

对于小吃街的商户，为确保餐饮质量、口感过关，商户都是竞争上岗。由于袁家村倡导单店单卖，不允许重复，而一家门店往往有几家同时来报名，遇到这种情况就需要竞争。袁家村商铺入驻都是以技艺取胜，其过程一般是这样：打算入驻的商家申报经营项目，村上评估审核，确保不重复和有经营资质，最后商家要把经营的小吃做出来比拼，由专门的人员负责打分，最后得分最高的胜出者可以入驻袁家村。在这样层层把关之下，留下味道最好的为游客提供美食，正是这样严格的筛选制度，保证了袁家村小吃味道的鲜美，吸引了专门品尝小吃的大批游客。对于一些手艺不好的商户就去做得好的地方学习，如果有商户出现负面影响就关停门面。时至今日，袁家村小吃街名扬关中，竞争机制仍然发挥着督促店家保质保量向游客提供美食的作用。现在村委会每个月都要统计销量后五名，调整这些商户的经营方式，实在调整不过来的就考虑换人，或者换产品。袁家村取缔外摆摊也是为了把控食品质量，如果需要摆摊的可以在综合办公室申请，审核通过后就可以。

袁家村在最初的定位便是“关中印象”，因此，在小吃街招商时也只接受关中小吃，每家店从原料到做法、到味道都由村委会把关，每家小吃都不重样，力求做出地道的关中味道。袁家村小吃街上大部分菜品都是5元或10元的价格，少部分有15元或20元。这样的价格一方面扩大了消费人群，另一方面是省下了店家找零钱的麻烦。袁家村关中印象体验地的定位一直不变，这才是袁家村最大的特色，也是消费者们来到袁家村的主要目的。现阶段，袁家村有商户600多家，小吃300余种，农业观光园一个，游客可以在此体验田园风光及农耕文化。

袁社娃是村里分配到小吃街的监督管理人员，专门负责卫生、安全管理方面的监督与协助工作。小吃街成立了协会，负责管理小吃街、康庄老街、作坊街、酒吧街和艺术长廊，分为五组，每组设一个组长。每个小组每天不定时派人巡查指定区域内的生产、卫生等方面，如果发现没穿戴工作服、口罩或者佩戴首饰，店面不整洁等现象，协会将予以口头警告，对屡教不改者处以100元的罚款。小吃街协会每周一都会举行例会，该街全部商户都要参加。小吃街虽然有相应的规章制度，但是小吃街协会更多还是靠着人性化管理，具体事情具体解决，避免了村民之间产生不必要的矛盾。

小吃街的钱款统一收到村上，微信、支付宝转账有统一的二维码到指定账户。现金则有箱子，每天傍晚收工，会统一由邮政银行收走。对每个商户都有监控，一旦发现有偷盗现象就罚款，罚款是营业额的10倍，能交上的还有一次机会，交不上的直接关门停业。交罚款后如有再犯，直接关门停业。

（二）成立股份合作社

2014年，小吃街生意红火，而农家乐生意开始走下坡路，本村村民出现了排斥外来商户的趋势。就在这个时候，为了共同富裕的目标，也为了让村民和谐相处，郭占武提出股份制。股份制刚提出时受到了很多人的质疑，包括小吃街的商户，由于初期店铺门面不要钱，赚的每一分钱都是进自己腰包，小吃街的一部分商户不同意入股的方式。

最早听到股份制，锅盔店的老板杜某是不愿意的，毕竟把自己口袋里的钱吐出去是件不容易的事情。郭占武来到杜某的锅盔店，对他说：“袁家村，做到现在贫富差别很大。我极力想把这个贫富差距缩小。”杜某理解不了共同富裕，开口说：“我不懂共同富裕，我是个农民，只想顾好自己的生活。”听完杜某的话，郭占武再次开口劝说：“当初发展的时候靠村上积累以及我在外面筹钱，现在发展得很好，我一直想借船出海，把资源都好好地利用，把这个平台建设好。当初没有收租金，也让大家都赚了一笔了，这店面、土地都是村里的共同财产，我总要为原本的村民打算打算。如果没办法接受股份制，那后面咱们确实也很难合作了。况且一个人富但是和大家都不亲近那有什么意思，走在路上都没人在意。”听完郭占武的一席话，杜某也慢慢接受了小吃街股份制。

郭占武知道许多商户和村民对股份制的理解不透彻，思想无法转变，便经常给大家开会，他自己也自嘲这是一种“洗脑”，希望大家团结起来共同富裕。郭占武还挨家挨户找商户谈心，答疑解惑。就这样，不断开会，不断交谈，袁家村顺利地成立了股份制合作社。

小吃街成立股份合作社，均由村委会下属公司进行经营。以实现村民共同致富为目的，小吃街合作社每户按照分配比率各不相同，有三七、四六、五五等分配比率，具体情况根据商户条件分配。即按照公司化经营，经营户占一定股份，其余由本村村民和各经营户按认缴股本出资，按比例分享收益，由专业经营户带领大家共同致富。在根据收益情况进行利润分成时，收益高的比率降低，收益低的比率增大，不挣钱却又是小吃街必备的品类合作社给予补贴，最低保障以家庭为单位每年 8 万~10 万元的收入。

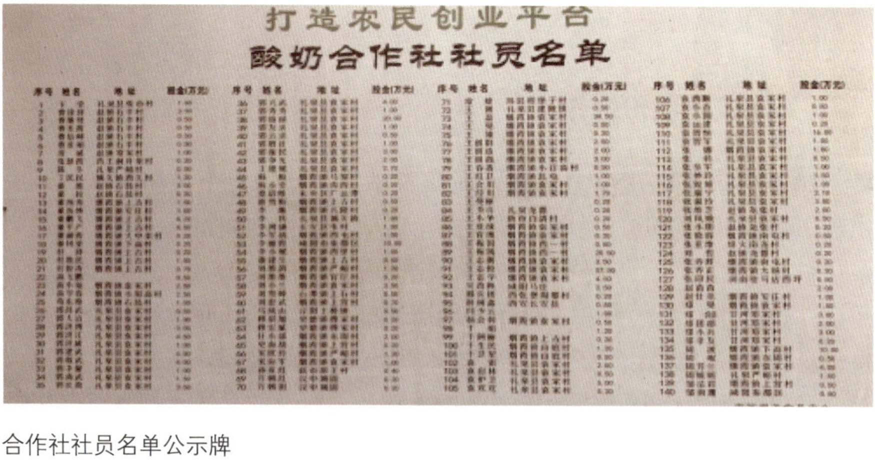

合作社社员名单公示牌

让原村民都入 20 万元的股盘，钱不够可以用土地入或者贷款，贷款额度为 10 万元，每年可以从分红中扣除。60 户乘以 20 万元等于 1200 万元，占40%，外边和小吃街的商户入股约800万元，占25%，还有一些努力奋斗有所付出的社员、干部和积极分子占5%，30%让给一个有能力、有责任心的经营管理者。

（三）游客印象

对袁家村小吃街，游客认可度都很高，来自北京的李某就认为袁家村小吃街是她印象最深的一条街。她说："在这条街上，我和妈妈还有外公外婆品尝了好多好多的小吃，主要有酸奶、粉汤羊血、油坨坨等。一开始来的时候还害怕失望，因为现在的乡村旅游太多了，而且基本上是大面积的复制，但是来了之后发现袁家村完全超乎自己的想象，我觉得在这里吃的种类多，而且独具特色的关中风俗民俗也让人耳目一新。"游客马某也觉得袁家村最成功的就是小吃街，全国各地的小吃集于一处，而且价格公道，味道好，分量足。不管游客从哪里来，都可以在这里吃到想吃的小吃。一方面可以完全满足不同年龄段游客的需求，另一方面，也方便游客给没来的朋友带回一些能带走的小吃，也增加了小吃的销售额。游客王先生表示在城里生活久了厌倦城市的繁华吵闹，会想念农村的自然生活，吃吃农家粗饭，干干田地农活，内心深处惦念曾经的土鸡蛋、土织布和纯粹的秦腔。来到袁家村能够观赏民间传统手工艺制作过程，品尝地道美味民间食品，正是这些家常便饭、粗茶淡饭反而给自己带来无穷快乐。好像就那么几间房舍，就那么几个店家，但身处其中，转来转去总舍不得离去。

（四）商户经营

小吃街的商户绝大多数都是袁家村周边的淳朴农民，一些商户既没有经营能力，也没有服务经验。是郭占武手把手教会了他们如何当老板开店、如何做生意挣钱。是袁家村给了他们这样的机会，为他们创造这样的平台。小吃街的商户吕伟原来是个下岗工人，在县城夜市摆个小摊位，收入微薄，生活困难，抱着试试看的想法来到袁家村。郭占武在了解他家的情况后，不仅免费给他提供经营门面，还亲自为他选项目、设计店面，后来又为他加盖了专门用来熬汤的灶房。吕伟十分感激，也很珍惜袁家村给他提供的这个平台和机会。在村上的指导下，加上他自己勤奋努力，诚信经营，"粉汤羊血"生意越做越好，年收入高达500万元以上。馓子店的杜教民原来是邻村的果农，妻子有残疾，家庭负担重，前些年苹果价格下跌，收入连年下降，入不敷出，生活困难。在袁家村开店创业后，生意一年比一年好，经营收入加上合作社入股分红，年收入都在 30 万元以上。家里不仅盖起了新房子，还给娃买了房和车，娶了媳妇，过上了幸福生活。

除了商户，小吃街也为周边村民提供了很多就业岗位。李某在醪糟店打工，老板是甘肃人，是他的亲戚。李某帮忙照看店铺，平时老板也不会来，老板给他提供住宿，就是在村庄里面，每天很方便，店里工资每个月 2000 多元。李某每天早上七点半开门，然后就开始打扫卫生，把需要的材料准备齐全，有客人来就现做，保证客人能吃到新鲜的牛奶鸡蛋醪糟。李某每天的工作就是守着店铺，还是挺轻松的。之前在各地打零工很不稳定，但是现在在这里相对就稳定多了，而且工作也不复杂。袁家村能让人带着自己的特色来开店，同时也有很多邻村的来这里打工，形成了良好的工作环境和就业环境。李某说到，现在来袁家村创业的年轻人很多，他觉得其实店里面卖的东西只有一种，就是想让每家店都做自己的特色。袁家村可以给李某提供良好的工作环境，实属不易，这样袁家村的发展给大家带来了不同的利益，而且还愿意更多的人加入进来一起分享，李某认为袁家村是一个有开放思想的先进村庄。

六、股份合作，前店后厂作坊升级

（一）作坊的股份制改造、公司化管理

袁家村为了打造其农副产品品牌，在 2007 年开始发展乡村旅游的最初阶段就开始打造原材料的供应链。当前袁家村的作坊街，其前身就是袁家村在打造关中民俗印象景观时在康庄老街中所设的小店铺。当时康庄老街中就开设了菜籽榨油坊、豆腐坊、醋坊、辣子坊等这几家原料生产作坊，这些作坊的制作过程完全按照传统的工艺制作方法，并将生产过程全部展示出来，游客在观看的同时还可以亲身体验。当初袁家村选择这样做的缘由，一方面是为了让游客能够亲眼看到产品的制作过程，打造安全食品品牌，让游客更加放心地去购买；另一方面，是为了保证食品安全、健康，袁家村一直坚持村庄内的农家乐、小吃街等商户都要使用袁家村本村生产的原料，不允许其使用外界购买的原材料。因为袁家村各作坊所生产

出的材料都不掺加任何添加剂，非常安全、健康；最后一方面的考虑是，袁家村还希望通过传统生产工艺的展示来打造袁家村的关中民俗文化氛围。

在袁家村的乡村旅游刚起步时，周边地区手艺较好的手艺人都不愿意来袁家村开店铺。为了吸引这些经营者，袁家村的领导班子也尝试过很多办法，比如以免费提供店铺、水费免费，甚至以发工资的形式将这些作坊手艺人请到袁家村来，这才引进了一些商家入驻。在最初阶段，袁家村的游客人数非常少，作坊生产出的产品经常卖不出去。但是到了 2008 年之后，作坊的生意开始慢慢地变好，每天生产的产品基本都不愁卖。到了 2010 年左右，各个作坊甚至都开始出现了供不应求的现象。为了满足游客和袁家村内部各经营者的需求，扩大各作坊的生产规模变得愈加迫切。而在袁家村刚开始发展旅游时，袁家村在支持作坊发展的同时还利用作坊产业来吸引人流，因此袁家村采取的是放水养鱼策略，在作坊开业的前几年袁家村都没有收过商家一分钱。直到 2010 年袁家村为了下一阶段的村民入股做准备，要求各作坊拿出 5% 的利润上交村庄，再由村庄将这些利润以入股分红的形式分发给袁家村村民，以增强村民们对入股作坊的信心。当时的做法是先由每户村民上交 10000 元的股金，2011 年年底将本金全部退回并将作坊上交的利润平摊给各家各户，最终村民获得了 11750 的本金和利润。2011 年初步尝试进行股份制改革之后，2012 年袁家村正式提出对作坊街实行公司化的股份制改革。提出这项计划也是为了平衡村民与各作坊经营者之间的关系。在此之前各作坊都是自负盈亏，作坊的利益与袁家村村民完全无关，在各作坊生意异常火爆的情况下，袁家村村民开始有意见。为了避免二者的矛盾继续加深，郭书记提出以股份制的形式来构建村民与作坊间的利益共同体关系。这项改革对各主体都能够带来一定的好处，但是在实际推行当中却面临着比较多的阻碍。从 2007 年开始，各作坊的商户一直都是自负盈亏，一直都没有与村庄签订分利的协定。当袁家村的党支部书记提出要将各作坊改成股份制公司的运作形式，构建作坊与农户之间的利益联结机制，让商户们带动村民走向共同富裕，有一些作坊的经营者表示反对。这些作坊经营者普遍认为作坊是自己的，赚多赚少都是自己的事情，他们没有理由和义务要去和村民分红、去带动村民共同富裕。而且这些作坊经营者都担心自己的收入减少，因此都不愿意让村民入股，而是希望自己筹钱改造作坊。但郭书记则明确指出，如果不让村民入股，周边的村民就会去模仿，家家户户都卖，恶性竞争肯定会出现。

郭书记说："做豆腐又不是做炸弹，谁都会做，大家都做了效益肯定会下降，只有让大家都入股了，才能避免村民的模仿，保证长期的效益，要把眼光放长远。"刚开始提出这个计划时，还是有几家商户拐不过弯来，但经过郭书记几次思想开导，点明扩股后的收益前景后，这些商户才答应。为了让商户们放心，郭书记还向商户保证可以给每一家商户保留 20% 的股份占有优先权。

袁家村手工辣子坊

在做通商户的工作过后，村领导班子开始鼓动村民入股，但是实际效果并不是很好。当时需要募股的作坊有辣子作坊、豆腐作坊、酸奶作坊、醪糟作坊、菜籽油作坊、醋坊、粉条作坊、蝎子酒坊。村领导班子在村庄的聚集中心（万人麻将馆）张贴了作坊街需入股扩建的海报，十多天过去之后，扩建作坊所需的资金连一半都没有募集到。袁家村村领导班子为了让村民理解股份制合作的内涵，村党支部还利用农民夜校向村民讲解入股的好处。但由于之前各作坊都是自主经营，村民对各作坊的具体经营情况都不是很了解，因此到真正要进行入股时，村民内心都存在很多疑惑。特别是对于粉条作坊，因为这个作坊是新增加的项目，村民完全不清楚其营利能力，原本计划要募集 200 万元的粉条作坊只募集到 15000 元。当时投资入股作坊时，村民不知道股份公司是什么，没人敢投，尽管村委会不断做思想工作，但是村民不能理解，村支部就先做通村干部和党员的工作，让他们将思想传达给每个村民，最终要让 99% 的村民入股。最终，党员、村干部起带头作用开始入股，局面才开始慢慢打开。在多次开会宣传、解释之后，袁家村的 60 户村民也只有 30 户左右入了股，而且这些入股的村民基本都不敢多入，有许多都是看在村干部的面子上象征性地入了一两万元。而且原先的作坊经营者也不敢投入，大部分的经营者投入的资金都不到村庄所允许的20%。当时村上还面向社会招募股金，但是效果也不是很好。面对这一情况，党支部再一次开会，明确提出作坊街一定要扩建，没有募集够的钱先由村上垫付。在第一次入股后，第二年就开始分红，基本上每一个作坊都实现了盈利，有的作坊入股1万元的可以分到3500元以上。村民们看到分红如此之多，入了股的村民都非常后悔当初没有多投，没有投钱的村民更加后悔，一直在找村干部要求入股。

为了平衡村民之间的收入，袁家村党支部决定在2013年再次向村民募股。这一次村民们的积极性非常高，以酸奶作坊为例，当时只需要100万元的资金入股，没过几天就报了高达500万元的意向股。再一次向社会募股的粉条作坊，2013年向外扩股时只要150万元的股金，短短几天报名的意向股金总额就有1000多万元。此外，袁家村各个项目还会向周围村庄进行募股，周边村庄的村民只要愿意入股，袁家村都会尽量接纳，带动周边地区发展，让其他村庄的村民也能享受袁家村发展所带来的福利，减小区域内部的收入差距。而且在该地区脱贫攻坚任务的完成中，袁家村通过让一部分没有劳动能力的贫困户入股到其建立的作坊合作社或者小吃街合作社中，使贫困户可以获得非常稳定的收入，为解决当地的贫困问题作出了非常大的贡献。由此可见，袁家村通过对优势项目进行增资扩股，成立农民合作社，并以全民参与、入股自愿，钱少先入、钱多少入，照顾小户、限制大户，风险共担、收益共享作为入社原则。而且各个项目互相参股，形成了“你中有我，我中有你”的利益共同体。进而让袁家村可以通过调节收入分配和再分配，避免两极分化，实现利益均衡，达到共同富裕的目标。

各个作坊在完成入股之后，也开始转向公司化管理的形式，原本经营作坊的商户变成了作坊中的员工。在作坊的管理上，袁家村村领导班子刚开始制定的规则是由入股最多的几名股东担任各自作坊的主要管理者，之前的经营者有的成为管理者、技术员拿固定工资，不愿意的经营者则可以选择退出不再参与作坊的管理。当时这种选择作坊管理者的办法也通过股东大会投票，最终获得了通过。但是从一些作坊的后续管理情况上看，以入股数量多少作为选定管理者的标准存在一定的问题，有的作坊由于管理者管理不当连续几年都没有实现很好的盈利。入股的村民们非常不满意，有很多村民时常到村书记处反映，要求撤换作坊的管理人。对于这种情况，袁家村的领导班子也看在眼中，他们也发现以入股比例大小来直接决定谁是作坊的管理人的做法不恰当，有的大股东完全不适合或者不懂得管理，让其去管理作坊只会起到负面作用。因此，针对此情况，在 2019 年，村领导班子对各作坊的总经理人选进行了重新调整，7 个作坊的总经理中撤换的有 5 个，而且还让管理较好的粉条作坊总经理兼任了油坊的总经理。在对各作坊的总经理管理人员进行调整之后，各个作坊的发展都出现了明显的起色，每个作坊年底分红基本上都翻了一番，有的甚至翻了几番。其中发生最明显变化的就是油坊，由前几年每年只有几十元分红转变为有上千元的分红。当前，管理做得好的作坊 1 万元的股金年底可以获得 1 万多元的分红，效益最差的作坊每年 1 万元股金也能分红 3000 多元。但在 2019 年成立作坊联合社之前，作坊街的管理没有完全理顺，各个作坊大大小小的事情都直接与袁家村的书记进行对接，杂事非常多，村书记也疲于应付。因此在 2019 年 10 月 4 号，经过各股东的表决后，成立了作坊联合社，并选出联合社的社长对各作坊的大小事务进行管理，由其与袁家村的书记进行对接，减少对书记的依赖，也提高了处理事情的效率。成立了联合社之后，联合社社长通过制定统一的绩效考核制度，特别是对各作坊一线生产者或服务员的绩效考核进行了调整，这也大大提升了各作坊的服务质量，增强了员工之间的团结。

小吃街德厚兴酒坊

在股东管理方面，袁家村各作坊的股东基本上都不直接参与经营，而且袁家村领导班子也明文规定股东不得随意干涉作坊具体事务的管理，如果股东有任何意见和建议可以直接找村书记反映。因此，当前袁家村各作坊的管理相当独立，并未出现股东过多干预而影响作坊管理的问题。作坊街的股东之所以愿意放弃或者同意不直接参与作坊的管理，其主要原因是各作坊在收入信息的及时反馈方面做得比较好。通过每天上报各个作坊的营业收入，做到了信息的透明化管理，让股东可以实时了解到其所入股作坊的经营情况。此外，在每年年底各个作坊都会召开股东大会，作坊的管理人员会将全年的销售情况、盈利情况进行全面的汇报，这更加强了股东对现任作坊管理者的信任。

此外，还需要着重提出的一点是，当前袁家村各个作坊之间基本上都有进行相互的入股，因此也形成了作坊间的利益联结，形成了一定程度上的利益共同体，这为营造商户间良好关系打下了很好的基础。此外在财务管理上，虽然每个作坊都有各自的出纳，但是各个作坊的收入都要上交到村庄的总财务室，由村庄的总财务室对各作坊的资金进行管理。每个作坊需要购进材料时，都需要通过村庄财务处的审批，这也有助于村庄对各作坊的监管。而且为了保障产品的质量和安全，袁家村一直严把原料关，每一个作坊的原料提供商都是由袁家村方面的相关负责人和各作坊的负责人一同筛选，要求原料提供商必须有相关的检测合格证书。除此之外，相关的负责人每周都会给各作坊开会，在每一次例会上都会强调食品的安全和质量问题，并及时讨论每周发现的问题，防止问题的积压影响各个作坊的经营发展。在检查方面，除了各作坊自身的检查外，村领导班子会不定期地对各个作坊进行突击检查，进而实现多重的监督机制。

（二）作坊街商户的创业史

从整体上看，作坊街商户们的创业史与袁家村的发展紧密相连，因此列举袁家村作坊街商户在袁家村的创业历程，能够更加生动地呈现出袁家村的发展历史，进而能够更好地理解袁家村发展经验。以下部分主要是关于作坊街商户发展历程的介绍。

1. 豆腐老卢的致富史

老卢作为卢氏家族第四代豆腐制作的传人，现在已经 70 多岁了。老卢幼年一直跟随父辈学习手工制作豆腐，潜心研习至今。他从改革开放后一直从事豆腐的制作，在当地也小有名气。但是由于周边地区的需求有限，老卢的豆腐也只能覆盖到其周边的一些村庄。据老卢回忆，当时每天只能卖掉大约 15 公斤，1 公斤豆腐的价格在 2.7 元左右，制作豆腐每天的收入也就是 30 元左右。这样的规模一直维持了 20 多年的时间，直到老卢开始到袁家村开了作坊之后才开始有变化。卢记豆腐来到袁家村发展后名声大噪，取得了非常大的成功，老卢也通过在袁家村做豆腐致富了。袁家村一位老干部说道："这个老汉借助袁家村的平台，交通工具由最初的单车慢慢变成摩托车再到现在的四轮小车，而且家里修了新房，城里买了房，日子过得美得很。"但是卢记豆腐来到袁家村以及其发展过程并非一帆风顺。

2007 年，袁家村开始筹备发展农家乐时，打造农副产品品牌也是其中的一个重要方面。当时袁家村的村领导班子在加班加点建造康庄老街的同时也在四处招商，希望引进一些手艺较好的经营者入驻。老卢在当地卖了几十年的豆腐，也有一定的口碑。在找商户时，袁家村的村干部立马就想到了老卢。但是袁家村的村长王志学多次到老卢家去拜访，老卢一直都不答应。当时老卢觉得，到袁家村做豆腐也没人买，自己搞不好还会亏损，所以就算不要房租也不愿意去。最后，袁家村方面答应每个月给老卢 800 元的工资，老卢在袁家村生产的原料和产品都由村庄来负责，亏损与否都与老卢无关。但老卢还是非常犹豫，因为当时扣除成本每个月的纯收入和袁家村给的工资也差不了多少。但在袁家村干部的不断拜访之下，老卢也勉强答应了。2007 年 7 月老卢开始到袁家村的豆腐坊上班，由于当时袁家村的农家乐还没有开办起来，也没有什么游客来袁家村游玩，所以刚开始的第一个月每天生产出来的豆腐都卖不完。对于卖不完的豆腐，村干部就会挨家挨户免费送给村民，有时老卢也会自己骑着车子到周围村去售卖。第一个月豆腐坊的生意非常不好，老卢也萌生了退意，在 8 月的某一天，老卢就自己跑回家做豆腐不愿再到袁家村上班了。面对此情况，袁家村的干部仍旧非常坚定，当时郭书记也出动去给老卢做工作，而且为了让老卢能够来，袁家村当时还将老卢每个月的工资涨到 1000 元。在袁家村干部们的再次邀请之下，老卢又一次回到了袁家村。

直到 2007 年国庆节，袁家村有几家农家乐开业之后，村上开始有游客来了，老卢的豆腐作坊生意也慢慢好起来。因为老卢做的豆腐严格按照传统工艺方法，能够保留豆腐的老味道。城里来的游客尝了之后都非常喜欢，有的游客每次来袁家村都会买上老卢的豆腐带回家。自此之后，老卢的豆腐坊生意一年比一年红火，很快老卢自己就向袁家村村领导班子提出，要自己独立经营豆腐坊。之后两年，随着袁家村农家乐的发展，来到袁家村游玩的游客越来越多，这也带动了卢记豆腐坊的生意。

老卢说："到了 2009 年发动全家六口人，每天没日没夜地干，生产出 300 多公斤的豆腐都供不上农家乐和游客们的需求，特别是在周六周日的时间，没到下午我家的豆腐就卖完了。2010 年的时候，我家的豆腐就已经完全供不上了，每天都有很多人来排队买豆腐。”袁家村开农家乐的村民也说道：“当时老卢家的豆腐很受欢迎，每天的量都供不上，为了买到豆腐，村民们一大早就要去豆腐坊排队买豆腐，有时去晚了就买不到了。当时有的游客都担心买不上豆腐，来到俺村的第一件事情就是先去老卢的豆腐坊去买上一些老豆腐，然后才到农家乐吃饭。”这种情况袁家村的领导班子也看在眼里，于是在 2011 年时村干部们就开始召集各作坊开会商量扩大作坊生产规模的问题。当时每个作坊都表示支持扩大作坊规模，但是当袁家村的郭书记提出要通过对作坊进行股份制改革以村民入股的形式来带动村民共同致富的设想之后，老卢怎么也拐不过弯来。老卢说：“俺当时觉得做豆腐挣钱是自己的事情，为啥要带领其他人一起赚钱发展，自己没有这个义务。当时郭书记也一直给俺做思想工作，向俺解释股份制发展是做长久生意的好主意，叫俺不要只看到眼下几年的利益，要看得长远，要让俺的子子孙孙也能挣到钱。当时俺儿子也觉得郭书记说得很有道理，那时他也经常劝俺。他说，‘前几年，袁家村水费、门面费一分钱都没向咱们要，前几年赚了那么多的钱都是咱自己家拿着的。现在村上让咱带动村民发展，让大家共同富裕是好事，也是咱应该去做的事情，咱要感恩才是。’和他俩聊了几次之后，俺最后也想清楚了，答应将豆腐坊进行股份制改造，带动村民们共同致富。当时村上也考虑到俺之后的收入，允许俺入 20% 的大股。而且还聘请俺为豆腐坊的技术指导，每个月都有 4000 元的工资。这样俺每年有六七万元的分红再加上工资，一年也能有 10 多万元的稳定收入。对于这收入俺也心满意足了。”

袁家村的豆腐作坊经过十多年的经营与发展，卢记豆腐坊名声远扬。来袁家村的游客都要到豆腐坊喝碗豆腐脑、喝杯豆浆、尝一尝蘸水豆腐，临走时还要带走几块老豆腐回去。老卢说：“这些年俺家的豆腐也做出了名声，也有一些固定客户了。有一个客户的话让俺印象很深，他说，‘我家的工人总是点名吃你家的豆腐，吃不到好像就干不动活了一样。’听到这话也让俺觉得更应该把豆腐做好才对得起这些客户的信任。”因为生意好，还经常有人慕名而来要跟老卢谈合作，既有来自省内的也有来自山东、河南、东北等地区的，他们都想与老卢谈合作打卢记豆腐的品牌。但老卢都一一回绝了。老卢说：“目前卢记豆腐只开了两家分店，这是为了保证豆腐的质量，两家店铺的生产管理一直都是由俺自家人负责的。咱要认真把豆腐做好，不能砸了俺卢记豆腐的牌子。”卢记豆腐能够获得大家如此的青睐，主要原因还是其制作工艺的传统性和特殊性，老卢介绍说：“俺做豆腐非常讲究，每一步都是严格把关的。第一步是选料，要选用优质黄豆，除去坏豆、硬豆。第二步是泡豆，要将选好的黄豆用优质矿泉水泡 8 小时以上。第三步是制浆，把泡好的黄豆用机器加工成豆浆。第四步，熬浆，将豆浆加热，这要把握好火候，熬上几分钟。第五步是点浆，这一部很关键，点浆的时候要慢慢地加浆水，让反应更加均匀。最后就是成型，要把点好的豆浆放到模具挤压成型，等几小时后，就能做出硬度很高、色泽黄亮的豆腐了。”由于老卢的豆腐深受大众喜爱，近些年老卢的豆腐还上过好几次电视台的美食节目，这些电视台包括中央七套、湖南电视台、陕西省电视台等。2019 年卢记豆腐荣获中华老字号称号。2020 年，在袁家村和地方政府的支持下，卢记豆腐还申报了非物质文化遗产。说起这些老卢都乐得笑开了花。

关于对袁家村的看法。老卢说：“自从 2007 年来到袁家村后，俺基本上就很少回老家卢家河村了，回到村上和其他人也没什么可聊的，所以没事不喜欢回去，家里装修的新房子也一直空着没人住。过年过节都是在袁家村过的，俺现在也在袁家村的商户小区中买了房子，准备之后就留在袁家村养老了，在俺的心中俺已经是袁家村的村民了。”作为一名在袁家村发展的商户，老卢为什么会对袁家村有如此强的认同感呢？当问及这个问题时，老卢表示：“在袁家村做生意这十多年，袁家村的村民对俺都很好，各家各户有红白事俺都会去参加，俺已经融入到了袁家村老村民的日常生活交往中，而且感觉也很好。另外，袁家村的村干部们对老村民和俺们这些新村民都是一样的，对俺们这些外来商户没有区别对待。而且俺也非常感恩袁家村这个平台，也非常感恩袁家村的郭书记。”老卢还说道：“郭书记经常来鼓励俺，让俺好好干，说只要保证产品的质量，谁也不能取代俺。要把俺的卢记豆腐做成百年老店，俺干完之后由俺的儿子干再由俺的孙子干，要俺有信心。”在这十多年的发展中，老卢已经对袁家村产生了非常深厚的情谊，有很多人来找老卢合作时，老卢都会让其去找袁家村的村领导谈，村上同意之后他才去做。现在老卢所开的几家分店都是由他的儿子、女儿、女婿去掌管，而且都是在配合着袁家村的发展需求来做的。因此可以看到，袁家村在成就了老卢的豆腐坊的同时，老卢一家也在通过自身的努力在成就袁家村的品牌。

2. 马姐在袁家村的奋斗史

“来了袁家村，酸辣粉条必须得来一碗”，这个念头是来袁家村游玩的游客都会想到的。到了周末，粉条作坊外总是会有许多人排队等着吃粉条，可见袁家村的粉条有多受欢迎。这家粉条作坊的创办人就是马姐，马姐今年 40 多岁，是袁家村粉条作坊和油坊两个作坊的总经理。

关于自己在袁家村的发展经历，马姐回忆道：“当初我来到袁家村也是一个非常偶然的事情，我是在没有任何准备的情况下误打误撞来到了袁家村。2010 年我只是帮一个经营驴肉店的朋友到袁家村申请了一个门面，但是后来朋友觉得驴肉生意不好做，就回老家去了，并没有到袁家村开店。朋友突然放弃，让我很为难。当时我为了不失信于郭书记，通过朋友找到驴肉货源，并在袁家村的小吃街开了一家驴肉店。让我没想到的是，在袁家村卖了一个月的驴肉就赚到了八九万元，我很快意识到袁家村这个平台非常好，里面蕴藏着商机。于是我在开了驴肉店之后，一直在谋划着在袁家村再拓展其他的项目。当时我发现袁家村的作坊中没有做粉条的，而市面上的粉条掺假的非常多，这个项目正好是袁家村需要的。因此，我就开始向郭书记申请在袁家村开一个粉条厂，我向郭书记申请了一年的时间，但郭书记都没有完全答应我。2010 年底，其他作坊的厂子都快要建好了，我更着急了。因为在郭书记那里一直碰钉子，我都想放弃了。但当时我还是觉得不甘心。”

到最后郭书记终于将不同意的缘由说了出来，他说：“我想将作坊都做成股份公司的形式，我担心你担不了这个担子，干不？”马姐听到书记的担忧后立马表示说：“我一定能行，行不行让我试试不就知道了嘛！”马姐回忆道：“在我的再三坚持下，最终书记答应让我去做粉条厂的项目，书记就在其他作坊的旁边给我指定了一块空地，让我在上面建厂房。当时我的干劲也非常的大，2011 年正月初六我就开始动工建厂房，到了 2012 年的五一就开张了，而其他作坊都是到国庆节才开张。”但由于没有经验，马姐连续几个月都没有赚到钱。到了年底，郭书记组织各作坊召开股东大会，要求各个作坊向股民们汇报作坊的经营情况，并做出来年将要分红的计划。马姐当时觉得非常没有面子，于是没有发言就默默离开了。而且由于马姐的粉条厂是新开的作坊，村民们完全不知道厂子的具体效益如何，因此马姐的粉条厂在第一次入股时只招募到了 1.5 万元的股金。回忆当时的情形，马姐说：“当时幸好有村集体资金的支持，村集体为粉条厂垫付了 110 万元的启动资金，让我有资金进行备货。自那之后在我心里面就一直憋着一口气，想着一定要干出点名堂来。通过不断地摸索钻研，我也掌握了一些门道，在 2013 年我的粉条厂就开始盈利了。在 2013 年时，我的粉条作坊 1 万元股金可以获得 4000 多元的收益，2014 年达到 6000 多元，现在我的粉条厂在所有作坊中产生的分红也是最好的。”

袁家村农副产品

城市体验店农副产品展销区

在 2013 年实现了盈利之后，郭书记主张将村集体的资金撤出，让马姐再一次向村民募股，通过让村民入股的形式带动大家共同致富。刚开始马姐并不乐意，因为马姐觉得，当初自己刚开始发展粉条厂时村民们都不看好，没有人愿意支持自己。现在自己通过努力让厂子好起来了，为什么让村民来“占便宜”呢？她在这方面一直想不通。但是郭书记对马姐说：“你不让村民们入股，不带动村民们共同致富，就算你在袁家村挣了再多的钱，在这条街上也不会有人愿意多看你一眼。”通过郭书记的开导，最终马姐同意让村民入股。让马姐感到非常高兴的是，当时粉条厂只是向外发出募集 150 万元的股金的通告，没过几天就有 1000 多万元的意向投资资金申请。这 1000 多万元的申请中，既有一次要求入几百万元的人，也有申请入 5000~10000 元不等的小农户。面对这个情况，马姐不知道如何处理，于是她又找到了郭书记，问郭书记怎么办。郭书记说：“对那些申请几十万、上百万元的人进行限制，把申请 5000 元到 10000 元的人都留下来。那些提出要入很多股的股东其自身就非常有钱，他们入股完全是一种商业投资行为，他们入股之后也不会关心粉条厂的发展情况，因为这些资金对于他们来说并不是很重要。但是那些申请入几千到一万元的小户，这些钱很有可能是他们当前能够拿出的最大额资金了，他们更加需要增加收入，他们入股到粉条厂之后也会更加关心粉条厂的发展，而且这也符合带领村民共同致富的目标。”

完成了第二次入股之后，马姐的作坊一直运营得很好，马姐的粉条作坊每年给股东的分红几乎年年都在增长，而且和其他作坊比基本每一年都是处于第一的位置。郭书记看到马姐具有比较强的管理才能，所以在更换油坊的经理人时，便将油坊交给马姐进行管理。郭书记还建议马姐入股油坊，起初马姐一直不同意，马姐觉得油坊连续几年的分红很低，不想入股。但是郭书记解释道：“如果你不入股的话，就不会用心去管理油坊的。”在郭书记的劝说下，马姐最终入了 30 万元的股到油坊中。当时郭书记应允可以让马姐入 50 万元的股，但马姐担心油坊的效益问题没有敢入太多。马姐在接手油坊之后就开始研究问题的出处，刚开始马姐也一直搞不清楚是什么原因导致油坊的效益如此之低。有一次，马姐到甘肃考察学习时，发现甘肃当地产的油杂质非常少、也没有出现很多泡沫，并且还通过一些工艺将菜籽油中的有害物质去除了，这大大提高了菜籽油的质量。这次考察给了马姐很大的启发，回袁家村之后她开始改进生产菜籽油的工艺技术，使得袁家村的菜籽油生产不再拘泥于传统的制作工艺，进而大大提升了菜籽油的品质。而且在马姐的努力下，现在袁家村菜籽油各项指标都可以达到国家规定的标准，到超市中上架完全没有问题。除了改进油坊的生产工艺之外，马姐还一直在努力将整个生产流程向游客们进行展示。马姐希望通过向游客展示和讲解的方式，来提升游客对袁家村菜籽油的认识度和认可度，进而带动菜籽油的销售。在马姐的努力之下，油坊的效益大大提升，到目前为止油坊的效益已经由原本的倒数第一上升到正数第二的位置。因此，之前被替换下去的大股东管理者也没有任何怨言。

在袁家村创业发展了将近 10 年的时间，马姐在袁家村已经产生了很强的归属感，对其而言袁家村就是她的家，马姐在袁家村建设小区买了三套房子，将自己的母亲、妹妹一家、小姨甚至是自己大学毕业的儿子都带到袁家村中。马姐说：“在心中我觉得自己已经是袁家村的新村民，村上各家各户凡是有什么红白事我都非常乐意去参与。我对村领导班子也很认可，袁家村的村干部只是拿着很少的工资，却如此投入地去为村民和商户们谋利，这让我非常感动。我也非常庆幸自己能够在袁家村这个平台上发展，因此我也觉得自己有责任、有义务去维护和建设袁家村的品牌。我觉得袁家村是一个好平台，所以我一直都在鼓动在北京上班的儿子来袁家村发展。”马姐的儿子大学毕业后就到北京工作，2019 年的年薪就有 30 多万元。马姐劝她的儿子来袁家村发展时，马姐的儿子说："妈，你怎么叫我回农村，农村没有什么发展前途的。"但是在马姐的一再劝导下，她的儿子也开始动心，决定尝试一下。2019 年年中，马姐的儿子辞职来到袁家村之后，马姐也充分尊重儿子的意愿，来到袁家村的一个多月，她没有要求儿子做任何事情，而是让他自己去观察，把袁家村看懂。在对袁家村有了深入的了解之后，马姐的儿子决定要留下来发展，于是在 2019 年 10 月 4 日，袁家村作坊街联合社成立，马姐的儿子成为联合社的负责人。马姐儿子加入后，工作非常用心，在短短的一年内就搭建了各作坊产品的线上销售平台，开拓了袁家村线上销售的渠道。对于当前的状况马姐感到非常满意，她最后总结说："我能有现在的发展，主要是我选对了平台和跟对了人。"

3. 下乡发展致富的城里人——陈宏

辣子作坊的总经理陈宏，现在已经有 50 多岁了，是咸阳市的市民。陈宏从 2008 年就开始到袁家村来创业，是袁家村最早的创业人。

陈宏原本是国有企业的职工，2005 年左右由于企业的经营效益不佳，陈宏决定主动下海创业。因为陈宏出身于中医世家，从小耳濡目染，对中医也十分了解，而且家族也有祖传的秘方，所以陈宏主动下岗之后就开始摆摊给人看病，还售卖用祖传配方泡成的药酒。陈宏回忆道："当时在市区开一个店面要五六万元，我根本拿不出这么多的钱，我就只能在市区的一些街道摆地摊。经过一两年的坚持，我也慢慢积累下一些老客户，但是当时咸阳市不让摆地摊，我也经常被城管追着跑。2008 年礼泉县的一个朋友告诉我袁家村有免费的门面可以让商户使用，当时听到这个消息我决定到袁家村去看看。到了袁家村之后，我向郭书记介绍说我是卖蝎子酒的，当时郭书记说'想找那些有手艺，懂得做面、做馒头的都可以，在袁家村卖蝎子酒还不知道能不能挣钱。'但在我的坚持下，郭书记为我在康庄老街找了一家门面。"

于是在 2008 年 8 月 20 日，陈宏的蝎子酒店正式开业，开业的第一年每天就只有 100 多元的收入。陈宏说："当时我在袁家村也没有住的地方，为了省下每天往返的 30~40 元的油钱，我就在车上过夜或者直接住在门店。当时虽然比较艰苦，大家的生意都不是很好，但郭书记经常给我们加油鼓劲，还经常会对我们这些商户进行指导，教我们如何做好服务。郭书记的行为也让我很感动，在当时生意很不好时我也继续坚持下去。到了

2009年，我的蝎子酒也攒下了一定的口碑，回头客也多了起来，年初时每天的收入都能在200元以上，五一之后每天的收入就能达到将近400元了。”

2010年陈宏的收入也开始逐渐稳定下来，作为商户陈宏当时还积极参与到袁家村的建设中。袁家村在打造小吃街时，陈宏义务性地加入袁家村村委组织的品尝小组，为小吃街选择商户。2012年作坊街实现股份制改革时，村庄开始向外募集扩建资金，陈宏也积极参与其中。陈宏回忆道：“当时我没有太多积蓄，我一直向我爸提出抵押房子入股的请求。开始我的父亲坚决不同意，但我一直很坚持，并说我对袁家村的发展很有信心。最终，我说服了父亲将咸阳市的房子抵押了40万元，全部入股到了辣子坊项目上。”由于辣子作坊陈宏入股最多，因此在成立股份制公司之后，陈宏就成为了辣子作坊的总经理。入股辣子坊后，为了管理好辣子坊，陈宏说：“作为城里人，我对辣子的选材一点都不懂，但是选择入股辣子坊其实就是觉得辣子大家都吃，肯定有市场，而且还可以保存，所以就入了。管理辣子坊后，我主动下乡向村庄的老汉学习如何去选择优质的辣子原料，经过一段时间的学习，我很快就成为其中的行家。而且当时在扩建作坊时，郭书记提出了要将作坊产品质量提升，争取达到QS认证的标准。我通过对辣椒筛选以及加工程序的改进，顺利地使辣子坊的产品达到了QS的食品安全认证标准，也算完成了任务。”

提到对于袁家村的认同，陈宏说：“我为什么对袁家村如此的认可，就是在于袁家村的管理理念非常的好，村上对商户和村民都同等对待，而且也能让商户和村民参与到规章制度的设计中。”陈宏回忆道：“在2014年左右，当时村上为了统一大家的思想，还特意设定了两个会，一个是‘明理堂’，另一个是‘忆苦思甜会’。‘明理堂’主要是让商户或村民将发现的问题提到明面上去讲、去理论，让所有的人去评判，村上通过这种形式让村民和商户在辩论的过程中认识到自身的不足，起到了非常好的自我教育作用，而且大家通过这种形式也推进了各类规章制度的建立。‘忆苦思甜会’是让商户和村民去回顾各自的发展历程，通过每个人的叙述，让大家清楚各自在袁家村平台中获得了什么，同时也让大家都意识到要珍惜袁家村这个平台。通过这两个会，也让村民和商户更加团结，增强了大家的凝聚力。这些会议让我对袁家村的理念更加认同。我现在除了尽心管理好辣子合作社之外，我还会经常向一些新商户和合作社的股东宣传和讲解袁家村的发展理念，希望用我的言行去影响和带动周边的人，为建设和维护袁家村平台贡献自己的力量。”在陈宏看来，袁家村的管理层、村民、老商户都是袁家村乡村旅游发展的见证者、共同经历者，大家艰难创业，一路走来都不容易，因此也会懂得更加珍惜袁家村这个平台，也更加认可袁家村共建、共享、共富的理念。

4. 老郭在袁家村的发展之路

袁家村醋坊是从 2007 年开始运营的，这 10 多年来，虽然在某些生产流程上利用了机器进行协作，但生产工艺却一直保持传统的手法。而且袁家村的醋坊生产的醋坚持不使用任何添加剂，一直秉持了食品安全健康的理念，因此在这 10 多年的发展中，袁家村醋坊的口碑得以建立。现在已经 50 多岁的老郭，是其家中第六代酿醋继承人。关于自己学习做醋手艺的历程，他回忆道：“在我七八岁时就开始跑到爷爷的醋坊中玩耍，在爷爷的醋坊中玩耍时我也会帮爷爷干一些活，因此在很小的时候我就开始学习酿醋的手艺了。上了初高中之后，每个周六周日和寒暑假我都会到爷爷的醋坊中去帮忙，在爷爷手把手的教导下，我很快就掌握了酿醋的工艺。高中毕业，没有考上大学，我就开始正式酿醋了。当时爷爷年龄也比较大了，我就直接将爷爷的醋坊继承了下来。因为当时酿醋的收益比农业生产的收入要高，因此我也非常愿意继续酿醋，也一直想把醋酿好。”经过 20 多年的坚持，老郭酿醋的手艺十里八乡的人都知道，因此在当地也算是小有名气了。

在 2007 年袁家村开始准备寻找康庄老街第一批商户时，老郭成为袁家村领导班子的首选。袁家村为了请老郭来袁家村开醋坊而开出了非常优厚的条件，即袁家村免费提供生产厂房、原料、设备，前期投资都由村上承担，老郭卖出的醋所得的收入作为醋坊的周转资金，剩下都由老郭占有。当时老郭也是抱着试试看的心态来到袁家村开了醋坊，老郭说：“当时我也不是很担心，醋酿好了也不担心卖不出去，而且当时家里的醋坊也没有完全放弃，在袁家村发展不下去还可以回家继续发展。”据老郭回忆，在 2007 年刚开始的时候生意非常不好，但是村上要求每天必须开门，并在这个过程中也一直在强调卫生和食品安全，并要求各个商户积极招待每一位游客。到了 2008 年，老郭酿的醋开始逐渐建立起了口碑，回头客开始增多，销量也开始上涨。2008—2009 年，老郭酿的醋按照每公斤 4 元售卖，一个月的销售额就在七八千元。2010 年袁家村的小吃街建成后，老郭醋坊的销量又大大提升，一个月的销售额可以达到 1 万元以上。

关于扩建醋坊的原因，老郭说："到了2012年七八月时，我的醋坊就开始出现供不应求的现象。特别是在周六周日时，作坊只能生产出差不多150公斤的醋，到中午的时候就已经销售一空，如果产量跟得上的话，每天至少能够卖出去250多公斤，因此当时我也一直想扩建作坊。"在看到产量跟不上后，郭书记在2012年的7月时就开始召集各个作坊商讨扩大规模的事情，当时所有作坊的经营者都表示愿意进一步扩大作坊的规模。老郭回忆道："当时提出的扩建方案是，首先由各个作坊上报自身扩建所需的资金，一部分由现有的作坊经营者投入，还有一部分向村民筹集资金，剩下的部分向社会募集资金。这就是当时袁家村村领导班子提出的增资扩股，将作坊进行股份制改革，提升各作坊规模和实力的方案。面对袁家村村领导班子的这种要求，我也比较理解。我觉得，前几年在袁家村发展时，村上都没有向大家要过一分钱，在前几年大家都挣到了钱，现在村上让大家让出一部分利益给其他人是正常的、应当的，我自己是袁家村平台的受益者，如果我在家卖醋最多也只是1公斤1元的价格，而在袁家村卖醋我的醋可以卖到1公斤4元的高价。而且依托着袁家村的平台，我的醋也可以顺利地推向市场，让我赚得更多。所以我当时是完全同意的。"对于袁家村的评价，老郭说："在我看来袁家村这个平台就是我的宝，我自己需要去珍惜才行。"

七、发展民宿，拓宽业态延长链条

（一）延长旅游链条，发展民宿、酒吧

从2007年到2012年这五年的发展时期中，袁家村基本上解决了人怎么来的问题。在这些年的发展中，通过发展农家乐、作坊街和小吃街，袁家村的品牌也得以打响，影响力在逐年上升，来袁家村游玩的游客不断地增多。但是在这段时间，袁家村的旅游发展形态只是属于一日游的形式，大部分生意都是在白天。白天时人潮涌动，而到了晚上则人去楼空。袁家村在解决了人怎么来的问题后，紧接着面临的另一个重要问题就是如何把人留住。袁家村的领导班子很早就开始考虑如何解决这个问题，于是在2010年，袁家村瞅准旅游度假开发前景，引入休闲时尚新业态，开始转型升级做乡村度假。乡村民宿也为袁家村乡村旅游事业提供了新的契机，

让其实现了由“停下来”到“住下来”的转变。

生活客栈二站

2012年袁家村开始正式筹划转型升级，由乡村旅游逐步向乡村度假转型，并且陆续打造出一批以左右客、生活客栈、田间、里居、沐舍、竹风堂、香舍、澜庭、豫园、绒花阁、旅迹、桐咖啡等品牌为代表的高端休闲度假产品。2012年袁家村引进投资8000万元，建成拥有600多个床位的天元度假酒店，满足了游客对高品质生活的追求，使袁家村乡村旅游实现了质的提升，为休闲度假奠定了基础。袁家村从最初的民俗街和农家乐发展至现在多种业态集聚的态势，可以视为由1.0版、2.0版向3.0版、4.0版升级的过程。几年来，袁家村的乡村民宿蓬勃发展，实现了由最初的几户农家客栈到后来的精品民宿群、温泉度假酒店的转变，2020年袁家村已经有30多家精品民宿，成为整个陕西省拥有民宿最多的旅游景点。现如今，袁家村已有农家客栈62家，精品民宿30多家，温泉度假酒店1家，共有客房1600多间，可以接纳大约3000人住宿，客房环境优美、风格多样，价位由100多元到3000元不等，可以满足不同消费群体的入住需求。

在实现了居住环境的升级改造的同时，袁家村的领导班子也在思索如何丰富游客们的夜生活。因为，夜生活已经成为现代人的普遍生活习惯，没有可以让游客在夜晚娱乐的项目，也很难把游客留住。在2007年袁家村的领导班子就组织村民到云南的丽江古城考察学习，丽江的酒吧娱乐项目，给袁家村的领导班子留下了非常深的印象。据一名村干部回忆说：“当时到丽江考察学习时，负责礼泉县旅游板块的副县长建议袁家村人一定要去体验一下丽江的酒吧。到了丽江后，村民们对酒吧还没有任何的概念，而且也担心到酒吧消费高，怕花钱，村民们都不愿意去。最后，带队的干部说请客，村民们才愿意去酒吧。刚开始进到酒吧的时候，村民们都非常的拘束，都在看别人玩。但是没过多久，大家就开始唱跳起来，玩得非常的开心。大家从 7 点进的酒吧，到了 11 点多都还不愿意走。这一次体验让我有很深的感触，想不到酒吧会有这样不同的娱乐感觉。当时心里想着如果袁家村也能搞一个酒吧就好了，但又觉得这还远得很。”

在 2011 年，村干部们开始思索着如何丰富游客的夜生活时，创办酒吧成为袁家村领导干部们的一致选择。袁家村的酒吧一条街在创办之初的主要定位是拓展袁家村的旅游业态，与民宿形成配套式发展，逐步实现阳光下的袁家村向月光下的袁家村的转变。在有了这个想法之后，袁家村的领导班子很快就行动起来，2012 年就基本完成了酒吧街的建设，当时为了吸引年轻人来袁家村创业，袁家村的领导班子决定采取放水养鱼的策略，初期的计划是在创业的前三年村上不收取酒吧街商户的任何租金，先让其慢慢发展，有了一定营利能力之后村上再收一定的提成。但自酒吧街开街以来，各个商户每年的营利都不是很大。袁家村为了扶持这些年轻人创业，让酒吧街可以持续地运营下去，从 2012 年开始一直都没有收取任何租金或者提成。这为酒吧街的创业青年营造了非常宽松的创业环境，在这七八年的时间内，最初创办的 14 家酒吧基本没有关门倒闭的。正是在这种非常宽松的营商环境之下，创业者们可以充分实践他们的创意，虽然袁家村的酒吧面积都不是很大，但每一家酒吧都是经过创业者们精心设计打造的，仔细去观察我们会发现每一家酒吧都有着自己独特的定位，都有自己的特色。既有具有强烈年代感的“80 后酒吧”，也有异域风格的苏格兰酒吧，又有主打青春活力的动力酒吧等。由于定位不同因此吸引的游客群体也大不相同，因此每个酒吧之间的竞争关系并不是非常明显，各个酒吧之间关系非常和睦，在必要时还会相互合作为游客服务。

在云端青年旅社

袁家村给酒吧街的创业者们提供如此大的支持，进而也为袁家村能够很好地管理酒吧街奠定了非常好的基础。对于酒吧街的管理，袁家村也严格遵守食品安全的底线原则，而且要求酒吧街的创业者们秉持为游客提供最好服务的理念。在酒吧街的食品安全管理方面，袁家村的主要做法是将整个酒吧街的酒水饮料提供厂家进行统一，要求每家店都从统一的几个厂家进货。这几个厂家都由相应的管理人员进行审查，确保有合格的生产证书之后才允许其成为酒吧街的供应商。对于此，酒吧街的创客们必须无条件服从。而且村上还会时不时地进行突击检查，为了防止店铺作假，检查时村干部通常会直接去查看游客所购买的饮品而不是店铺中摆设的产品。如果发现有从其他厂商进货的情况，袁家村指定的管理者就会进行没收并罚款，如果多次发现，村上就会将该店关闭。此外，在酒水价格的管控上，袁家村不允许商户自行涨价，如果要涨价就需要提前向村领导班子申请，村领导班子根据现实的物价情况进行权衡后决定是否批准。一旦发现由于私自涨价被游客举报，村上也会进行相应的处罚。除此之外，袁家村在酒吧街创办之初就一直组织酒吧街的新商户开会，向各商户传授基本的服务技巧，让商户能够更好地服务游客。一直都在向商户们强调要做好游客服务，不要和游客顶嘴、吵架。袁家村规定如果一旦出现游客投诉，并且确实是商户的问题，袁家村对于这种情况采取的是零容忍的态度。由此可见，袁家村在为商户们营造了非常宽松的经营环境的同时，也以非常严格的高标准要求各商户，进而使袁家村的品牌和平台价值得以保持。

在酒吧街日常管理制度的制定上，袁家村领导班子也实现了人性化的管理。在制定酒吧街的管理制度时，村上的街道管理者也会给商户提建议的机会：酒水的价格制定方面，最开始就是由酒吧街 14 家商户共同讨论决定后上报到袁家村管理员处的；在周边的客栈和民宿反映酒吧街深夜的音乐影响游客休息时，村上的管理者并不是一刀切地让酒吧街的商户直接停止深夜的娱乐活动，而是让商户们自行讨论解决的办法；在酒吧街刚开业时，村上要求酒吧街的商户也和小吃街的商户一样在早上七八点就要开门，但酒吧街商户向村上反映情况后，考虑到酒吧街商户主要在夜间营业的情况，村庄也很快调整了开门规定时间，最终推到了现在的十点。从这些事情的处理上可以看到，袁家村在对酒吧街商户进行严格的规章制度管理的同时，也充分地考虑了商户的利益，真正发动了商户自主管理的积极性，也增强了商户们对袁家村的认可和归属感。

（二）转型升级袁家村旅游的创业者

接下来的我们再举几个典型例子，通过他们的故事来展现广大创业者与袁家村平台之间的互动情况，以呈现出袁家村如何实践共建、共享的发展理念。

1. 袁家村中的创客——郭新

郭新，咸阳市人，原是国企职工，个人非常喜欢旅游。在说起自己是如何来到袁家村的，郭新回忆道：“我来到袁家村也是一个非常偶然的机会。在 2007 年时，我听到一个朋友说袁家村正在搞民俗旅游，出于好奇，我来到袁家村游玩。当时袁家村只有康庄老街一条街道，在一般人看来并没有什么好玩的地方。但当我来到袁家村之后，就被街道传统、宁静的氛围所吸引，我立马就萌生了在康庄老街开一家店的念头。当时我就和袁家村的村干部去谈，正好当时村上经营的一间酒吧由于没有游客而面临关闭，我没有多考虑就接手下来，成为康庄老街的一个商户。”刚开始村上收了郭新一年的承包费，但由于酒吧的生意一直都不是很好，于是之后袁家村方面也再没有向郭新要过房租。郭新说：“我当时也不看好袁家村的民俗旅游，但我就是因为喜欢袁家村的氛围而选择留了下来。我经营的这个酒吧直到 2013 年之后生意才开始慢慢变好，之前基本上都处于只能维持基本开支的经营状态，但我一直都在坚持，经营酒吧也成为我一项爱好了。”

在接下来的几年中，郭新还在袁家村投资了好几个项目，这些项目中有的是原本由村庄经营很难实现盈利的情况下转手给郭新，还有就是基于其个人的喜好来开创的。郭新说：“虽然一直都在做新项目，但我每开一个店都是结合了袁家村发展的需要来设计的。这些年我接手了原本由村庄经营的茶馆，现在改名为童济功茶楼。我是在 2011 年接手的茶楼，当时村庄已经经营了好几年，但生意都没有太大的起色，于是郭书记找到我，提议让我接手茶楼。当时郭书记提出比较优惠的条件，先让我做着，不需要交任何的钱。”郭新接手之后，对茶馆的茶水品种和销售模式进行调整，按照每个人 10 元收费标准，来茶馆消费的游客只要交 10 元就可以坐上一天，而且还可以免费续茶。此外，在茶楼消费还可以免费观看皮影戏和秦腔表演，在郭新的重新设计打造之下，茶楼的生意开始变得非常火爆。近几年的年营业额都在一两百万元。生意开始红火之后，在 2015 年村上向其提出要进行分成，对于此郭新也欣然接受。郭新说：“我认为村上这样做是理所当然的，我前几年免费使用着袁家村的资源，而且袁家村的平台也是我的茶楼生意能够如此火爆的原因，我也愿意与村上进行分成。”

除接手村上的项目之外，郭新还会根据自己的判断来创设新的项目，在袁家村精品民宿的打造上，郭新当时是最早开始尝试的。郭新的这些理念和想法也带动了周边的商户和村民，以郭新的精品民宿为例，当大家看到郭新的民宿虽然价位较高，但是生意却非常好时，也纷纷开始对自家的客栈进行改造。因此，在袁家村精品民宿的发展上，郭新的带头示范产生了非常重要的影响。当问及他为什么要在袁家村开如此多的店面时，郭新说：“这也是关于自己对袁家村的一种执着，袁家村就像是一艘大船，书记就像是船长，而我就是其中的船员，村上需要什么，我有能力的话去做就行。”目前郭新已经在袁家村开了十几家各式各样的店铺，但大部分都与文化相关。这些店铺的种类包括文艺酒吧、精品民宿、茶馆、关中酒、旅游饰品等。可以说袁家村旅游事业的发展过程，就是郭新不断创业打拼的过程，把他称为袁家村的创客第一人再恰当不过了。“正是由于有像郭新这样的商户不断创新，推动了我们袁家村旅游事业的不断转型升级，让我们袁家村在这十多年的创业中实现了多业态化的发展。我们袁家村旅游事业不断地发展前进，也成就了那些在袁家村这个平台上不断打拼、创新的创客们，实现了我们与商户之间的相互成就。”袁家村的一名村干部如是说。

2. 袁家村的海归民宿女主——在袁家村的自我价值实现之旅

说起来到袁家村的收获，竹风堂精品民宿的女主人刘露说：“在袁家村的创业过程让我找到了自我价值实现的幸福感。”刘露在莫斯科念完本科和硕士之后回国发展，回国之初在中信集团就职，经过几年的打拼也顺利升为公司的中高层领导。但是当刘露在2010年来到袁家村游玩之后，便开始萌生了寻找另一种生活的想法。

关于来到袁家村的具体过程，刘露回忆道：“在2010年时，我就想接手袁家村中一家具有田园风光的农家乐来经营，我非常喜欢那家农家乐，但是由于袁家村旅游发展规划的原因，这家农家乐在之后被拆除，所以我的第一次尝试也就泡汤了。但在这之后我也一直关注着袁家村的发展，2013年我正式辞职来到袁家村，在袁家村做了8个多月的旅游宣传策划工作之后，2014年我开始在袁家村创业。当时我在袁家村开了第一家文创店，主要定位是将传统文化通过设计使其活化，将传统的民俗文化融入到一些实用的物品当中，达到对传统民俗文化的宣传、推广效果。”

在尝试开了第一家店之后，刘露认识了书院街的开发商邓总。当时邓总正发愁于如何去利用之前所建立起来的12个院落，刘露毛遂自荐将这些院落的打造和设计工作承担了下来。刘露说：“我在之前外出旅游时，住过很多的精品民宿，这些民宿的环境和氛围都深深地打动了我，因此在我的心中也一直渴望着打造一间属于自己的民宿。让我觉得比较幸运的是，邓总和郑总看到我如此用心，他们也非常信任我，将竹风堂的打造和经营全权交给我管理。当时获得这个机会后，我真的是全身心地投入到竹风堂民宿的打造工作中。这12个院落的设计与改造过程都是由我全权负责，每个院落的设计都有自己的风格，既有明清的古典风、又有欧式的现代风；既有色彩单一的，又有色彩斑斓的。这些院落的设计都融入了我对美的理解与想象，这些院落中的一草一木、一砖一瓦都深深地融入到我的生命当中。”刘露认为，精品民宿与一般的酒店或者客栈是不同的，它融入了民宿主个人的风格，因此精品民宿一定是各有不同的。以竹风堂为例，竹风堂的打造定位点就是其私密性的特征，每个院落只有一两间房子，院落之间都是相互独立的，客人可以在院落当中享受属于自己的个人时光。因此在刘露看来，精品民宿主要面向的就是那些对生活品质要求比较高的中高端消费人群，他们来住民宿就是为了寻找和体验另一种生活。

刘露说："袁家村由最初的农家乐、小吃街转型向精品民宿的打造，是旅游业态升级的重要一步。袁家村通过发展精品民宿，具备了吸引中高端消费群体的实力，这为袁家村的长期稳定发展打下了很好的基础。"

关于精品民宿与袁家村之间的关系，刘露认为，目前袁家村的精品民宿的营销方式主要有两类，一类是依靠袁家村的游客流量来吸引客源，另一类是自带流量的精品民宿，即这类民宿通过自身的营销来吸引客源，这类民宿的存在直接增加了游客的流量。在这两种营销的模式中，刘露主要选择的是后者，她说："我觉得有游客专门为了自己创办的民宿而来，是对我的努力的认可，也是让我的民宿保持良性发展的保证。完全依靠袁家村的平台来吸引客源，民宿住客增长的速度会比较慢，收回成本的速度也会比较慢，这样会给投资者非常大的经济压力。所以我在这段疫情期间，没有太多事情干扰，也开始运用抖音这样的自媒体平台对我的民宿进行宣传。对于未来的发展我非常有信心，我也非常热爱现在的工作。对于袁家村，我觉得这里就是我第二个家，我在这个地方找到了自己的人生价值，因此我也非常愿意为袁家村的发展贡献自己的力量。"

3. "80 后酒吧"的幸福小夫妻

"80 后酒吧"是袁家村酒吧街中的一间店铺，这个酒吧由一对小夫妻经营，这对小夫妻也是袁家村酒吧街开街以来一直坚守下来的老商户。这对小夫妻说："在酒吧街上像我们这样的老商户还有许多，每个商户都各自有着自己独特的风格和故事，但大家有一个共识就是觉得在袁家村开酒吧是一件令大家感到幸福的事情。"

问及当初为什么要选择来袁家村发展时，这对小夫妻回忆道："这也是一个比较意外的过程，我们是袁家村周边村的村民，2012 年我们从外地工作回来后，在和朋友聚会时来到了袁家村，正好发现袁家村正在招商。袁家村给出了非常诱人的创业条件，在 3 年的创业期中村庄不收取任何费用，这对我们具有非常大的吸引力。当时我们正好想在家乡找一些事情做，于是就抱着试试看的心态，就将创业的策划书交给当时负责招商的工作人员。在创业项目策划书经过筛选之后，最终也获得郭书记的认可。"在申请的项目通过之后，说起当时的感受，这对小夫妻说："当时心中还有些忐忑，因为我们对袁家村的具体情况和管理模式都不是很清楚，非常担心开业之后会出现要求增收租金、收取额外费用的情况。因此最初开业的时候，我们并没有对店铺进行过多的投入，只是花了很少的钱草草装修了一下而已。但在后期与袁家村的领导干部接触多了，发现干部们都非常好，我们才慢慢放下心中的顾虑。”

关于酒吧街之后的管理情况，这对小夫妻说：“在酒吧街刚开始创建时，袁家村的村干部几乎每周都会组织我们开会，强调食品安全的问题和游客服务的问题。在最开始的时候，村上还会组织我们这些商户外出学习，当时我们就外出学习了两三次，这几次外出学习的目的主要是要让我们学会如何去和游客沟通，学习别人的一些礼仪。这种外出学习的活动确实对我们有很多帮助，所以也非常感谢村上为我们做的事情。”在创业初期，袁家村的郭书记也经常给酒吧街的商户开会，向商户们介绍袁家村的发展理念和基本的准则，令这对小夫妻感到非常感动的是郭书记提出：“在袁家村创业要有幸福感，无论做什么事情都要有幸福感，只有有了幸福感才有激情，才能有正能量，才能让别人也感到幸福。”在郭书记这种理念的影响之下，袁家村酒吧街所营造出来的文化也是非常具有正能量的，在袁家村的酒吧街不会出现涉黄、涉毒、涉赌的情况。袁家村对这种情况是坚决杜绝的，一旦发现哪家商户有类似的情况，就会强制其停业整顿。

这对小夫妻还回忆道：“在 2015 年，袁家村还举办了各类商户的经验分享会，每天都有两个商户上台向所有商户和村民们分享自己在袁家村的收获、什么力量驱使他们来到袁家村、他们未来的规划以及他们对袁家村的意见和建议。通过参加这些会议，也让我们对袁家村的认可度、信任度大大提高。而且在街道的管理中，我们也能充分地发表自己的意见，在制度制定得不是很合理的情况下，我们都可以通过与所有商户一同开会商讨的形式向村上反馈自己的建议，而且在大多数情况下村上都会采纳。在袁家村创业能够让我们觉得很幸福、很有归属感，除了村上能够非常尊重商户意见的原因外，还有另外一个非常重要的原因就是村上这些年一直都非常支持我们，在这 8 年中村上都没有向我们收取过任何的费用，这使得我们能够顺利地度过创业初期的困难时光。而且正是在这种宽松的营商环境下，我们酒吧街 14 家商户之间的关系也相处得非常融洽，商户之间非常团结，基本上都没有出现过任何矛盾冲突。因此我们觉得在袁家村发展是非常幸福、非常安全的。”

在经营方面，经过这几年的努力，“80 后酒吧”的生意也慢慢开始变好，有了很多的回头客光顾，现在经常会出现客人太多而坐不下的情况。从最近几年的营收情况上看，基本上都是一年比一年好，目前这对 80 后夫妻20多平方米的小店，一年的营业额就有50多万元。这对小夫妻说：“从前几年村上开始统一回收我们每天的营业资金，对于这样的操作我们也不是特别担心，因为村上每到月底的时候都会把钱自动返还给各商户。我们也不担心村上抽取提成，因为村上在抽取提成时，村领导班子也一定会考虑到我们的收入。对于袁家村的领导干部我们是非常佩服和信任的，特别是对于郭书记的为人和风格我们更加信任，所以我们也没有为村上是否会抽取提成有过过多的担心。”

对于酒吧街在袁家村各个产业之中的定位，这对小夫妻认为：“我觉得酒吧和客栈之间是一种相辅相成的关系，即酒吧的存在可以让住在客栈的游客在晚上有一个娱乐、放松、释放压力的地方，进而带动二次消费。此外，酒吧街的存在，使得袁家村的文化氛围更加浓厚了，时不时还可以在广场上举办篝火晚会，活动非常丰富多彩，这也大大丰富了袁家村的夜生活。”而且这对小夫妻在村上组织入股的时候都非常积极，他们说：“只要能入的股我们都入了，如小吃街、进城店我们都入了股，我们对袁家村事业的发展非常有信心，有钱不入到袁家村的项目中就是犯傻。关于未来的发展规划，我们俩都有在袁家村再开个店铺的打算，但是迫于人手不足和目前还没有比较好的项目，因此我们也是在等待机会。”

八、厚植底蕴，注入文化创意元素

（一）丰富文化内涵，打造文创一条街

自2012年起袁家村开始打造精品民宿和酒吧咖啡一条街，袁家村的旅游度假区项目不断地得到创新和完善。2013年袁家村又在文化创意上开创出新的业态，袁家村的文创项目以艺术长廊、书屋客栈、咖啡酒吧、创意工坊等新业态和文创青年、时尚达人参与投资经营为特征，增加和丰富了景区的经营项目和服务功能，进一步满足都市居民休闲度假和文化消费的需求，并吸纳周边更多农民就业和参与。据2017年的统计数据显示，这类新业态的占比达到43.6%，极大地丰富了袁家村的业态内容。通过个性化的创意，将传统与现代、民俗与时尚、乡村与都市的碰撞与融合进行展示，形成主题内涵丰富、文化特色鲜明的乡村景观。

袁家村的文创一条街是在2013年6月开始建设的，在招收第一批商

户时，袁家村的领导班子承诺不收取商户任何的租金和管理费用。当时这条文创一条街引进了葫芦绘画、平面设计、室内设计、石头画、花艺、陶器、民俗手工艺品制作这几家店铺，这些项目的引进和选择都是由村上专门指定的一名大学生管理者负责，在这名大学生筛选通过之后再由郭书记把关。在文化长廊的设计和改造上，都是由引进的这几家商户一同完成，袁家村并没有进行过多的干涉。在各商家的共同努力之下，2013 年 10 月正式开街。打造袁家村文创一条街的想法，是由郭书记提出来的，当时他的这个想法还相当前卫，因为其他旅游景区基本上都还没有将文创重视起来。据当时参与决策的亲历者们回忆，郭书记提出要打造这一条街的初衷是吸引更多有创造力、有能力、有想法的年轻人来袁家村发展，文创一条街就是让这些年轻人能有自己发挥能力地方。而且郭书记也看到，文创街的打造可以让袁家村满足更加多元的游客需求。文创商户的效益看似不高，但是却能够产生很大的影响，因为喜欢某文创产品的游客会成为袁家村忠实的客人。这类游客虽然不一定会直接购买文创产品，但是其来到袁家村之后就会产生非常多的间接消费。而且袁家村通过发展文创产品，可以冲淡其商业化氛围，营造出独有的文化氛围，进而更加增强旅游文化的独特性。因此，文创的注入，也是袁家村能够保持独特性，保持长久的竞争力的重要法宝。

袁家村文创业态

在艺术长廊的管理上，袁家村管理得相对比较松一些，很多事情都是由艺术长廊的店铺自己解决，村领导班子管理得比较多的就是街道和店铺的卫生情况。之所以给艺术长廊如此的待遇，一是，文化创意原本就需要一个比较自由舒适的环境，因此在创办艺术长廊的开始，袁家村就致力于为这些文创者们营造了非常自由宽松的环境。二是，文化创意与小吃、农家乐完全不同，其并不涉及食品安全方面的问题，因此村领导班子也没有必要对其进行过多的管控。三是，文化创意的产品很难去给其定价，艺术创作的价值很难用某一个标准去衡量，因此在物价上村领导班子也不便进行过多的干涉。因此从文创一条街的管理形式上看，文创街的管理还是相当民主。日常的卫生监督也都是由文创街的一家商户作为该街的街长来负责，村干部有什么事情也是直接找这名街长。只要各个商户按时地开门、保证卫生、做好游客的服务，村干部也很少会去干预文创街的正常运作。

虽然文创产品不是快销品，也很难上量，但是袁家村一直以来都非常支持和重视文创，只要有接待活动，村干部们都会非常积极地向来访者们介绍文创街的情况，对外宣传上也给予文创街非常大的支持。在经济支持方面，对于文创街的店铺，村上一直都是以免租的形式支持其发展，自从2013年开街以来，袁家村方面都没有向这些商户收取任何费用。不收取租金和给予非常宽松的经营环境并不代表对文创街商家的放任，在文创街仍旧保留着市场化淘汰竞争的法则。对于一些一直都不能盈利的商家，袁家村也会有相关的干预制度，对于这类商家，村领导班子会有专门的人与商户进行沟通，与商户一同查找原因，比如是顾客服务出了问题或者项目产品的选择出了问题，然后一同想办法解决。在采取了相应的应对措施之后，仍旧没有太大的变化，商家一般会自动退出袁家村的平台或者村上进行督促。因此，文创一条街也在不断地更换商户，现在坚持下来的也只有两家。其他商户的离开主要是由于随着网购的便利化，很多产品便失去了竞争力。如小陶人的店铺，在开业最初几年生意很好，但是之后其业绩慢慢下滑，主要是因为其产品在网上可以轻易地购买到。从总体上看，袁家村对于文化创意新业态的产业，执行的仍是放水养鱼，慢慢扶持，不断壮大其实力的策略。通过这十多年的发展，袁家村从基于关中特色小吃、发展关中民俗体验地，逐步形成以旅游业为主、多种业态相互融合共同发展的产业格局。

（二）文创街上的奋斗者

目前，在袁家村创业的文创工作者们，正是在袁家村这样宽松的环境之下得以发展、成长起来。下面介绍其中的两位。

1. 葫芦绘画的手艺人——余勇

葫芦在中国传统文化的理念中，蕴含着吉祥、平安、富贵等美好的寓意，它既是道教的法器，又是佛教的八宝之一，因此葫芦文化也相当丰富。对于余勇而言，作为一名葫芦手工画艺人，对葫芦文化研究得愈深，对葫芦手工艺的喜爱也愈加浓厚。现今40多岁的余勇，原先是一名中医从业者，他是在2010年才开始转行从事葫芦手工画制作的。2010年因生活需要，余勇回到乾县农村老家与父母一同生活。自小在农村长大的他非常喜欢乡村悠闲、安静的生活，因此也愿意留在乡村。回家后余勇发现父亲开始种起了葫芦，而且还在葫芦上进行绘画。从小就喜欢画画的余勇出于好奇，也跟随父亲画了起来。在最开始余勇也只是将葫芦绘画当成自己的一项爱好，但他发现葫芦绘画非常受欢迎，经常有朋友索要他的作品。于是，余勇便萌生了将葫芦绘画当成自己主业来赚钱的想法。

经过一段时间的摸索，2012年余勇开始正式转行，由于找不到合适的地方开设门面，他便时不时地到外边去摆地摊。当时袁家村的旅游事业也开始起步，生活在乾县的余勇在周末也时不时会到袁家村摆摊。每次去摆摊时，余勇的摊位都会吸引很多游客前来围观。余勇说："当时在袁家村负责文创招商的大学生陈嘎也对我的葫芦绘画很好奇，经过几次的交流之后，陈嘎邀请我到袁家村的文创街发展，当时正好需要一个门面，于是就答应了。"

来到文创街之后，余勇开始在店铺中创作，开业几年之后他也拥有了一些老客户。基本上每周都会有热爱葫芦绘画的游客来到他的店铺交流学习，面对这些游客余勇每次都会非常耐心地进行讲解。余勇说："在袁家村这几年的发展，对于袁家村免费支持我们进行文化创作的做法，我非常感激。而且在袁家村，村干部和村民们都很和善，我对袁家村也有了很强的认同感和归属感。因此每次有好奇的游客来参观的时候，我都会以袁家村主人的身份为游客讲解、介绍我的创作，而且还会顺带给游客介绍袁家村其他店铺。有的游客来了十多次都没有买东西，我也愿意和他们交流。为什么愿意这样做，首先是袁家村给我营造了比较宽松的经营环境，我不用每天都在想着房租的问题。而且，通过和这些喜欢葫芦的游客们交流，也是一个学习的过程，有助于提升我的制作工艺。我也认为跟游客用心地去交流、聊天，在这些过程中会提到袁家村很多的产品，这也是一种无形的宣传。袁家村给予我们这些商户这么多的优惠，实质上是间接地将实惠转让给了游客。因为没有租金和其他方面的管理成本，游客在店铺消费时，他们可以以非常低的价格买到自己想要的产品，这也有助于维护客户关系，店铺的回头客、熟客也会越来越多。拿我自身来打比方，因为没有门面租金的压力，我在售卖自己的作品时就可以比较灵活地去定价，而且我给顾客的价格有时比市面上同类产品的批发价还要低。在袁家村，我可以将葫芦绘画作为自己的一项爱好去做，可以让我去享受从事自己喜爱事情时的愉快感。因此，我觉得袁家村的文创产业能够发展起来，也是因为袁家村为文创从业者们承担了很多的前期成本，而且这也与袁家村立足于长远，以建设品牌和平台的发展战略息息相关。”

在袁家村发展这七年中，余勇的葫芦绘画文创项目也已经开始实现了盈利，而且在余勇的动员之下，余勇的表弟和堂弟也来到袁家村发展，一起从事葫芦绘画工作，现在余勇的葫芦文化店在袁家村已经开了三家。余勇这几年虽然逐渐实现了盈利，但收入也不算很多。目前的收入也只是和余勇出去工作的收入差不多，因此袁家村方面也还没有向余勇提出分成的要求。余勇说："我也不担心村上开始收钱，我觉得如果村上开始向文创项目收钱了，那就说明我挣的钱比以前多了，那是好事情。而且袁家村的平台都是大家共同打造出来的，大家共同维护它，利益也应当适当地共享。文创产品不是流水线上生产的产品，它不能批量生产，也不是暴利产品。我是以一种匠人的精神在做葫芦的绘画工作，从事创作的过程很辛苦，自己也因此有了职业病，但我觉得创作过程非常享受。"

在讨论自己与袁家村之间的关系时，余勇说："我虽然只是一名商户，但是我在袁家村创业的这几年已经融入到袁家村这个大集体当中来了。在人情往来方面，平常没事我都会去串串门。村上的红白事我都会去上礼，特别是哪家有办喜事的时候，我都会特意为村民创作一幅葫芦画作送给村民。在日常生活方面，村上还非常关心商户们的生活，特别是在身体健康方面，村里还会组织大家去运动，之前还特意请过瑜伽老师来给大家教课，最近又开始教大家学太极拳。袁家村具有非常强的容纳性，完全不会出现排外的情况。我觉得只要有能力，袁家村都会愿意吸纳，给机会让人才去发挥、去实践自己的新思路。我在袁家村发展的这几年也见证了许多起先只是来袁家村创业的年轻人，由于有能力、有想法而被袁家村纳入到管理层的例子。"

在日常的管理方面，袁家村虽然在店面的经营管理规则方面有着非常严格的规章制度，但是在这些底线原则之上，袁家村的管理层也给予街道很多的空间，人性化管理为主，硬性管理的形式非常少。而且在没有触及基本的管理原则的情况下，很多事情都是由街道内部自行开会商量解决的，袁家村的管理者并不会进行过多的干涉。而且余勇自己还被袁家村的管理者选定为文创街的街长，负责和村庄对接并监督、管理街道内部的事务。街长一职完全是一份义务工作，余勇说："虽然自己平常也很不喜欢去管理各种琐事，但是村上把咱选出来了，就是对咱的信任，咱就有义务把村上交代的事情做好，这也是为建设袁家村这个平台贡献一份力量嘛！"

2. 袁家村"如此"系列文创大学生——陈嘎

袁家村开始谋划发展文创板块的新业态后，吸引了许多具有想法、创意的大学生前来，陈嘎就是其中的一分子。他在毕业三年后，与大学同学带着文化创意类项目来到袁家村，结合当地特色给袁家村定制了文创产品，如手绘地图册、产品包装设计、手工制品等，找到了双方的契合点。2014 年 2 月他们的"如此手工"艺术小店顺利开业之后，成功地在袁家村陆续创建了"如此"系列小店。当时，带有袁家村特色的文创产品也广受游客的喜爱，得到游客们的认可后，同年 9 月他们又在艺术长廊开办了第二家小店"如此陶艺"，将这家店搭建成设计师的平台。如今，第三家"如此生活"又在祠堂街开业，主营手工布艺。在短短几年的发展中，"如此"创业团队由最初的 3 人发展到现在的 15 人。而且由于表现十分突出，陈嘎还被吸纳到袁家村的管理团队中，在袁家村文创项目的选择与把关方面陈嘎都是其中重要的参与者。在袁家村开始实施"进城出省"的战略时，陈嘎也成为袁家村对外团队输出的重要组成人员。当前，陈嘎就被袁家村下派到山西忻州古城的改造项目，在这个项目的设计与打造方面陈嘎都扮演着重要的角色。由此可见，袁家村在发展过程中，通过充分地发掘与吸纳各类人才为袁家村服务，进而推动了袁家村事业的不断发展。

九、筑巢引凤，吸引投资共建共享

为了让产业多样化发展、满足多种多样的社会消费需求，袁家村在立足自身资源发展多业态项目的情况下，还积极引进与自身理念相通的外来投资商，共同打造袁家村的平台。当前，袁家村通过吸引更多资本和人才进入，进而带来更多要素和资源，全面扩大、充实和提升袁家村关中印象体验地景区，形成了基础设施完备、服务功能齐全、各类人才聚集、第三产业发达的特色乡村。袁家村是既有田园风光又能享受时尚生活，既有现代气息又有乡愁情感，宜业宜居的特色小镇和美丽乡村，充分满足人们对高品质生活的向往和追求。在引进外来开发商方面，当前袁家村有三条街道是由外来投资商投资建设完成的，即回民街、祠堂街和书院街。这三条街道的开发合作模式基本一致，三条街道的土地都是由袁家村免费提供，建设由投资商负责，在街道运营收回成本之后袁家村无条件占有每条街道20%~25% 的收益。在街道的管理模式上，三条街道都要听从袁家村管理团队的统一指挥，在大方向上需要和袁家村统一步调，如为了保证食品安全，这些街道店铺所使用的原材料都需要通过村上购买，卫生要求也都要与袁家村的标准保持一致。

街道的日常经营管理方面，每条街道都由开发商自主建立的管理团队来管理，大部分情况下袁家村不会进行干涉。但是为了保证各个街道的食品安全，袁家村每个月都会对各街道的食品用料、卫生情况进行突击检查，在重要的节假日开始之前检查的频率会更高，如果发现原材料有问题，袁家村和各街道的具体管理者会对商户进行相应的惩罚。除了在食品安全和卫生的管理方面对这几个街道进行监督之外，各个街道所要引进的商家项目，袁家村都要审核，即各个街道在自主招商的同时还需要向袁家村的管理人员报备，袁家村管理者同意之后才可进驻。之所以要对进驻的商家进行管控，主要原因是袁家村一直保持的是一店一品的模式，为的就是防止由于重复、模仿而出现恶性竞争、扰乱市场的情况出现。对于袁家村这些方面的管控，这三个街道的开发商都表示认可，也在积极地配合袁家村各方面的工作。这些开发商都是在认可袁家村的发展理念、愿意遵循袁家村所制定的规则的前提下才被允许进驻到袁家村的。

回民街自入驻袁家村时，就签订了食品安全协议，服从袁家村的一系列食品安全的管理，要求商户保障店面卫生及环境卫生，及时清扫垃圾杂物，保证店内及环境卫生干净整洁，定时定点地对消毒设施进行检查，经营者还必须与公司签订食品安全责任书。郭占武说："食品安全管好'出'与管好'进'一样重要。"回民街主打的是回民小吃，回民街从西安回坊邀请 46 家优质商户进驻，袁家村的回民街基本上是西安回民街的翻版。袁家村之所以要引进回民小吃，主要是为了满足回民消费的需求，可以使袁家村真正地做到满足多方面需求。并且袁家村回民街的小吃与关中小吃一条街之间可以形成互补，不存在同质化竞争。回民街在 2015 年建成，这条街进驻的商户都是经营回民的小吃为主。经过几年的发展，在2019年回民街开发商已经收回前期的投资成本，并在2019年给袁家村分红将近100万元。

袁家村的祠堂街是在2015年10月1日正式开街的，这条街在建设之初的定位是打造寺庙文化，当前在该街道中已经建成了财神庙和袁家村祠堂。在小吃方面，祠堂街集中了全国范围内的各种特色美食。在规模上，祠堂街在这三条街道中占地面积最大，总共有祠堂东街、祠堂西街、祠堂北街、财神街和戏楼街。当前祠堂街中进驻的商户主要以全国各地的特色小吃和一些文化创意产品为主，据祠堂街的管理者介绍，祠堂街的饮食类商铺有60家，手工艺、文创店相加有60多家，除此之外还有4家精品民宿。在文化创意方面，祠堂街的管理者还聘请了非物质文化遗产传承人到祠堂街开设门面，增加多元的文化元素。在开发商与商户的合作方式上，2018年之前开发商主要是以入股分红的形式与各个商户进行合作。但在创业初期，商铺、商户更换的频率较快，导致开发商在2015至2018年这几年间都是处于亏损的状态。为了解决此问题，在2018年之后开发商开始转变与商户的合作形式，转为以开发商直接收取商户租金的形式为主，按地段来划分租金，现在的街道店铺年租金在2.2万至3万元之间不等。当前祠堂街的商户中只剩下一家腐竹加工作坊与开发商之间是以股份合作的形式成立合作社进行经营。

在对街道商户的管理上，祠堂街的管理是以开发商组建的专业团与袁家村的相关管理人员进行配合来联合管理街道的事务。其中开发商所组建的管理团队主要负责街道日常事务的管理，如街道的卫生、食品安全检查以及日常的维修等事务。而袁家村的管理团队，主要承担每个月以及节假日之前的联合突击检查，在街道管理中主要起到外部监督、督导的作用。此外，在有上级部门检查或者一些大型活动需要街道参与的情况下，袁家村管理团队都会召集街道管理团队开会讨论。据祠堂街管理团队的负责人介绍，祠堂街开发商对袁家村的管理理念也非常认同。因此袁家村组织的活动，他们都会积极地配合，街道与村庄管理团队之间的沟通成本也相对较低。由于对袁家村管理理念有着高度认同，在制定规章制度时，祠堂街也是在不违背袁家村在关于食品安全、旅游服务、项目引进等方面原则的基础上制定自身的管理制度。因此，从整体而言，虽然祠堂街是通过引进外来投资商开发的街道，但在具体的运营过程中仍旧处于袁家村领导班子的可控范围，并且街道与村庄之间形成了良性的互动状态。

除了回民街和祠堂街之外，袁家村的书院街也是由外来投资商开发并由开发商团队自主管理的街道。袁家村的书院街在2016年5月正式开街，街道的全部建筑是在2016年年底完工的。该条街道是由西安的房地产开发公司投资建成，在建设书院街之前，该公司在2012年便开始与袁家村有相关项目的合作，二者间的认可度与信任度较高。书院街与袁家村的合作模式，也是以开发商免费使用袁家村的土地进行开发，在成本收回之后，袁家村可以在街道的营收中收取25%的提成。书院街的房屋设计和建设要求相对较高，整条街道主要是以打造关中老街的风格为主，青石板、蓝砖、蓝瓦，总投资达4000多万元。其发展的定位是以文化创意、快销品为主，为了避免与袁家村主体的小吃项目的同质性，书院街也在不断地减少餐饮项目的引进。在50多家商户中，有关食品项目的只有15家左右，除了7家酒吧之外，其他商户都与文化相关。而且为了支持与文化创意相关的项目发展，书院街对这些商户采取了多种形式的扶持，主要做法有两种形式：其一是减少租金，在正常情况下书院街23平方米的房屋租金是每年6万元，而为了支持文创店的发展，其将租金下降到3万元一年；第二种形式为，前期直接给这些商户免租金，待其实现盈利之后，街道再收取一定的提成。通过这几年的经营打造，目前书院街已经有魁星阁、悟本堂、两碗茶、中国非物质文化博物馆、关中民俗体验馆、范华艺术博物馆等具有很强文化特色的项目。

书院街当前的管理团队由五人组成，团队精练，除一名总经理统管全局外，其余四人分别管理食品安全检查、街道卫生管理、日常运营和招商。书院街的运营管理理念和方式很大程度上借鉴了袁家村的经验，这主要体现在对商户管理中的制度化与人情化操作双管齐下的管理模式、对食品安全的严控以及对游客服务的重视。具体有下述三个方面：①在商户管理方面，书院街有成文的规章制度，并且一直都得到严格的执行。这些制度的制定都是通过与各个商户充分交流，了解了各商户具体情况后做出的决定。据书院街的总经理介绍，在书院街的日常管理中，他都会私下与各商户去交流，听取商户的意见，之后才一点点地去改进和完善书院街的管理制度。②在食品安全方面，虽然只有十多家与食品相关的商户，但是其仍专门安排了一名员工抓食品安全问题，可见其重视程度。书院街的具体做法是，先从食品原料处把关。在原料的使用上，要求商户无条件地使用袁家村生产的产品。尤其是油的使用，标准要和袁家村一致，使用四五次之后就要统一倒在一个回收桶中，之后由袁家村管理人员统一回收。店铺所使用的原料为袁家村所不能提供的产品时，在原料的选择上要由书院街的具体负责人与袁家村的相关管理人员进行联合把关，要求商户购买的原料有国家认可的质检报告，每次进货都要有正规的发货单。在把关原料的选择后，每个周二书院街都会对各商户生产用料进行检查，而且为了防止疏漏，每次检查都要求最少有三人参加。检查过程也非常细致，每次查看都会要求商户提供质检报告，并用质检报告去核对店铺的产品。除了书院街自身的检查外，袁家村方面还会组织一月一次的大检查，届时要求各个街道的管理者和村干部一同参加，共同完成对街道食品安全、卫生的检查。在检查过程中，如果发现有商户作假，就会将原料没收，第一次直接要求商户停业整顿三个月，再次发现会直接清退该商户。此外，书院街还明确要求各个商家生产的产品都要标有生产日期和保质期，不允许商户欺瞒游客。③在游客服务方面，书院街也秉持“服务游客第一”的理念，对于顾客的建议和投诉，街道都会非常重视。特别是在收到游客的投诉时，街道会很快找到店家查问原因，并与商户一同商量解决。比如有的游客在选择购买某个商品后，发现商品有瑕疵而要求退换货时，街道会要求商家无条件允许游客再次挑选。

当前书院街之所以如此认真地遵守袁家村的管理要求，其中最重要的原因是，开发商对袁家村发展理念的高度认同。通过介绍书院街开发商邓总在袁家村的发展历程，可以理清其中的缘由。

自 2007 年起袁家村从打造农家乐、关中民俗的小作坊起步做乡村旅游，经过一点点的积累，为顺应市场消费的需求，袁家村扩展了小吃街、民宿、文创、农业观光园等项目。在这些项目的不断扩展中，袁家村的乡村旅游项目、袁家村的品牌也得以打响。在袁家村的乡村旅游事业不断发展的过程中，前来寻求与袁家村合作的外来资本也越来越多。从资金实力上看，袁家村自身完全有能力去扩展各类项目，进而实现更多的自主开发。但从袁家村当前的发展现状上看，袁家村吸收了大量的外来投资商来共同打造袁家村。袁家村为何采取此策略，村领导干部认为，引进合适的外来投资商去开发一些项目，袁家村可以利用这些投资商的理念和经营实力去打造更大、更好、更强的袁家村平台；此外，将一些项目外包出去由承包商建设、运营和管理，也是节省袁家村自身人力资源和团队人员精力的一种选择。因为就袁家村当时的状况而言，村庄原本的住户只有 62 户，找到合适的管理人才非常困难。如果要让袁家村的平台可以不断地、持续地发展，吸引外来投资商共同建设是必然之举。但在选择外来资本来对袁家村进行开发时，袁家村方面也有着非常明确的标准，其中最重要的是外来的投资商能够认同袁家村的发展理念，并且能够真正地落到实处。在选择外来开发商时，袁家村都会对其进行长期的考察，而且是在不断合作中一点点地建立信任关系。以袁家村当前由外来开发商建设的三条街道为例，可以看到袁家村在选择投资商方面的慎重。

此处主要介绍书院街开发商与袁家村之间的合作渊源。

袁家村书院街的开发商邓总是西安市人，现在已经 60 多岁了。邓总原本是西安市碑林区的乡镇企业负责人，后来自行下海创业，与同济大学建筑系毕业的好友郑总一同合作搞房地产投资有 30 多年的时间了。邓总在 2012 年来到袁家村旅游时被袁家村的乡村氛围和仿古建筑所吸引，在 2012 年他便用 250 万元在袁家村买下了一座院子。邓总本人非常认可袁家村走共同富裕道路的方式，并且对保障食品安全的理念也非常认可，因此他很快就与袁家村的郭书记成为很好的朋友。由于他个人非常热爱美术，为了支持一些美术学院的学生进行创作，他便将此座院子改建成大唐昭陵美术馆，向各大院校的美术生免费开放，报销学生们的差旅费并免费提供食宿。邓总意在让学生们在此院落中创作，并将作品放在院落中展示售卖，售卖的收入全归学生所有，也相当于做公益了。在 2012 年到 2013 年下半年期间，该美术馆就接收了四五十名学生。在一年多的时间里学生们的画挂满了美术馆的每一个角落，但是销售的情况并不是很好，有很多都卖不出去。因此，该项目在 2013 年下半年停止。

在开发了美术馆项目之后，邓总和郑总投入了 1000 多万元，在袁家村建了 10 个四合院。当初建这些院子的初衷并不是为了开酒店挣钱，而是为了打造一个艺术实践基地。当时邓总与西安国画学院的院长合作打造了“范桦艺术馆”，以此来营造袁家村的艺术氛围，补上袁家村缺乏艺术气息的短板。邓总一直担心袁家村变了味道，因此他也在尽力去打造心目中的袁家村，邓总曾说：“如果袁家村出现了非常大的变革，我宁愿一把火把它毁掉。”可见邓总一个外来的开发商对袁家村的热爱。

郭书记看到邓总如此热爱袁家村，因此在规划进一步扩大袁家村的街道时，想到了将书院街部分交由邓总和郑总去开发。2015 年书院街开始动工建设，为了营造一种文化、艺术氛围，占地 30 多亩的街道建设总共投资了 4000 多万元。街道房屋都是仿照关中老街的风格建造，街道的地板都是青石板，整个街道具有很强的文化艺术气息。在建设书院街的过程中，袁家村的郭书记和开发商邓总、郑总都亲自参与，每一间房子的宽度和高度、房子之间的前后距离、绿化、街道的宽度等细节设计，都是由他们共同在现场完成，并监督建设的。在如此的精心设计和打造下，书院街很快就成为袁家村重要的文化景点之一，有许多游客到袁家村来游玩时都会不自觉地到书院街去拍照留念。

在街道经营管理上，书院街的开发商基本上是无条件地接受了袁家村的管理规则，邓总甚至对其下属说："我们不在的时候，郭书记就是你们的老总。"因此，由于开发商对于袁家村方面的充分信任，在后期的运营管理上街道的自主管理与袁家村的原有管理模式可以很好地对接融合，大大降低了对接成本。由此可见，袁家村在发展过程中一直都是立足于自身的发展理念，并以此为准则去选择与自身理念相契合的开发商进行合作，进而避免了由于开发商与村庄要求不一致，而导致村庄失去对街道实际控制而影响到袁家村长远发展的问题。打造好自身便相当于筑好巢，而在选择招引哪一种类型的"凤凰"进驻时，袁家村充分发挥了自身的主体性，主动地利用社会资本为袁家村的发展助力，这也是袁家村能够不断突破、实现长期稳定发展的重要优势条件。

第七章

砥砺前行：袁家村的“进城”与“出省”

一、袁家村的“进城”模式

（一）袁家村“进城店”的发展历程

袁家村从2007年开始打造乡村旅游，经历了从单一的农村小吃服务到多元的综合产业形态，目前已经形成了集小吃、文创、民宿、酒吧、民俗、历史、文化等多元主题下的产业形态聚集的乡村旅游综合体，它可以从不同方面、多个角度满足各个年龄阶段、各种文化层次、不同消费档次的游客群体的需求，名副其实打造出了独具特色的关中印象体验地，也成为了中国乡村振兴发展的典型榜样。在袁家村大步向前、奋力发展的同时，郭占武书记不仅带领着民众在乡村旅游的过程中大放异彩，更是把眼光投向了袁家村以外的地方。近几年来，随着多元化产业的发展与新型化业态的提出，袁家村逐渐明确了向城市进军与向省外探索的新的方向，“进城”与“出省”模式发展迅速且成绩斐然。

在袁家村的产业转型与发展创新上，一方面，袁家村积极向周边城市打造城市小吃体验店，让城市市民品尝到纯正原味的农村食品。几年时间里，共有13家进城店在西安开业，1家进城店在咸阳开业，1家进城店在宝鸡开业。另一方面，袁家村不断与省外大型公司和政府单位合作，打造了多个各具特色的省外袁家村旅游项目，青海、河南、山西、浙江、海南等项目先后建成并运营。

袁家村进城店是在2015年初由郭占武书记构思并提出，由村民全体共同参与，在城市中建设、集资、招商、管理、运营的一种村庄产业发展新形态，它旨在将袁家村的小吃文化推向城市，让更多城里人不用到袁家村也能体验到真正的袁家村美食。在不断发展与创新中，袁家村已经有了十几家进城店在周围的城市开业运营，同时创造了农民进城谋发展的新形式与新路子，带动了数量庞大的农民群众与城市下岗职工再就业，也为袁家村经济发展注入了更强的动力。

以下是袁家村进城店的发展历程。

2015年8月8日，袁家村西安曲江银泰店开业，“袁家村进城”一炮打响。2016年初，郭占武书记趁势提出袁家村“走出去”战略，希望未来能有更多的进城店落户西安等周边城市。2016年10月28日袁家村城市体验店西安小寨赛格店开业。2017年1月1日袁家村咸阳正兴广场店开业，随后7月28日袁家村西安胡家庙万和城店开业，9月30日袁家村西安浐灞砂之船奥莱店开业。2018年6月28日袁家村西安盛龙店开业，10月1日袁家村西安凤城八路卜蜂莲花店开业，10月18日袁家村西安凤城一路社区店开业，10月28日袁家村西安高新卜蜂莲花店开业，12月6日袁家村西安康复路亿象城店开业，12月20日袁家村西安泾河新城万国荟奥特莱斯店开业。2019年1月20日袁家村西安骡马市店开业，3月27日袁家村西安民乐园城市店开业，5月26日袁家村西安万象汇高新店开业，7月26日宝鸡市袁家村星钻国际店开业。

袁家村城市体验店

以上众多的袁家村进城店，在发展中共同形成了袁家村进城店的营销品牌，也营造出了辉煌的销售成绩。其中最典型的无疑是袁家村第一家进城店西安曲江银泰店以及目前经营发展最好的袁家村西安小寨城市体验店，它们凝结了袁家村人进城发展的心血与精力，也造就了袁家村城市经营的良好模式，为村庄发展增添了一份更加靓丽的色彩。

（二）小寨城市体验店的城市经营

下面就以袁家村的小寨城市体验店为例，具体说明袁家村如何将村庄本土理念与城市发展相契合，将更多的创新思路运用到城市店的发展当中，同时展示袁家村进城店的运营模式与管理特点，对进城店的经营思路与核心理念进行大致介绍。

袁家村小寨城市体验店，是目前袁家村进城店中经营规模最大、经营状况最好的一家。在 2015 年 1 月由郭书记提出，2 月资金融入、成立公司，3 月确定位置、选择店面，4 月装饰店面、打造风格，5 月整体改造、准备开业，在此期间同步进行招商入驻与产品选择，并且完成员工的招聘与选任工作，最终在 8 月 8 日正式开业。

目前小寨店拥有多个陕西特色小吃品种，招聘员工 60 余人，聘任店长 1 人，副店长 2 人。店长和部分商户为袁家村本村居民。小寨店和众多其他的进城店一样，在财务管理、经营管理、食品把控、人员调动等多个方面由袁家村西安进城店总公司袁家村餐饮管理有限公司管理与控制，同样小寨店在总体的运营方向上也由袁家村本村的关中印象体验旅游有限公司指导与监督。

2015 年初，郭书记提出了向外发展袁家村的想法与思考，认为在西安开一家以袁家村的关中印象体验地为主的本地小吃店可以有效拓展本村的产业形态，也可以很好地宣传袁家村的旅游发展。因为当时袁家村旅游已经形成了一定的品牌效应，西安市很多居民都十分认同袁家村的美食与小吃，所以当袁家村将第一家进城店开到了曲江银泰城的时候，就得到了很好的市场回应和销售反馈，许多小吃品种和饮食种类都受到了城里人的欢迎和赞赏。同时，小寨进城店的巨大成功使得袁家村更加坚定了进城发展的理念和模式。其实，在刚开始的时候，袁家村进城店也没有预料到今日的发展状况，更没有想到会取得这么大的销量。当时进城店主要考虑的是如何在城市立足，如何保证进城店不会赔钱，在进城店的发展中怎样有效地带动更多的农民在城市就业，解决大量农民的实际问题。

当然，目前看来，袁家村进城店不仅很好地解决了立足城市，保证本金并且持续盈利的问题，而且积极地带动袁家村的农民进城投资，解决了周边一些农民的就业问题，极大地提升了村庄以农产品为核心的食品加工业的发展水平。

其实，袁家村进城店不断发展与壮大的背后有着深层次的原因，这与其独特的经营方式和管理理念以及发展目标有着直接的关系。具体体现在三个方面，即袁家村进城店的主打业态仍然是民俗小吃；在经营过程中，核心理念是食品安全；在食品营销中，低价销售、依靠数量是其本质。

袁家村城市店一隅

袁家村的民俗小吃一直是其生存和发展的核心产业板块，以陕西民俗风味小吃为主要饮食产品是袁家村不变的方向。袁家村的小寨城市店有几十种西安周边的特色小吃，这些小吃集中体现着关中一带的饮食文化和生活方式，来这里品尝食物的顾客可以集中体验到几乎所有的关中小吃，同一时间满足顾客对于美食的想象和憧憬。凉皮、肉夹馍、驴蹄子面、酱猪蹄、卤牛肉、坨坨馍、油饼、羊血粉丝汤、豆腐蘸辣子、豆花泡馍等著名的美食在这里都可以体验。

食品安全方面，袁家村小寨进城店用尽一切方法保证食品的质量与安全，最大程度地做到了让顾客放心。

第一，在食物原料上，主要的面粉、醋、辣子、油、豆腐等从袁家村里的作坊进货，保证主要的食材是在自己村中生产与加工，剩下村中不能提供的蔬菜和肉类在西安指定地点采购，每天采购过程中，店长必须亲自监督，保证食材从源头上的安全与放心。

第二，在食物加工的味道处理上，尽量保证食品的原汁原味，能不添加食品添加剂就不加，并且不添加增色、增味、增筋的添加剂。同时每一家进城店明确禁止在食物加工中加一些有化学成分的添加剂，不允许加香精及化学辅助品。如其他商家做馒头用发酵粉发酵，而袁家村用酵头引，虽然不够蓬松，但是口感好，十分健康，无添加剂。在小寨进城店的经营中，曾经有一个卖米线的商户为了让米线看起来更好一些，向里面添加了一些含有化学成分的添加剂，第二天在食物检查中被店长发现，当场取消了这家商户的经营资格，可见袁家村小寨店对于食品安全的高度重视。小寨店店长郭某曾经讲到："我们身处小寨商场美食体验街的中间区域，我们周围会有很多来自全国各地的特色美食，他们在口感味道上、店面风格上可能比我们更好，但是我想我们的食品安全一定是第一。我们不去和大家比味道，我们比的是健康，比的是安全。"

第三，在食品加工的工艺上，袁家村进城店保证了农村传统手工艺方式不变，不断加入一些现代化的加工方法，目的是让食物最大程度上展现它的营养和价值。"在家里怎么做饭的，我们就怎么做，我们最大程度保持农家食物的味道。"比如做一碗油泼面，袁家村的油泼面从面的本身操作就有很多工艺要求，每和一碗面，用多少水、多少面、等待的时间、放置的温度都有严格和精细的量化标准。还有西红柿鸡蛋面中西红柿鸡蛋按一比一的比例，每次都要过秤量取。骨头汤为 7.5 公斤骨头一桶水的比例，不能加入过多的水而破坏骨头的味道。这些都有严格的量化标准，这些标准来自经验总结，是在长时间的尝试与实践中提炼出的最佳比例，并且在多数人认可下加以固定化。

第四，在食物的处理上，为了保证食品的新鲜和品质，袁家村小寨进城店采用了成本较高的处理方式，那就是食物不新鲜时全部倒掉，切碎的、拿过的、放过调料的食物不能用时全部扔掉，炒过的食材不隔夜，坚决不能在第二天用，只要是加工过的食物一律不允许留到第二天，每一天都采用新鲜的原料来进行食品加工。同时在食物的保存中，店长要求所有商户生熟分开，不能放在一起，因为怕细菌滋生。袁家村小寨进城店作为一个袁家村农民产业发展的新形态，并且身处快节奏、商业竞争激烈、更迭速度很快的小寨商圈，能够保持原有农村朴素的食物经营方式，并且持续将食品安全的理念有力地贯彻并严格地实践在食物生产、加工与销售中，十分不易。

小寨进城店在郭书记的指导下，不仅开启了农民创业，同时思考以何种方式捍卫食品安全，将食品安全理念很好地融入产业发展中，这在整个小寨商业圈都是难能可贵，且令人赞叹的。从原材料到食物制作再到餐桌服务直到剩菜剩饭回收处理，都体现着袁家村那句“农民捍卫食品安全”的口号。这句口号绝不是一句简单的空话，而是袁家村进城店的管理者、商户和服务员的责任和良心。他们不仅将这句理念牢记心中，更是将这简单的理念付诸实践，不断践行着心中的信念，切实做到让游客满意，让顾客放心。

（三）小寨城市体验店的城市服务

袁家村的小寨进城体验店作为整个袁家村进城店的重要组成部分，它的每一个变化或者创新都体现着整个袁家村进城店发展的最新方向，深刻地表达着袁家村进城店的最新成果。目前小寨店的最新发展突破点在于在保证食品安全的基础上，着力提高整个店内的服务水平。目前大部分来小寨店吃饭的顾客对这里的评价是“饭菜很干净，吃得很放心，小吃种类很多，能够一次性满足需求”。但是袁家村的管理层发现，很多人在这里吃饭，留给他们最为深刻印象的就是食物的味道和食物的品质，很多顾客匆匆地吃完小吃，顺便带点农副产品回去，停留时间几乎不超过 40 分钟，大家只是来这里吃饭，并不会把这里当成一个休闲聊天、娱乐消遣、文化体验的地方，这便是大多顾客在这里体验的真实写照。为了让顾客多停留一会，让大家感受多一些的其他服务，小寨进城店在 2018 年提出了重点打造餐饮服务理念，着力提升服务水平，喊出了“不仅留住食客的胃，更要留住他们的心”的口号。在这样的理念的指引下，小寨进城店从店长、副店长到商户再到服务人员，共同学习现代服务理念，提升服务质量，店长更是身体力行地将农村人的热情和质朴融入到了服务的过程中，带领着全体员工共同提高服务水平。

为了提高服务水平、服务质量，袁家村小寨进城店在以下方面进行了重点建设。

第一，在服务人员的选择上，年轻的和文化程度较高的服务员成为当前和未来招聘的重点人选。之前小寨店，主要是选用60岁左右、有闲暇时间的大妈们作为服务人员的主力军，但是她们往往缺乏服务意识，也没有有效的沟通技巧，与客人的互动中较为生硬，除了干好本职范围的工作，很难让顾客体验到热情大方的服务感受。而当前小寨店计划在未来招聘更多的年龄在35周岁以下的大专学历为主的服务人员，他们受过一定的教育，思想较为开放，与人沟通较为机灵，能让顾客感受到很自然的服务过程，不至于想着吃完饭就离开。当然袁家村招聘年轻的、文化程度较高的服务员需要支付更多的工资，每个月的开销更是增加不少，但是为了在小寨商圈更好地发展，袁家村餐饮管理有限公司直接下发了一笔服务款项用于保障服务人员的工资，袁家村这次是下定决心将服务水平提升至新的高度。

第二，在服务内容和服务形式上，袁家村重点打造以顾客为中心的多元服务内容以及以农家文化为主的朴素热情的服务方式。在每个星期一早上，小寨店的店长都会召集所有商户和店员开会，共同商量如何提高服务的质量与满足不同顾客的服务需求。大家会共同讨论平时遇到的服务问题和好的解决方法，相互建议，形成系统化和制度化的服务要点，在今后以固定的标准和形式来约束服务人员。同时在服务方式上，小寨进城店的员工被要求采用农村传统的朴素热情式的服务方法，让顾客在这里感到自然、感到舒适。同时店长要求各个商户不能大声叫卖，更不能相互拉客，要保持商家之间良好的竞争与合作关系，让顾客感受到最舒服、最适宜的就餐环境。同时如果顾客对食物提出意见，每个商户都有责任进行解释并疏导顾客情绪。总之，袁家村通过最细致的服务内容与最热情的服务方式，使得来这里用餐的顾客感受到袁家村人的那份乡情，体会出袁家村人对顾客的一份用心，在质朴和热情的服务之间，在浓烈且大方的情感之中，更多的顾客一定会爱上这里，将自己的心也放在这里。

小寨商圈地处西安市时尚与繁华的都市生活圈内，许多大学生和年轻人都会在周末休息之际选择到这里体验美食、休闲逛街、娱乐聊天，所以自带流量的小寨为袁家村进城店增添了经济增长动力。同时在鳞次栉比的大厦高楼中，在充斥着现代化元素的市场环境中，袁家村作为传统农村小吃的重点汇集地，体现着农村人对食品安全的执着追求，更表达着农村人将最好的农产品展示给城里人的那份自信。相信在今后的发展中，袁家村会以更高的标准、更严格的姿态将捍卫食品安全和提升服务水平的理念贯彻下去，让更多人感受到袁家村作为一个土生土长的关中文化餐饮加工品牌，在成长、发展到成熟阶段中的那份坚韧与质朴、顽强与乐观的精神。相信在不久的未来，袁家村的进城店将越来越多地开在陕西省的许多城市中，甚至走出陕西，开在省外的各大城市。更或许在郭书记与所有村民的努力下，袁家村进城店终有一日将在北上广深等我国一线城市落地开花。到了那时袁家村将不仅能够将自己的饮食产业发展扩大，而且能够实现更多新型产业的协同发展，同时不光能够实现本村的经济发展和产业的持续向前，更加会在发展中带动更多农村组织和城市力量乘着袁家村的经济快车实现共同富裕。

二、袁家村的“出省”模式

袁家村成功打造了“关中印象体验地”品牌，传播了关中传统文化内核，成为陕西省乃至全国的乡村旅游典范，烙印在每个去过袁家村的人的心中。有着坚实品牌形象的袁家村于 2017 年 10 月全面开启袁家村“出省”战略项目，将袁家村独到的经营理念、特殊的商业模式、较强的品牌形象以及深刻的产业价值推向省外、走向全国，提升在全国游客中的知名度，塑造在全国旅游项目中的良好形象。最终达到一种效应，那就是只要人们一提到乡村旅游，首先想到的就是袁家村。

2014 年，袁家村首先在青海省打造了第一个省外旅游合作项目，将袁家村本村的经营模式与商业要素逐渐向外输出，成功建设了青海省的“河湟印象 · 袁家村”旅游小镇。在 2019 年初，袁家村又与山西省忻州市地方政府合作，在 2019 年 7 月 1 日，山西“忻州古城 · 袁家村”旅游项目顺利开业。同时在 2019 年的春天，袁家村与河南省新乡市开发商合作，建立开发一个全新的文化体验小镇，在 2019 年 9 月 28 日，位于河南省新乡市获嘉县亢村镇府庄村的“同盟古镇 · 袁家村”正式营业。至此，袁家村的出省项目和进城项目与本村的关中印象体验地交相辉映，共同构成了立足乡村、推向城市、走向全国的袁家村品牌布局，同时袁家村在发展与壮大过程中将对全国各地的乡村旅游、特色小镇、田园综合体、农民增收、精准扶贫以及乡村振兴产生积极影响，发挥示范作用。在这当中袁家村出省项目实现了多地齐发展、相互谋促进、共同求进步的良好局面。

下面就以袁家村最新的出省项目袁家村同盟古镇为例，叙述袁家村在出省项目的产生与发展中，本村力量是怎么谋划与执行的，袁家村又是怎么样将自己的经营理念与当地结合，走出一条合理的出省旅游之路的；同时在这个过程中，袁家村遭遇的最大困难是什么，又是怎样克服的，未来袁家村出省项目的发展方向在哪里？

习近平总书记在党的十九大报告中强调，中国特色社会主义进入新时代，我国社会主要矛盾已经转化为人民日益增长的美好生活需要和不平衡不充分的发展之间的矛盾。从“物质文化需要”到“美好生活需要”，从“落后的社会生产”到“不平衡不充分的发展”，这其中文化起着至关重要的作用。习近平总书记在党的十九大报告中对文化作用的描述，吹响了中国文旅新时代的号角，开启了中国文旅新时代的新征程。2018 年中国旅游总收入 5.97 万亿元，对 GDP 综合贡献 9.94 万亿元，约占 GDP 的 11%，旅游行业连续五年保持 15% 的增长速度。《中国旅游消费大数据报告2018》数据显示，西部地区出游力指数与东部地区差距有所缩小，2018 年全国城市居民出游力指数排名前十位的城市依次是上海、北京、南京、武汉、杭州、苏州、广州、成都、深圳、郑州。而郑州市场相对于长三角、珠三角、环京等地区，优质旅游产品稀缺。

袁家村同盟古镇的项目负责人王红伟告诉我们，袁家村正是抓住了郑州当地旅游资源稀缺的弱点，尤其是乡村旅游较为缺少，因此郭书记与袁家村的领导班子等人基于袁家村的经营模式，挖掘当地的优质文化、历史资源，将郑州当地的旅游资源与袁家村的旅游经营思路相结合，打造出一个“省外版的陕西袁家村”。

“同盟古镇 · 袁家村”由香港福通控股集团、泰禾集团联手袁家村共同打造，涵盖民俗非遗、特色美食、休闲娱乐、文化创意、民宿客栈等九大业态，以打造河南文旅产业新名片为目标，融合中原文化内核与袁家村独特的运营理念。同盟古镇提取陕西袁家村核心运营理念，取自袁家村，高于袁家村，形成中原小镇的独有运营模式。以新村民为核心，以食品安全产业链为基石，将中原民俗、建筑、美食、时尚新业态融入其中，营造家常生活场景，致力于营造一座中原人的理想老家，让每一个走进古镇的游客融入一场慢生活的体验之旅。

同盟古镇位于河南省新乡市获嘉县，其乡村旅游项目是 2017 年河南省第一批 A 类重点建设项目，占地约 2000 亩，开发规模约 40 万平方米，项目总投资50亿元。该项目以同盟文化为基础、以中原文化为依托，立足大郑州都市圈，辐射河南省200公里半径、5000万人口，力争打造中原首个“以袁家村为蓝本，以吃住行娱购游为核心要素，以获嘉全域旅游为延伸”的休闲度假目的地。同盟古镇在地理位置上靠近郑州大都市圈，距离郑州20公里、距离焦作30公里、距离新乡25公里、距离开封60公里。同时郑州市区内只需要驾车30分钟便可到达同盟古镇核心景区。同盟古镇交通十分便利，周围交通网十分发达，遍布着“五纵”“四横”“一轻轨”。“五纵”指的是郑云高速、中州大道、龙凤大道、东三环、京港澳高速等交通线环绕；“四横”指的是原焦高速、长江大道、黄河大道、北四环等交通要道；“一轻轨”是指龙凤大道连接郑州市区到平原新区的城市轻轨线路。同盟古镇不仅交通便利，环线云集，而且拥有完美配套设施，周边的医疗、教育、商业街区、公园等十分密集。在医疗方面，同盟古镇距河南省人民医院、平原新区医院较近，医疗资源发达。教育方面，郑州外国语学院平原新区校区距离同盟古镇只有20分钟车程。同盟古镇附近的商业街区配套多元，王府井奥特莱斯、恒大悦天下、威尼斯商业中心互为促进。除了这些资源以外，同盟古镇作为文化历史的主要集合旅游区域，附近的公园带来了湖光山色的美丽风景，300亩滨湖中央公园不仅可以使人体验中原文化，更可以在美丽的湖水旁休憩度假。同盟古镇附近开发的住宅项目较多，如泰禾中州院子、思念康养小镇、华夏幸福孔雀城、碧源瑞园、正弘地产等，增加了聚集效应。

在建设同盟古镇的过程中，袁家村人投入了极大的资金力量，耗费了巨大的时间精力，项目的各个建设阶段袁家村人全部参与，几乎经历了同盟古镇发展的前前后后。可以说，作为河南版的陕西袁家村，它丝毫不亚于原版陕西袁家村的规模和品质。在打造“同盟古镇·袁家村”的过程中，项目的启动阶段、策划阶段、执行阶段、监控阶段、反馈阶段、评估阶段、总结阶段的各个环节的问题都是由袁家村的外派经理王红伟负责解决。下面我们跟着王红伟的解说和描述，来了解“同盟古镇·袁家村”的经营理念和管理方式。

“每一个项目都有不同于其他项目的特点及合作形式，我们应该结合当地特色，在不改变袁家村经营理念的同时，最大化地保留当地的历史文化和开发当地的旅游资源。”这是袁家村省外项目的负责人反复对建设团队讲的一句话。郑州同盟古镇项目的建设依赖当地丰富的历史文化资源，立足于当地的旅游特色，结合袁家村的经营思路与管理方式，展开对中原文化氛围下乡村特色旅游的建设和经营。目前同盟古镇有着各个方面的产业板块。①民俗主街：拥有作坊、小吃街、农家小院、民俗零售及体验、戏楼、书院、祠堂、儿童非动力乐园、草坪礼堂等。②休闲水街：拥有咖啡厅、茶馆、露天麻将馆、酒吧、文化创意、休闲体验、精品客栈等。③最纯粹的中原古建筑：异地迁建和原比例复建100多栋明清古建筑、282套古民居。④最地道的老家味道：拥有50余种河南小吃，全部自营，以延津火烧、博爱丸子汤、长垣鸡蛋灌油条、郏县饸饹面等为核心。⑤最怀念的老手艺：拥有10个传统古法作坊，具体有菜籽油、辣椒、石磨面、醋、豆腐、腐竹、粉条、酸奶、醪糟、酒作坊。⑥最美好的老记忆：拥有老茶馆、小酒馆、修鞋匠、剃头匠、露天电影等。⑦最具中原特色的民俗文化：拥有大戏台、宝丰民间魔术、新野猴戏、东北庄民间杂技、马街说书等。⑧最时尚的房子：具有酒吧、咖啡、文创、美学集合店等。⑨生态儿童乐园：具有树屋、秋千、蹦床，无动力设备等。⑩生态农业休闲农业区：拥有采摘、观光、体验、小动物喂养等体验项目。⑪最舒服的住宿体验：有精品客栈、四合院民宿、北京大兴小院民宿、姥姥家小院民宿。

在项目建设初期，王红伟不断找寻当地的文化资源，亲自带领团队跑到乡村各处，挖掘当地的民俗、历史资源，找到可以被项目所使用的文化资源。同时结合当地的历史文化优势，领略当地的文化特色，学习和了解有关中原文明的故事，历经半年，最终形成了项目的旅游定位——中原历史文明下的乡村旅游。同时在确定旅游定位，探寻文化资源的同时，王红伟和团队也在积极寻找能为同盟古镇所吸引的特色小吃商户以及农村手工艺人和民俗文化的表演者，为今后的招商入户工作做好充分的准备。在项目运转的思路上，同盟古镇项目采用了多方合作的模式。在资金投入与项目管理上采用郑州当地的开发商与袁家村本村合作的形式，在具体经营上采用了各个商户和同盟古镇运营集团的合作形式。郑州当地的开发商与袁家村本村合作的具体形式如下：当地开发商首先将土地征收完成，袁家村派团队进驻考察，双方互相了解，提出意见。等到郑州开发商与袁家村共同协商之后，双方同意一致行动，采用合作的形式推进建设。在资金注入上，袁家村占股51%，当地几家大型公司共占股49%，双方共同成立并注册公司，袁家村前期投入资产金额400万元。在项目管理上，袁家村具有指导和解释的优先权，同盟古镇的建设和发展要依据袁家村的经营思路和核心理念，其他公司配合相互促进。同时管理运营团队由袁家村和对方公司共同组成，袁家村外派一名主要负责人作为团队主管，也就是王红伟，对方公司招聘团队成员，团队成员接受项目负责人的管理和监督，同时按照袁家村的要求建设和运行同盟古镇。目前同盟古镇的管理团队成员共有 70 余人。同盟古镇旅游项目中的商户和同盟古镇公司的合作形式如下：商户由同盟古镇的旅游公司选定，商户入驻同盟古镇不需要太多的手续和要求，只要品质佳、口味好、能吸引游客，就可以长久在此落地并发展。试运营阶段，同盟古镇旅游公司不收取商户的租金，采用收入分成的方式来和商户进行有效结合。同时同盟古镇保证让商户收回原材料和人员工资的成本之后，再和公司进行分红。公司分红的标准按照经营的实际情况，可以灵活制定，这个标准由公司运营人员和财务半年摸底、共同商谈确定，按照分红比例每月一结。有时分红的标准会根据运营的状况不断进行调整，更换比例。

在建设同盟古镇过程中，袁家村也遇到了一些问题，其中最大的问题就是河南当地开发商的发展思路和袁家村有分歧。因为当地开发商作为现代公司，其制度化、市场化、利益化思维强烈，做事往往较为固定、单一且遵循严格章程，这样一来容易格式化处理，效率低下。而袁家村是农村集体企业，有些事情可以按照乡土逻辑灵活处理，同时农民将生活和生产时间合在一起，把所有事情都当成自己的事情，可以迅速处理紧急事务，但是方式缺乏正规性。因此，在刚开始双方都不太习惯，甚至发生过矛盾和小的冲突。

为了解决这个问题，袁家村也提出了一些有效思路，首先保证管理团队的大方向正确，王红伟经理会每天和管理团队成员开会，分管的管理人员都要参与讨论。一个问题一共 12 个人共同讨论，目的就是集思广益，交换意见。电工、消防、水质、财务、办公室各自有专门的负责人，每个星期一下午开会，将各自部门的工作在公开场合进行讨论，增加各部门的协调和配合程度。不拘一格地选用人才，只要是人才，能够解决问题，就可以跟着项目干，同时大家只要是按着思路正确地干，袁家村项目公司会增加更多的奖励，鼓励更多人理解并且创新袁家村经营思路。如此一来，管理团队吸纳了很多人才进来，不仅有本村的外派人员以及当地的旅游公司人员，也有能为项目发展贡献力量的人。这些人相互包容，慢慢理解，明白未来发展的意义，形成了共同行动力量。

王红伟曾经说，他认为同盟古镇应该秉持的经营思路是：首先应该把同盟古镇建设好，将口碑、诚信、品牌打造好；其次是使三产带二产促一产融合发展，实现良性循环，促使农副产品的销售量大幅提升；再次是让同盟古镇带动郑州进城店，让乡村旅游进入中原城市，进驻各大商业核心区域；最终形成一个各种产业集聚的乡村旅游综合体，打造袁家村的中原印象体验基地。

在同盟古镇，人们可以“吃在家常里、玩在田园间、住在古民居、买无添加剂”。“同盟古镇 · 袁家村”致力于打造全年龄段都市慢生活休闲体验地，老人家可以在戏楼听戏、在广场打牌，在茶楼与老友们喝茶聊天；在城市的中年人辛苦了数日可以结束严肃的“996 生活”，放松紧张的大脑神经，与家人和亲朋好友们相聚在湖边垂钓，真正体验到“逍遥以针劳，谈笑以药倦”。游客可以在民俗街闲逛，体验纯正的中原文化和民俗风情；在客栈休息，感受“举头望明月”“推门闻花香”，更可以感受陶渊明那样的“悠然见南山”；可以领着孩子去历史建筑、有特色的中原老院子转转，真实地体验古代建筑的特点和古人的智慧；还可以陪孩子在生态儿童乐园解放天性。“千年人间烟火，但寻中原美食”，除了可以品尝到能满足不同味蕾需求的中原特色小吃，还可以同孩子一起观察学习最地道中原美食生产工艺的全过程。同盟古镇是一个很适合一家人来游玩的地方，果真“人间烟火气，最抚凡人心”。

第八章

解密袁家村："六个一"的成功之道

一、有一条好路子——农村集体经济发展道路

历经将近 50 年的发展，袁家村集体经济日渐成熟，其优势在发展过程中逐渐凸显出来，主要表现在以下几个方面。

1. 集体经济提供了原始资本积累，形成了规模效应

第一次农业发展不仅解决了村民温饱问题，而且还实现了村集体经济转型的第一次资本积累。在第一次转型中，袁家村借助发展农业的资本积累，利用靠近山体以及石灰窑、白灰窑等投入低的优势，迈出了工业发展的第一步，为以后袁家村的发展掘得第一桶金，完成了袁家村第二次产业转型的资本积累。袁家村在第二次转型中，耗资 1700 万元打造原汁原味的作坊街、小吃街等能体现关中民俗的特色建筑，所耗资金均来自村集体经济收入。大规模资金的投入充分显示了村集体经济的优势，同时小吃街、酒吧街等的打造形成了规模效应，集中连片发展的同时降低了生产、管理成本，从而提高了经济效益，凸显了集体经济优势。

2. 集体经济有利于村庄整体规划

在村集体经济发展过程中，村民逐渐从土地中解放出来。1992 年村两委为防止土地撂荒强制分给村民耕种，但这并不是真正意义上的分土

地，实际上土地依然属于村子。在集体经济下，无论是第一次转型时期修建厂房，还是第二次转型当中修建作坊街、小吃街等，都是村庄根据实际发展需要对村庄土地进行整体规划的结果。在整体规划之下，村庄对土地进行统一管理，一方面对有限的土地资源合理利用，避免了土地浪费；另一方面，村庄整体规划，整体获利，很大程度上为村庄的进一步发展提供了便利。

袁家村鸟瞰图

3. 集体经济发展过程中村民始终是受益者

村集体经济是村民增收的主要渠道，正是有了村集体经济，才有了如今的袁家村。“三靠村”时代的袁家村一穷二白，在老书记郭裕禄带领下举全村之力改造土地发展农业和村集体工业。随后根据农业形势发展的需求，把土地从种粮为主转变为多种经营，部分土地种植果树，村民的收入结构也由单一的种粮收入转变为“果业收入 + 工资收入 + 村集体分红”的形式。在第二次转型中，在新书记郭占武带领下村民既可以自己经营店铺，又可以以资金、土地等形式入股，收入形式逐渐丰富，呈现多元化特点。两次转型之后，袁家村村民温饱问题得到解决，并逐渐步入小康生活。

4. 集体经济是提供农村公共产品的基础力量

村里利用集体经济的营收办了许多事情。首先，为村庄内部的道路、桥梁、厂房及村中基础设施建设提供了大量资金；其次，在 1976 年和 1996 年两次建设新房，并无偿分配给村民；再次，村中规定，超过 60 岁的老人可享受每年 2000 元的补贴；最后，还负责村中环卫工人和安保人员等的工资。在袁家村发展过程中，公共产品的形式逐渐丰富，公共产品在改善村民生活的同时也促进了村庄的发展，这一切都得益于村集体经济的发展，村集体经济成为提供村中公共产品的基础力量。

袁家村在原有村集体所有制基础上成立集体所有制企业，集体成员既是企业股东又是企业员工。集体所有制企业一方面通过整合各种资源，统筹规划，提高了资源利用率，另一方面又充分调动了集体成员的劳动积极性。袁家村集体经济的发展经历了两个阶段：传统农业转变为现代工业，村民的温饱问题得以解决；村集体工业转变为乡村旅游业，村民的致富问题得以解决。袁家村集体经济的两次成功转型为村庄的后续发展提供了持续动力，并为当地新农村建设奠定了良好基础。与此同时，袁家村集体经济的成功模式对于其他农村地区发展问题的解决也具有良好的示范作用。

二、有一个好机制——党政经分离、村企一体的管理机制

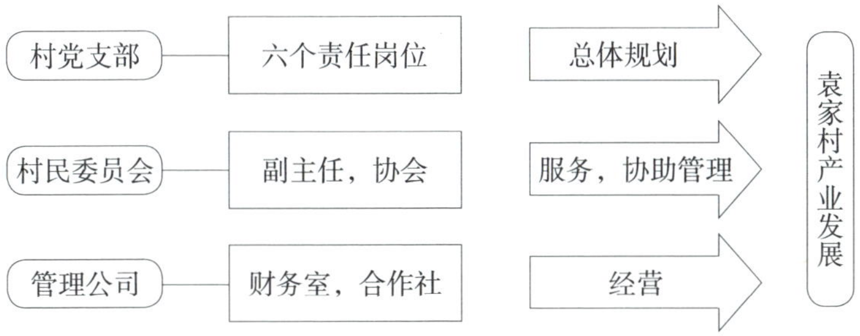

袁家村管理机制图

袁家村的管理工作主要由袁家村党支部、村民委员会、管理公司三个机构负责。正是这三个管理机构责任明确的分工与协作和共同管理，保证

了袁家村的顺利运行和持续发展。

（一）村党支部——指挥部，引领发展，凝聚人心

纵观袁家村的发展历史，我们就可以发现袁家村的发展与村党支部的领导是分不开的。20 世纪 70 年代以前的袁家村是当地有名的贫困村，耕地贫瘠，村民生活贫困，大部分村民都居住在破旧的土坯房里，还有一部分甚至居住在低洼潮湿的地窑里。当时的袁家村由五个主要姓氏的村民组成，村民思想总体落后，各家族之间不团结，村里处处是矛盾。

20 世纪七八十年代，在党的十一大、十二大、十四大代表，全国劳动模范、全国先进党务工作者，袁家村党支部书记郭裕禄同志的带领下，坚持自力更生、艰苦创业，被树立为全国农业战线上的一面旗帜。郭裕禄同志及村支委在工作初期带领全体村民打井修渠、挖坡填沟，把全村 503 亩靠天吃饭的地皮、小块地整理成平展整齐、旱涝保收的水浇地，取得了农业生产的巨大发展成就。改革开放后，村支委顺应国家政策与党的十一届三中全会精神，解放思想，与时俱进，在集体农业取得一定成果的基础上，大胆迈出转型步伐，带领袁家村走上以第二产业为主的发展道路。在改革开放后的第一个十年里，他们先后建成水泥厂、石灰厂、砖瓦厂、汽车运输队、建筑公司等多个村集体企业，证明了袁家村在产业转型上的成功。

随着市场经济的发展带来的诸多挑战以及在国家整顿关停“五小”企业的背景下，袁家村的村办企业陷入了困境，袁家村人迫切需要新的发展道路与方向。年轻的村支部书记郭占武同志及村党支部委员会在认真研究总结的前提下，以非凡的气魄带领大家走新的发展道路，在 2006 年成立关中印象旅游有限公司，依托关中民俗，兴办农家乐与民俗体验相结合的特色化乡村旅游，完成了袁家村的第二次产业转型，并在此基础上不断创造出辉煌的成就。

在新的发展阶段，袁家村党支部继续为袁家村的发展贡献力量，具体体现在以下几个方面。

一是总体规划，统筹全局。2007 年以来，村党支部确立袁家村“共同致富，大旗不倒，持续发展”三个要求，为袁家村的发展指明了方向。以这三个要求为前提，村支部积极制定袁家村发展规划，保证了袁家村的发展。自旅游公司创立以来，村党支部不断完善规划，先后编制袁家村旅

游文化景区规划，提议创建关中印象体验地休闲旅游品牌，规划康庄文化娱乐街、祠堂文化美食街与引进西安回民街等，提升了袁家村的旅游吸引力，丰富了旅游内容，使袁家村旅游成为现代与传统结合、民俗与时尚并存、乡村与都市碰撞融合的特色乡村旅游中心。如今，村党支部正筹划建设袁家村新型社区，按照"一村带九村"的发展要求，带动周边的九个村子走共同富裕的道路。

二是基层党建，服务群众。现在的袁家村党支部委员会由袁家党支部、东周党支部、西周党支部组成，共有共产党员 62 名，支委会由 8 名党员组成。为更好地履行党员义务和使命，服务村民，袁家村党支部为委员设岗定责。村支委总体设定政策宣传岗、环境卫生岗、矛盾调节岗、技术服务岗、维稳巡逻岗、财务监督岗等 6 个岗位并分派各委员负责特定岗位工作。村党支部的主要工作有：①宣传贯彻党的路线、方针、政策和国家的法律、法规，保证党和政府各项工作的顺利完成；②对涉及广大村民利益的重要问题进行讨论并提出建议，村委会提请村委会成员代表大会决定，研究决定村委会工作中的其他重大问题；③加强村党组织自身建设，做好党员的教育、管理和监督，做好发展党员工作；④做好村委会干部的教育、培养、考核和监督工作；⑤做好群众工作，关心群众疾苦，反映群众意见和要求，以团结带领村民兴办公益事业，搞好各项服务，充分发挥党联系群众的桥梁和纽带作用；⑥加强精神文明建设，教育引导村民遵纪守法，配合有关部门搞好管理、服务和社会治安综合治理，保证和促进全村的经济发展和社会稳定；⑦支持和保证村委会依法履行责任，领导和协调群众组织工作。

三是教育村民、凝聚人心。为了使袁家村全体村民心往一处想、劲往一处使，以及让农民理解和支持村两委与旅游公司为全村发展作出的新决策、新规划，凝聚人心，村支委组织举办农民学校，不定期地对农民进行宣传教育。例如为了使村民在合作社建立初期认识到合作社的好处和股份制的运行方式，村支部就多次通过农民学校进行宣传讲解，使村民在了解股份制的基础上自愿加入合作社。在 2012 年作坊街一些作坊改为合作社的过程中，农民学校发挥了重要的宣传引导作用。在集体收入的再分配问题上，农民学校也做过不少工作，让村民理解和接受集体收入的再分配。此外，农民学校还对村民进行过多次管理与经营方面的指导，聘请专业人士为村民开设讲座。

总的来说，村支部对于袁家村的发展进行的总体规划，工作重点更多集中在监督村庄事务，为群众和政府架设交流的桥梁，但并未干预村委会与旅游公司的具体事项。

（二）村委会——服务者，基础建设，协助管理

袁家村村委会现在由 3 个村组组成，分别是袁家组、东周组和西周组，各组组长由村委会班子成员担任，村委会班子主要由 5 名成员组成。村委会的工作职责有：①教育、组织村民认真贯彻执行党的路线、方针、政策，遵守国家法律、法规；②负责本村的发展规划、带领村民发展经济，走共同富裕的道路；③办理本村教育、文化、卫生、体育和其他的公共事务和公益事业；④调节民间纠纷、维护社会治安，增进组与组之间、村组之间的团结互助，保持农村的稳定；⑤依法管理，教育村民爱护财产和设施，合理开发利用自然资源，保护资源；⑥维护集体经济，维护村民的合法权利和利益；⑦教育村民遵守国家法律、法规；⑧教育和组织村民完成各项任务，积极履行服兵役等依法应尽的义务。村委会工作目前主要分为 4 个部分：①袁家村景区视频安全的监督工作；②村委财务工作，基础设施建设和“一事一议”事务；③袁家村交通、治安、平安创建等工作；④袁家村的接待和基础公共事务的管理。

从村委会的分工和实地调研资料来看，村委会主要从以下几个方面参与袁家村的管理和发展。

一是服务大众，提供创业就业平台，提高农民收入。在 2006 年，村委会投资 500 万元人民币注册关中印象旅游有限公司并兴办农家乐。然而实践证明单独的农家乐无法支撑起袁家村的旅游业，因此在 2009 年首先建设了小吃一条街的商铺，并免费提供给村民入驻经营。但是起初村民并没有认识到村委会这一项措施的好处和发展前景，很少有村民愿意加入小吃街。正如小吃街调料点的经营者所说：当时大家对这个事情心里没底，所以不愿意来。村委会为了动员村民，派出由村干部组成的工作队挨家挨户去宣传和劝说村民经营小吃。村委会为调动村民积极性，在保证村民的经营收益全部归村民本人所有的前提下，在开始的几年间给入驻经营的村民发 1000 元 / 月的补助。

以作坊街的豆腐作坊为例，经营者老卢告诉我们：“作坊街刚刚建立时，村委会派人去请他们这些商户来免费入驻，在收入全部归自己的情况下村委会还给每个商户每月发 1000 元的工资作为补贴。刚开始生意确实

不太乐观，只好自己挑着豆腐去别的村子卖。大概3个月后景区的游客逐渐多了，生意好了起来，后来在村委会的建议下豆腐坊在2012年搞成了合作社。"同小吃街和作坊街一样，村委会投入大量资金先后建起康庄老街、书院街、回民街、祠堂街、酒吧街与艺术长廊，为村民甚至更大范围内的人提供了创业就业的平台，大幅度提高了村民的收入。

袁家村酒吧街

袁家村民宿

二是搞基础建设，完善景区设施，增强旅游吸引力。袁家村村委会的另一个工作重点是村庄及景区基础设施的建设，增强袁家村旅游的吸引力，使村民生活更加舒适。2007年以来，村委会投入2000多万元建起了全省首家村级较高档次的关中戏楼，打造了村级文化健身活动广场；建成占地20亩的进柿（士）林生态停车场；种植古槐、古柿子树等树木500余株，大大提升了袁家村的绿化面积。新增了星级卫生间3座，为游客带来了方便。装修建设了村史馆，敬立了毛泽东雕像、华国锋书法碑等文化设施。2016年，村委会建成南大门、西大门及周边城墙，建成村民会议培训中心，完成3条主干道的绿化任务，建设星级卫生间6处……

三是协助监管，提升景区质量，保障可持续发展。自从袁家村开始发展乡村旅游以来，村委会便有一名副主任专门负责景区的卫生、安全、管理方面的监督与协调工作。村委会在景区的若干街道组织设立村民协会这一义务性的组织。协会委员由各商户之中选举、推荐产生，并设会长和若干组长来共同负责景区的管理。以最早成立的小吃街协会为例，该协会负责管理小吃街、康庄老街、作坊街、酒吧街和艺术长廊，分为五组，每组设一个组长。每个小组每天不定时派人负责巡查指定区域内的生产、卫生情况，如果发现没穿戴工作服、口罩或者有佩戴首饰、店面不整洁等现象，协会将予以口头警告，对屡教不改者进行100元的罚款。小吃街协会每周一都会举行例会，该街全部商户都要参加。作为一个自发的、义务性的组织，虽然有相应的规章制度，但是小吃街协会更多还是靠着人性化管理，具体事情具体解决，避免了村民之间产生不必要的矛盾。农家乐协会则是以“中心户”为单位，用5个中心户每户负责12家的形式来进行管理。

袁家村村委会作为义务性、服务型的组织，委员会成员仅仅有每月1000元的工资作为其工作回报。村委会在袁家村整个发展的过程中最主要的是起到服务大众的作用，同时为村支部政策的落实扮演行动者的角色，为景区基础设施建设投入大批力量的同时也为景区发挥协助管理的作用。

（三）旅游公司——经营者，分配收入，运营景区

1. 财务独立，确保集体经济健康发展

袁家村可以说是有两个会计，三个独立的财务。村两委的财务虽然分开，但为了便于总体上把握和调度，更好地为村集体服务，村民郑女士兼任两项财务的会计职务。但是关中印象旅游有限公司作为村集体的企业，财务上不受村两委的干涉，设立独立的财务处，公司现任财务总会计是2013年正式聘请来的专业人员李先生。旅游公司的收益、分红等方面的工作均由公司财务处理，公司法人代表杜先生为袁家村普通社员，这样一来，集体经济的经营组织与村两委分割开来，独立运行。这样不仅有利于集体经济组织的经营效率，也避免了村两委干涉公司经营、以权谋私甚至腐败问题的出现，为村集体经济与市场接轨，随时根据市场变化来调整经营策略提供了自由独立的条件。此外，公司财务接受村两委及村民、商户们的监督，以公示牌等形式保证集体经济运营的公开和透明。

2. 股份制经营及股权结构

袁家村原来的集体经济底子比较雄厚，村办企业有许多闲置的固定资产、厂房和建设用地等。为了盘活这些资产，村上决定对其进行股份制改造，全民参与、入股自愿、“五股丰登”，风险共担、收益共享。各个项目互相参股，你中有我，我中有你。通过调节收入分配和再分配，避免两极分化，实现利益均衡，达到共同富裕。既把原有的闲置资产盘活，又把每

家每户的利益与集体的利益紧密地联系起来。

袁家村的股权结构主要由以下五部分构成。

基本股。将村集体的建设用地盘活，变为资产，按比例直接分配到每户村民名下，即对应每户村民的可记名、可量化、可分配的股权。在所有权、承包权不变的基础上，村民自愿将土地经营权流转给村集体，用于经济合作组织，并获得相应的股权。外来投资和经营项目，凡占用袁家村集体资源的，这部分集体资源就作为股份（一般为 20%）进入项目，所得股份分红收益作为村民集体收入，除用于必要的公共事业支出外，全部、直接分配给每户村民。

交叉股。袁家村现有 20 多家经济合作组织（合作社），都是农民自发、自愿，以土地经营权和现金入股的形式成立的，加入合作社的农民既有袁家村的，也有周边其他村的，已经打破了村的界限。村民同时还享有自己的土地经营权流转、加入合作社获得的股份红利。

混合股。袁家村每一个商户、每一家农户的持股结构都不一样，既有资本入股，也有土地入股，还有技术入股、管理入股等，形成了混合持股的结构。

调节股。针对经营户收入高低不均的现实，村上将盈利高的商户变为合作社，分出一部分股份给低盈利的商户；对于低盈利但不可缺少的商户（比如手工馒头作坊），村上还会给他们一定的补助，以缩小他们与高收入商户的差距。

限制股。限制大股，照顾小股。

3. 股份制经营模式及收入的再分配

（1）袁家村股份制经营模式由两种合作社构成

第一种是小吃街合作社，由小吃街、作坊街、酒吧街和艺术长廊构成。在 2007 年，村民并不相信和理解村里办旅游能为他们带来什么好处，村委会建好商铺之后让入驻的村民无偿使用，并给经营村民每月 1000 元左右的补助。没几年，小吃街的生意火了起来，但是出现了收入差距过大等问题。村委会与公司经过研究，在 2015 年 4 月 28 日正式成立小吃街合作社。小吃街合作社以每户 20 万元的标准为 60 户村民设置 1200 万元的股份，每户所占股份除入股金额外，土地被占用的村民还可分得股份作为赔偿。这样一来，用麻花店经营者的话来说就是"捆在一起，大家一起干"了。

第二种合作社是作坊街的各类作坊合作社。与小吃街不同的是，每个作坊都是一个单独的合作社。作坊街也经历了与小吃街相似的发展过程。豆腐坊是 2007 年被请来入驻作坊街的，但不到一年，豆腐坊就获得了相当可观的收益。直到 2012 年，村委会与公司经过与商户协商，将豆腐坊、油坊、酸奶坊等收益可观的作坊改为合作社，由村民入股，进一步将这些作坊做大、做强，提高产量和收入。

（2）袁家村以“多劳多得，共同致富”为原则，进行再分配

袁家村的股份都可以交叉入股，一个村民可以自主选择自己入股的店铺。但是，各个店铺所选择的项目不同，收入方面会形成巨大的差距。旅游公司财务通过再分配的方式，使收入高的一部分店铺补贴收入低的店铺，缩小了村民之间收入的差距，保护了各种类店铺的齐全和完整。具体以收入较高的麻花店和收入较低的馒头店来说，麻花店的年经营额达到了 100 万元以上，而馒头店的经营额却仅仅有几万元。因此，公司财务在再分配的过程中，规定麻花店经营额的 80% 归于股东们再分配，20% 属于经营者。相反，馒头店的经营额可能 100% 都属于店主，并且店主作为股东收到的分红收入大大提升了他的总收入。因此，我们可以说，袁家村的再分配机制就是“把饼做大，共同致富”。这样做，不仅符合袁家村发展的要求，而且在村民富裕的同时避免了出现贫富差距过大的现象，为形成一个团结的袁家村经济体奠定了基础。

4. 运营景区，推动旅游业可持续发展

（1）多种运营形式吸引了各类商户入驻，造就了景区的繁荣

从景区的商户运营类型来看，我们可以区分出合作社、个体商户、外招公司三种形式。第一种形式，包括了小吃街合作社和各作坊合作社，由村民入股。小吃街、康庄老街与作坊街的店铺属于这种管理类型。店铺由景区免费提供给村民，景区财务统一进行监督和管理，并负责一年两次的分红，最后在收入中提留一定比例作为景区运营资金。第二种形式，个体商户主要分布在酒吧街、艺术长廊、书院街、祠堂街等街面的商户。此类商户获得免费店铺的同时，在符合景区要求的情况下独立经营，自营自利，景区不收取任何费用。第三种形式，以回民街为代表。回民街在遵守整体发展规划的前提下入驻袁家村，并由回民街自主管理、自主经营，直到回民街收回入驻袁家村时的投资时，旅游公司才向其征收一定费用。

（2）特色互补，交叉入股形成利益共同体，使村民积极参与公共事务

首先，袁家村小吃街、农家乐，秉持"一户一特色，一户一品牌"的经营理念，使各类店铺相互依靠，相互补充，成为推动袁家村共同体发展的重要力量。同一街道的店铺之间，不同街道之间，都保持着一种互补的关系。例如，麻花店虽然收益高，但是离开了其他店面的存在就不能继续经营。麻花店店主以"红花配绿叶"来巧妙地总结了这种关系。小吃街、作坊街等关中文化载体作为袁家村的主体，吸引了千千万万的人来到袁家村。而客栈、酒吧为游客提供了更多的休闲和娱乐场所，使他们更愿意来到袁家村。

袁家村星巴克咖啡

袁家村左右客民宿

其次，交叉入股使得每个股东都希望自己能够为集体经济的增长作出贡献，集体的收益关系到个人的收益，每个人都试图努力把饼做大，试图从中分到更多。每名村民，以及在村庄生活达到一定期限的商户都可以选择同时入股袁家村的所有合作社。如公司财务总会计李先生不仅从自身工作中获得报酬，而且在若干合作社中占有一定的股份，每年从中获得很可观的分红。这使李先生更有动力为这一集体经济作出自己的贡献。与李先生相似，因为身处同一个利益链下，村庄所有成员都力图推动这一项事业的发展，袁家村集体的发展带动了个人的发展。

袁家村旅游产业正是在村两委与管理公司的合力推动下取得蓬勃发展。从袁家村的管理机制可以提炼出以下几点经验：第一，组织化。整个村庄的发展是在村党支部、村民委员会和管理公司的明确分工和协作下有条不紊地开展。政经分离，经营自主保证了集体经济与市场接轨，推动其健康发展。第二，精细化。三大管理主体下辖若干责任岗位，形成高效有序的管理模式，兼顾发展过程中的每个环节、每个细节，促进村庄产业的良性循环。

三、有一个好路径——三产带二产促一产、三产融合发展的路径

袁家村从发展乡村旅游起步，经营规模逐步扩大，经济效益不断提升，品牌价值更加凸显，第三产业越做越大、越做越强，直接带动第二产业的发展；从手工作坊到加工工厂再到连锁加工企业，第二产业跟随第三产业走；第二产业的发展不断增加对优质农副产品原材料的需求。遍布各地的种植养殖基地和订单农业，使第一产业规模不断扩大。袁家村坚持一产为二产提供优质原料，二产为三产提供名特产品，三产为一产二产开拓广阔市场，使农产品生产、加工制造和销售联为一体，改变了三个产业相互脱节，农产品生产者、加工制作者和销售者苦乐不均的状况，实现了由三产带二产促一产、三产融合发展的良好格局。

篝火晚会

袁家村射箭体验项目

2007 年国庆节，袁家村关中民俗体验地正式建成开放，当年接待游客 10 万人。2013 年袁家村共接待游客 165 万人次，人均可支配收入为 3.6 万元，农家乐、农家宾馆、乡村旅游持股等年收入超过百万者预计占到全村农户一半以上。2015 年全村共接待游客 450 万人次，农家乐经营户年最高收入 40 余万元。人均农家休闲收入 4.5 万元，占村民人均纯收入的 80% 以上。2016 年春节共接待游客 95.8 万人次，比 2015 年同期增长 18.2%；实现旅游直接收入 5200 万元，同比增长 28.3%。具体数据见图 1 ~图 3。

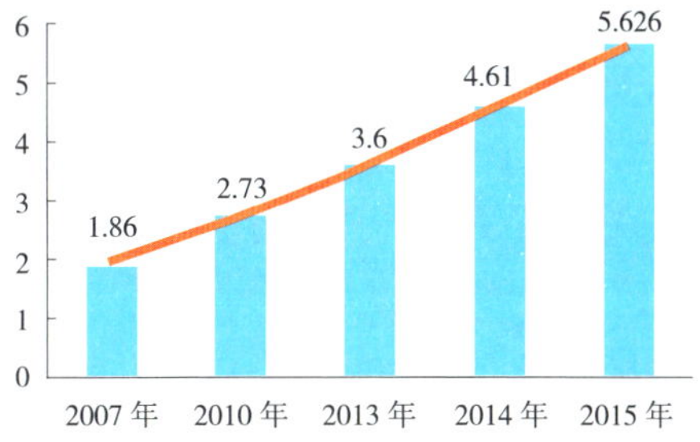

图 1　袁家村人均年收入变化（万元）

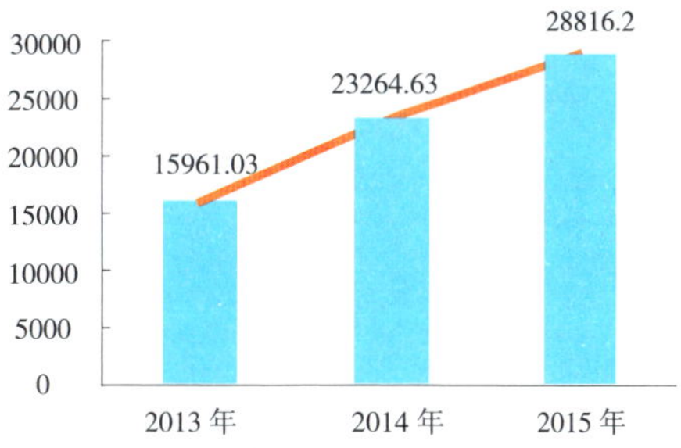

图 2　袁家村旅游总收入情况（万元）

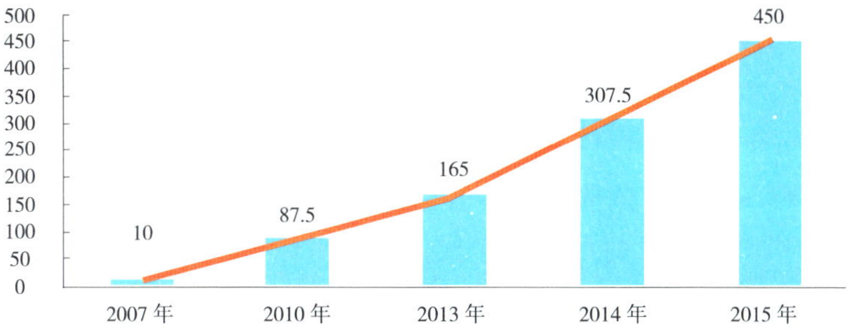

图 3　袁家村旅游人数变化（万人）

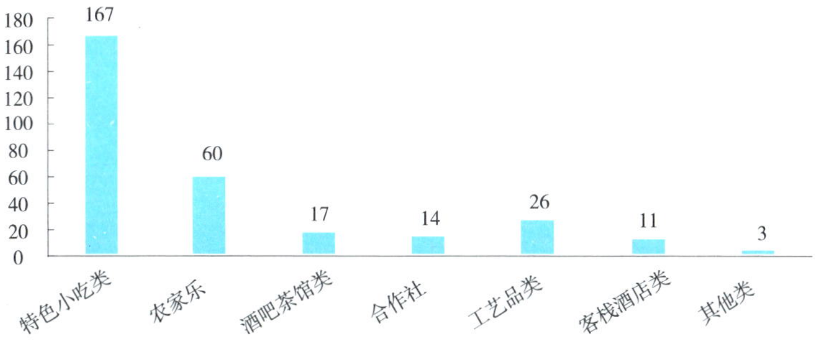

图 4　2015 年各类经营户数量分布情况（户）

2015 年，袁家村经营商户中工艺品类 26 家，股份合作社 14 家，酒吧茶馆 17 家，客栈酒店 11 家，康庄老街特色小吃 82 家，祠堂街小吃 39 家，回民街小吃 46 家，其他 3 家，各类经营户数量分布情况如图 4 所示。袁家村开办农家乐 60 户，占全村总户数的 96.8%；从事乡村旅游的人数 300 多人，占全村劳动力的 100%。工艺品类商户现有员工 78 人，合作社现有员工 267 人，酒吧茶馆带动就业 104 人，客栈酒店现有员工 151 人，农家乐现有员工 383 人，特色小吃街现有员工 819 人。

袁家村常年有 2000 多人在村上打工。以每人每天 60 元计，年增加农民工资性收入 4000 多万元。现农家乐床位有 791 个，客栈酒店床位共 451 个，可接待住宿 1242 人。客栈酒店可接待餐饮 895 人，农家乐可接待餐饮 8736 人。连续 3 年，袁家村年均接待游客在 300 万人以上，年均旅游总收入达 2.2 亿元，人均收入 5 万元。现已形成了农家乐、作坊街、小吃街、祠堂东街、酒吧街、回民街、书院街、酒店住宿八大空间领域。

袁家村的 14 家股份制合作社分别是：蝎子酒坊、醋坊、菜籽油坊、酸奶坊、豆腐坊、粉条坊、醪糟坊、面粉坊、辣子坊、小吃街合作社、游览车、停车场、农业公司、运输公司。8 家“前店后厂”实体子公司中，2013 年，豆腐、辣子、醪糟、制醋、酸奶等专业公司利润率平均超过了 50%。合作社规模大小不等，入股金额和股东的地域没有限制。这些股东既是经营户，也可以入股到各个合作社当“老板”，是一种利益共享、风险共担的机制。袁家村已被打造成为“滚雪球”式发展的“农民创业平台”。

豆腐坊是典型的三产融合的案例，其经营模式体现的是“前店后厂”。豆腐坊自 2007 年开始营业，是袁家村最早经营的作坊之一，也是目前袁家村经济效益最好的作坊之一。豆腐坊最初是个体经营，在规模逐渐扩大、经济效益逐渐上升之后，在 2011 年由村干部与豆腐坊老板共同决定成立豆腐坊合作社，实行股份制，入股采取自愿原则，股金没有限制。豆腐坊合作社社员共 96 人、员工 18 人，平均每月工资为 2520 元 / 人。卢师傅既是豆腐坊的最大股东也是合作社的社长，从他那里我们了解到相关分红比例，股东分红占收入的 40%，其中卢师傅可以分得红利的 30%，其余股东按入股比例分配（豆腐坊营业额占比如图 5）。随着旅游人数的增多，豆腐坊的营业额不断增长，2007 年的营业额为 1 万元左右，2008 年增长至 1.5 万元，2010 年达到 50 万元。2011 成立合作社，豆腐坊规模扩大，营业额进一步上升。2012 年的营业

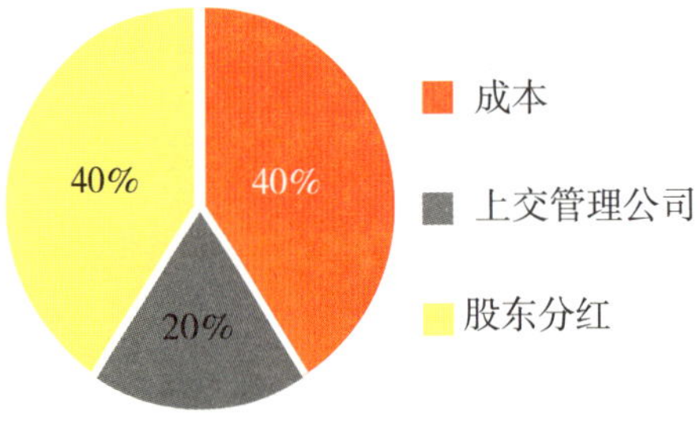

图 5　豆腐坊营业额占比示意图

额为 100 万元，2013 年的营业额为 139.8 万元，2014 年增长至 416.3 万元，2015 年的营业额为 279 万元。据卢师傅说，豆腐坊周末节假日营业额可以达到 1 万 ~ 2 万元 / 天，生意好的时候能卖到 3 万元 / 天，平时也能达到 3000 ~ 4000 元 / 天。据卢师傅介绍，豆腐坊 2015 年的营业额为 279 万元，纯利润为 89.3 万元，占到营业额的 32% 左右。其中加工增值比为 1.88/5，经过加工销售出的价值比原材料的价值高 2.66 倍。豆腐坊的原料主要是豆子，来源于黑龙江五常地区，豆子是由袁家村旅游管理公司统一筛选，检测质量，并由其统一调配运输，豆子进入豆腐坊还需要袁家村旅游管理公司严格把控。豆腐坊的经营管理，实现了豆子种植、加工、销售、游客体验的结合。袁家村的乡村旅游发展把第一、第二、第三产业紧密地融合在了一起，实现了三产融合。大面积种植的豆子有了固定的收购商，豆子种植户有了致富渠道，豆腐坊经过加工，把豆腐、豆腐脑等产品卖给游客，同时游客又可以深入参观体验豆腐的加工过程，促进了袁家村旅游业的发展。从豆子到豆腐的过程就是一、二、三产业融合的过程。这种互相融合的模式为"袁家村"乡村旅游品牌增辉，这也是袁家村持续发展并逐步扩大规模的关键所在。

袁家村三产融合发展之路成绩斐然，他们所采取的具体措施如下。

构建大平台。袁家村开展乡村旅游构建了一个农民创业大平台，本村村民由从事果树种植业到现在就业于农家乐，从第一产业转变到了第三产业。同时，袁家村的小吃街、作坊街给外村的农民、大学生等提供了良好的创业平台。袁家村搭建的平台给村民提供大量就业机会，保证本村村民 100% 就业，并且给其他群体提供 2000 多个就业岗位。现在已经有豆腐、酸奶等 8 家作坊孵化成为农产品加工企业，正在进行 QS 认证。从卢师傅那里我们了解到，在 2007 年村书记请卢师傅来到袁家村，村里已经建好现成的作坊，有消毒设备、冷藏设备，连工服、口罩、手套都准备好了，一应俱全，原料豆子统一供应。刚开始，村里给他开工资，全部收入也归他自己。卢师傅借助袁家村这个平台把豆腐坊做大，现在每年毛利润可达到 200 万元左右。经营小吃仅仅是袁家村发展的一个新起点，一些经过筛选的，相对成熟、高端的餐饮品牌已经被引入袁家村。如 2013 年"德懋恭"落地袁家村，他们通过不断给予游客新鲜的游览、消费体验，慢慢影响着游客的消费习惯。另外，袁家村也在积极培育文创类产业作为未来的支柱产业，在免租金、给补贴等优惠政策的鼓励下，经过村委筛选后的文化、艺术创作团队入驻袁家村的书院街、祠堂街，专注做艺术创作。文化传播平台和创新平台可以从“体验地”看出，“体验地”里的各类商户在建筑风格上是统一的，而在内装、陈设层面呈现百花齐放的状态，无数充满创意的独到设计时常让人眼前一亮。

开展大合作。袁家村一方面以相对整齐、村容村貌良好的村民居住区——关中农家四合院——为依托，引导、鼓励村民大力兴办以农家饭菜、农家住宿、农家体验、农家服务为特色的乡村旅游，将自家居住院落变为乡村旅游经营场所，实现足不出户的旅游致富；另一方面从打造特色、聚集人气角度出发，依托村边的集体土地，策划建设以关中传统建筑、传统作坊、传统民俗、传统文化展示为特色的全新式民俗体验式景区——袁家·关中民俗体验地，即“康庄一条街”。村民居住区和体验式景区相互配合，新建街区以关中民俗吸引游客，为原住区农家旅游项目输送消费人群，原住区众多农家乐为新建景区游客提供食宿服务，两者角色明确、相互支撑。卢师傅加入小吃街，是个人技术和袁家村平台的合作。从豆子的买入、加工最后在袁家村卖出，形成了一个完整的产业链，是产供销一体、一二三产配合协作的结果。同时，“引进来”知名企业入驻袁家村，促进多元化发展。知名企业“德懋恭”2013年入驻袁家村，回民街从西安回坊邀请46家优质商户进驻，让游客在袁家村就可以品尝到纯正的回族风味，祠堂街集中了全国范围内的各种特色美食，更有日本酒屋、韩国料理、酒吧咖啡等时尚元素，南货街主要以长江以南地区的美食和手工艺为主，让游客在袁家村体验江南风情。不同地域不同元素以及不同国别的合作打造出来的多元化、多样化特色，成为了袁家村旅游的新亮点。另外，“互联网＋袁家村文化”模式是袁家村开展合作的新领域，电子商务开拓了袁家村的市场，让袁家村突破了地域的限制。

实现大联合。经营小吃街的商户大都来自外村，但是在袁家村长时间的工作、生活以及袁家村的开放、包容让他们逐渐融入袁家村，成为“新袁家村人”。他们的收入构成包括自己经营商铺的利润，也包括入股分红。从“外村人”到“新袁家村人”的转变，实现了袁家村人和“新袁家村人”的联合。袁家村旅游业的发展不仅关注对原始自然景观的开发，还注重诸如游乐场、购物区及餐饮服务设施建设等，以满足游客对不同休闲项目的需求。随着基础设施的不断完善，吸引着更多的游客前来，促进了旅游业的发展，从而形成旅游业与城镇化相互促进的良性发展局面，这些项目以万人麻将馆、神仙秋千、进口商品、酒吧街等为代表。根据袁家村现有资源集聚特征、发展现状以及产业关联性集聚三方面进行功能布局：资源集聚特征即现在以康庄老街为中心南部休闲农家一条街、北部即乡村酒吧一条街，以及宝宁寺、袁家戏楼、礼泉县剧团等组成的关中民俗、文化资源集聚区。发展现状即考虑秦琼路东侧现有优质果林和平整的土地产业关联性集聚打造区域特色，从而形成功能互补，整体形成昭陵古御道与秦琼路之间的关中民俗、文化体验度假的综合区域，秦琼路东形成现代农业研究展示、休闲农业体验观光、果蔬生产、加工配送的农业产业区。最终形成一轴、四区的功能布局。各个功能区域的合理布局使袁家村各个功能区相互映衬、彼此依托，实现了各个功能街区之间的彼此联合，最终促进袁家村的整体发展。通过股份制以及利益共享监督机制来实现农户之间的联合。具体来说，对于盈利最高的商户们，村委会与其协商改制，从个体商户变为合作社，分出一部分股份给低盈利而又必不可少的商户。在统一管控之下，均衡合理的业态会提升消费者对整个景区的好感度，从而提升整个景区的经营业绩。

袁家村康庄老街

主题活动

拓展大空间。为了延长产业链，拓展袁家村发展的空间，在继续发展民俗旅游的同时，开始逐步向乡村度假方向发展。袁家村的三大板块分别为：农家乐；新建康庄街、小吃一条街、酒吧街、文化创意与休闲娱乐等为重点的关中印象体验地；宾馆饭店。这种机制所形成的相互支撑与产业链关系表现为：第一板块为第二板块提供农家接待服务，而又是第二板块产品的直接采购方；第二板块是第一板块客源的供给方，同时也是原生态无公害原料的供应商；正在形成的第三板块属于市场多元需求和产业链的延伸区，也将会成为袁家村与周边村庄融合发展、旅游规模和产业链拓展的巨大空间。袁家村社区建设按照"一村带九村"的发展要求，建设以袁家村为核心的综合服务办公室、文化娱乐室、图书阅览室、信息服务站、警务调解室、村史馆等组成的公共社区服务中心，以袁家特色休闲乡村为品牌辐射带动周边 9 村发展区域板块经济。目前已扶持发展起了山底御杏生态观光园、花果氧吧东坪村、龙眠福地陵光村等一批乡村旅游示范村，形成互相联系、互相依靠、互相融合、互相推动的有机的文化旅游区整体。

打造大品牌。打造关中民俗文化的品牌，“引进来”和“走出去”相结合。袁家村是一个乡村休闲旅游地，更是一个关中民俗文化的品牌，它引进知名企业与不同地域的特色小吃，不仅仅是吸引游客前来观光旅游，更重要的是通过袁家村，塑造关中民俗形象，打造关中文化的品牌，打造食品安全的品牌，促进袁家村食品走出去。袁家村出售的所有食品的原材料，无论是袁家村自产的或是从市场上采购来的原材料，都必须经过严格的挑选、筛查和质量检验。“现做现卖”是所有食品类商户必须执行的原则，无论难度有多大。另外，袁家村可以真正做到“生产过程全透明”，比如，豆腐坊的生产工艺和加工作坊完全公开，游人可无障碍参观。小吃的原料、烹饪加工过程也受到村委、小吃街协会、袁家村管理公司三个部门的严格监管。“袁家村”作为一个品牌，这一品牌涉及农业、农副产业、旅游业等多种产业，它将作为一个健康、绿色、安全、诚信的品牌走向全国、走向国际。

四、有一个好理念——农民捍卫食品安全的理念

袁家村以“农民捍卫食品安全”为口号，践行“四个最严”，即最严谨的标准、最严格的监督、最严厉的处罚、最严肃的问责。“袁家村首先要成为距离最近的西安 700 多万人的大餐桌”。要实现这个梦想，全体村民就需要共同履行保障食品安全的职责，袁家村从源头抓起，将制度与监管相协调，全民共同捍卫食品安全。自 2007 年以来，袁家村既没有食品安全的投诉，也没有发生食品安全事故，反而是其安全美味的特色小吃，为袁家村带来源源不断的客源、口碑和财富。

1. 严控源头，防患未然

一方面，袁家村所有食品经营户所需的原料，如面粉、油、醋、辣子、粉条、豆腐、醪糟等一律由村上作坊统一供应，坚决杜绝私自从村外

采购，违反者一律取消经营资格。如大米、红薯、大豆等一般都有固定的协作种植基地或供应公司，统一采购、统一检验、统一入库、统一保管，做到有协议、有票据、有检测报告，来源可追溯，质量有保证。整个袁家村的蔬菜供应与小梁、宝良、发余三家供应商合作，货源均从东门进入，有专门的快检室检查人员负责农药残留的检测，保障蔬菜的质量。对于违规从村外采购食品的商户，取消其经营资格，所有违法违规活动，一经发现一律从严处理。回民街自入驻袁家村时，就签订了食品安全协议，服从袁家村的一系列食品安全管理，要求商户保障店面卫生及环境卫生，及时清扫垃圾杂物，保证店内及环境卫生干净整洁，定时定点地对消毒设施进行检查，经营者还必须与公司签订食品安全责任书。郭占武说：“食品安全管好‘出’与管好‘进’一样重要。”袁家村俨然是一座承载百万游客吃喝的中型城市，除了对生产原料和生产过程的严格把关，还建立了严格的废弃物处理制度。为严管餐厨弃物，袁家村自筹资金，购置垃圾运转车，自建废弃物处理场，每天由专人拉运，通过果园深埋等方式进行统一处理，严禁经营户乱倒乱放，既有效保证了景区环境卫生，又杜绝了餐厨废弃物被不法回收利用。

另一方面，对专门负责食品安全快速检测人员的职责进行了制度规定：第一，认真学习专业技术，熟练掌握快速检测操作规程；第二，负责检测设备的保养、维护和保管；第三，对样品进行取样，按规范和流程实施检测，并填写检测记录；第四，清楚、准确地填写食品安全快速检测报告，不得随意涂改，检测报告实行签字负责制度；第五，对检测不合格的食品填写快检不合格食品处置登记表，将检测结果及时报告负责人做进一步处理。对于食品安全快速检测工作制定的规范有：第一，检测样品前操作人员应先对样品进行登记；第二，在进行检测时，根据检测项目的不同，必须严格按照说明书的要求进行操作，认真观察检测过程，不得擅自离开现场；第三，取用试剂的工具要做到一试剂一工具，取出未用完的试剂不能放回原瓶；第四，检测完毕，及时清理现场，使用过的检测仪器应切断电源；第五，玻璃器皿应刷洗干净，晾干放归原处；第六，工作完毕后，应用肥皂清洗双手；第七，对检测结果进行认真分析、准确判断、真实记录，不得伪造和涂改，专人负责填写食品安全快速检测报告登记表和可疑（问题）食品处置登记表，登记表保存期不少于 2 年；第八，检测记录应妥善保管，不得随意丢弃，以备检查；第九，经快速检测认为不合格的食品，要立即停止制售，并予以封存，将样品送有资质的检验机构检测，经检测合格的食品可继续使用，不合格的食品报县食药局查处；第十，如经快速检测认为不合格的食品数量较少，价值较低且送检费用较高，应在本单位负责人的监督下销毁，并做好登记。

2. 高频检查，严格标准

袁家村党支部、村委会深刻认识到食品安全是袁家村旅游发展的生命线，是保护袁家村原生态食品品牌的法宝。袁家村以高频率多层次检查保障食品安全。严格的监督，形成了袁家村“检查不断线、安全有保障”的监管格局。各级组织各司其职，各管一头，分头负责，层层衔接，形成了多位一体的管理模式。

村上成立了农家乐协会和小吃街协会，目前已经形成了综合办公室—村委会—旅游管理公司—农家乐（小吃街）协会多层级的管理格局。综合办公室由县政府抽调工商、质检、食药、公安等部人员组成，食药局派一名同志常年驻村蹲点，每天在村干部协助下对食品加工经营点进行常规巡查；村上成立以村党支部书记为组长、村两委其他主要成员全部参加的食品安全工作领导小组，村委会干部都是上墙的“食品安全监督员”，每人分管一条街，每天抽时间巡查，负责经营户的联络和违法活动的处理；旅游管理公司负责乡村旅游的规划设计，对食品经营户进行宣传培训，统一检查工作衣帽和餐具消毒等；农家乐协会和小吃街协会发挥行业协会自律作用，由经营户自行推选代表每天挨店挨铺进行检查，从穿衣戴帽、用具摆放、地面环境，到原料来源及新鲜程度，逐项检查、问询，眼看鼻闻，再加上快检手段，发现有问题的地方，值班负责人会立即找到店主，要求及时整改。检查结束后，还会做详实的书面记录：“桌面卫生差，门前幌不干净”“门前景观渠不干净”“地面发现一个烟头”“凉粉没加纱盖”……这些信息将汇总报告村委会，作为每周例会上的重要警示公布。

除了袁家村自行的一套监管制度外，礼泉县食药局每季度还对村上大宗原材料抽检一次。县食药局和旅游局每季度联合对袁家村从业人员集中培训一次，主讲餐饮食品、小作坊食品的操作规范、基本知识以及食品相关法律、法规。对更新人员重点培训，还对新许可小餐饮户人员进行岗前培训，考试合格方可上岗就业，2015 年一年就培训 1430 人次。为了提高经营户的服务意识和行业素质，袁家村组织经营户到云南、山西、四川，以及泰国、日本等多地进行考察学习。县食药局根据袁家村回归传统、突出乡土气息的旅游理念，对袁家村发放小餐饮许可时，不拘泥于面积大小和墙壁色彩，关键管控影响食品安全的设施、设备和关键控制点，如冰柜、消毒柜、筷子消毒机、灭蝇灯、垃圾桶、油烟机、冷藏柜等硬件设施一律齐全，加工操作规范，保证食品在加工过程中不变质。村上根据各经营户接待规模有偿发放一定数量筷子，强制定期更换新筷子，发现餐具不消毒的停业三天；2013 年检测发现某油炸食品的过氧化值超标，村上立即罚款 2 万元；对采购原料把关不严的一家有名小吃处以停业一周的处罚。

3. 制度保障，规范管理

袁家村先后出台一系列制度规范，对违法违规进行生产经营活动的经营户，在县食品药品监管部门依法查处的基础上，由村里对其实施最严厉的惩处，如果食品生产经营中有发现非法添加行为，一律驱离出袁家村。每家商户墙上除了有健康证公示栏之外，还有《食品质量安全公开承诺书》和《食品原料采购与索证制度》。

商户在《食品质量安全公开承诺书》中承诺：第一，依法取得餐饮服务许可证、照，严格按照许可的经营范围亮证、照经营；第二，坚决杜绝使用非法添加剂及滥用食品添加剂；第三，严格落实进货检查制度、索证制度、进销货台账制度，所经营的食品来源一律做到有合法资质证明、有产品质量检验合格报告；第四，经营、使用中发现供货商提供的问题产品，做到不藏匿、不销售，及时清查上缴，并主动向县食品药品监督管理局报告；第五，坚持依法诚信经营，不销售使用过期、变质等不合格的食品，对保质期处于临界期的产品，坚决不销售及使用；第六，每年对食品从业人员组织培训，学习食品安全法律、法规、规章、标准和其他食品安全常识，强化守法诚信经营意识，提高食品安全管理能力和水平；第七，每年对本店从业人员进行健康检查，做到持证上岗。在《食品原料采购与索证制度》中对商户的要求有：第一，采购人员要认真学习有关法律规定，熟悉并掌握食品原料采购索证要求；第二，采购食品（包括食品成品、原料及食品添加剂、食品容器和包装材料、食品用工具和设备），要求按照国家有关规定向供方索取生产经营资质（许可证）和商品的检验合格证明，同时按照相关食品安全标准进行核查；第三，所索取的检验合格证明由单位食品安全管理人员妥善保存，以备查验；第四，腐败变质、掺杂掺假、发霉生虫、有毒有害、质量不新鲜的食品及原料以及无产地、无厂名、无生产日期和保质期或标志不清、超过保质期限的食品不得采购；第五，无"食品生产许可证""食品流通许可证"的食品生产经营者供应的食品不得采购；第六，采购乳制品、肉制品、水产制品、食用油、调味品、酒类饮料、冷食制品、食品添加剂以及食品药品监督管理部门规定应当索证的其他食品等，均应严格索证索票，生肉、禽类应索取兽医部门的检疫合格证，进口食品及其原料应索取口岸监督管理部门出具的检疫合格证书；第七，验收员在验收食品时，要检查验收所购食品有无检验合格证明，并做好记录。

严格的食品安全管理制度，从根本上保证了袁家村食品原始、传统的自然风味，也为袁家村赢得了声誉，给各经营户带来了可观的经济收益。如今在袁家村，食品加工经营户最怕失去做生意的机会，不敢违法、不想违法，也不会违法，行业自律已蔚然成风。

4. 诚信经营，共筑信任

在袁家村的街巷，每走几步，就能看到墙上张贴着油、面、醋、小吃街、辣子、酸奶、豆腐等合作社名单。每份名单都白纸黑字详细写明入股人的姓名、地址和入股金额。合作社规模大小不等，小规模 20 人的也有，大规模 300 人的也有；入股金没有任何限制，从公开数字看，有 2000 元、5000 元的，也有 10 万元、20 万元的；股东有的是袁家村的，也有礼泉县其他村镇的，还有附近市区的，这些股东可以是经营户，也可以入股到各个合作社当“老板”。食品安全，不完全是付出艰辛履行职责，也不完全是付出心血社会共治，袁家村全体村民在履行“四个最严”食品安全治理理念的同时，也共享到食品安全所带来的巨大利益。诚信是袁家村的金字招牌，为了取信于消费者，袁家村所有经营户都面向消费者以“自损”的非常方式坦然发下“毒誓”，写下庄重的食品安全承诺书，并制成牌匾高悬于醒目处，让消费者知晓食品采取真材实料，保证不滥用食品添加剂和非食用物质。例如驴蹄子面家的承诺是“本店所用面粉选用优质小麦，由本村面坊加工而成。辣子、菜籽油、醋、大料均由袁家村作坊精心加工而成。纯手工制作，工艺复杂，不含任何添加剂。店主重誓承诺：若有掺假行为，甘愿后辈受穷。”

“豆腐脑，尽管老百姓都爱吃，但只能算个路边摊食品、地摊食品，从来没有想过食品安全这几个字。以前，豆子小市场买，来到袁家村，豆子、辣子、油、盐等原料统一供应，我根本不用操心；顾客用完的碗，也不是随便冲冲就又用了，现在各个餐具都要消毒。做了几十年豆腐脑营生，第一次办了健康证，每天头一件事是检查村里配的灭蝇灯、消毒柜是不是正常听使唤。你肯定不相信，3元一碗的豆腐脑，我一年毛收入86万元。因为袁家村豆腐脑，大家吃得放心。"66岁的曹培峰说道。他是"新村民"，是袁家村豆腐脑的经营者，如今，他和两个儿子都忙碌在袁家村小吃平台的生意中。

食品安全，作为袁家村兴盛发展的生命线，是袁家村每一个村民、每一个经营者共同捍卫的道德观和义务。袁家村人，是共享食品安全利益的生命共同体，以"农民捍卫食品安全"为口号，从源头上遏制食品安全事故的发生，并通过一系列的监督检查辅之以制度保障食品安全，每一名村民以自己的实际经营践行着作为袁家村人所承担的食品安全的责任。这种对食品安全的高度重视，体现着袁家村人对"信任"的维护，对生命的尊重，也是袁家村可持续发展的保障。袁家村——正是这样用食品安全托起的一座城！

五、有一个好平台——"大众创业、万众创新"的平台

农民创业创新是我国"大众创业、万众创新"总体战略的重要组成和潜力所在，是为农村储备和培养各类人才的必然选择。在"大众创业、万众创新"的时代浪潮下，袁家村为各类人才积极打造创业平台，创造良好的创业环境，营造开放、自由的创业氛围，吸引了众多人才带着自己的特色项目来到袁家村，开启创业之路，共同推动袁家村的发展，形成了"大众创业、万众创新"的新局面。

（一）袁家村的"两创"平台

为了打造"两创"平台，营造一个创业新环境，袁家村建设和完善了基础设施，如村级文化健身活动广场、进柿（士）林生态停车场、星级公厕、村史馆、游客服务中心等，使游客和经营户受益。袁家村同时打造了创业的免费平台，例如店铺免租、免税，农民创业平台的固定摊位，水果流动摊位等。

袁家村已经形成了农家乐、作坊街、小吃街、祠堂东街、酒吧街、回民街、书院街、酒店住宿八大特色区域，根据袁家村的发展规划，选择项目入驻。经营项目需要进行筛选，农家乐主要是由当地村民经营；小吃街

的商铺则采取招商入驻的方式，同类小吃不能重复，有相关手艺者皆可竞争；酒吧街和祠堂东街主要是以青年创业项目为主。项目入驻需要申请、撰写计划书、审核产品，由村委会开会协商决定。项目应具备的条件是："一户一品"、独具特色、与袁家村文化元素相融合。

袁家村是一个让不同文化背景的人们相互碰撞的平台，通过平台更加促进袁家村创新意识和创新能力的提升。

（二）袁家村的创业现状

袁家村有"中国十大最美乡村、中国十佳小康村、中国乡村旅游创客示范基地"等荣誉称号，袁家村在村干部的带领下，全村村民团结一致、艰苦奋斗，把袁家村建设成集餐饮、民俗文化、住宿、娱乐及旅游于一体的乡村示范村，袁家村凝聚了集体智慧，是"大众创业，万众创新"的经典范本，同时也是全国乡村创业发展的一面旗帜。

从 2007 年以来，农家乐由原来的 5 家发展到现在的 60 家；小吃街主要包括康庄街、祠堂街和回民街三条街，2018 年有商户 169 家；酒吧街于 2012 年建成，酒吧茶馆共有 17 家；在原来的布坊、醋坊、磨面坊、油坊、茶坊、豆腐坊、辣子坊 7 个作坊基础上增加了醪糟、粉条、酸奶 3 个作坊；除了店铺，还有街道旁的固定零售摊位 26 家和根据游客量变化的流动摊位。一个原住村民只有 286 人的袁家村吸引了 2983 名生意人长期固定聚集在此，形成了袁家村现有的发展规模。袁家村创业群体以农民为主，主要集中在小吃街、作坊街、农家乐和农民创业平台，年轻创客和大学生主要集中在酒吧街和祠堂东街。

袁家村打造了自己的食品品牌，例如袁家村的面、油、辣子、醋、粉条、酸奶、雪糕等，将优势项目股份化，村民自愿加入合作社，实行分红，缩小贫富差距，促进公正公平。袁家村还有关中印象体验品牌和旅游产业。随着袁家村不断地创业创新，达到可持续发展，已形成"大众创业"的良性循环。

袁家村打造"农民创业平台"

（三）袁家村的创业者类型

来袁家村创业的人有农民创业者、青年创业者、返乡创业者和大学生创业者四类，下面列举五个具有代表性的案例。

1. 农民创业者

袁家村主要是为农民打造创业平台，以创业带动就业，形成创业新趋势。农民创业者主要集中在农家乐、小吃街、作坊街、固定零售摊位。袁家村的创业成功案例也影响了外地村民，因此有很多外地村民积极加入袁家村，已经成为主要力量。

案例一：麻花店经营者，刘某，男，36 岁，初中文化，袁家村人。麻花店位于小吃街，袁家村提供店铺，免租金，2011 年开始经营，随着客流量的增多，需求增大，现在店铺已经扩展到两家。麻花店每天要用掉十几袋面粉，员工现场和面制作麻花，每根 2 元，日营业额可达到 8000~12000 元，现在麻花经营成为优势项目，实行了股份制，缩小了收入差距。

2. 青年创业者

青年创业者年龄大多在26~35岁，以经营酒吧、咖啡厅以及具有现代气息的精品屋为主。青年创业者已经成为袁家村发展的支柱，他们是一群充满激情，有创意，善于整合资源，敢于创业、勇于创业的新时代青年。

案例二：“如此”系列小店，陈嘎，男，31岁，本科学历。年轻小伙陈嘎毕业三年后，与大学同学带着文化创意类项目来到袁家村，结合特色给袁家村定制了文创产品，如手绘地图册、产品包装设计、手工制品等，找到双方的契合点。2014年2月他们的“如此手工”艺术小店顺利开业，带有袁家村特色的文创产品也广受游客的喜爱。随着市场的认可，同年9月他们又在艺术长廊开办了第二家小店“如此陶艺”，将这家店搭建成设计师的平台。如今，第三家店“如此生活”又在祠堂街开业，这里主营手工布艺。“如此”创业团队已由最初的3人发展到现在的15人。

3. 返乡创业者

农民通过外出打工、工作，积累一定的技术、资金等要素回乡创业，这类创业者已经比较普遍，主要集中在农家乐、小吃街、祠堂东街。辞职返乡主要是为了建设家乡贡献力量。

案例三：休闲农家13号，王某，女，35岁，本科学历。休闲农家13号2009年开始营业，王某是辞职返乡创业者，她希望能够为袁家村的建设贡献自己的力量。据我们了解，王某主要是凭借口碑带来游客，提倡原汁原味，注重服务。客源由最初的陕西省的宝鸡、咸阳、西安、铜川、渭南，扩展到甘肃、河南、河北等其他省份。

4. 大学生创业者

最近几年，大学生创业者已经成为袁家村发展的新生力量，他们集中在祠堂东街、艺术长廊和酒吧街。

案例四：居酒屋，何某，男，37岁，本科学历。居酒屋位于祠堂东街，居酒屋的何老板从日本留学归来，把日本元素巧妙地与本村特色文化融合到一起。他说，袁家村给了他一个很好的创业平台，才开始的这两年发展比较艰难，他会一直坚持做好服务，服务理念是把服务做到极致、做到舒服。他深信在袁家村坚持下去的创业者就能成功。亲自体验和服是店里的一个独具特色的活动。

案例五："走走听听"APP 项目，王某，男，22 岁，在读本科。"走走听听"APP 创业项目是由陕西某高校的在校学生团队开发的，袁家村是他们 APP 的第一个景区试点，设点推广。袁家村为他们团队在村里提供了推广平台并免费为他们提供住宿和餐饮等，良好的创业扶持帮助大学生团队迈出了实践自己创业梦想的第一步。

（四）袁家村的创业政策与采取的措施

1. 打造创业平台，激发创业想法

积极打造平台，让农民创业有舞台。在袁家村里建设了农民创业街，鼓励农民前来创业，袁家村改善投资硬环境，打造了创业服务平台，依托袁家村的公共基础设施和公共服务，建立健全农民创业服务体系。同时积极整合部门资源，帮助农民搜集市场信息，免费为农民提供信息服务，构建有效的信息平台。袁家村营造了良好的农民创业环境，增强了农民创业的安全感。袁家村打造创业大平台，激发农民的创造活力，萌发创业想法，形成"大众创业、万众创新"的生动局面，同时紧紧抓住发展机遇，增强创新意识，发挥村干部的带头作用，促进全村人创新意识提升。

2. 加大创业扶持，吸引人才入驻

袁家村根据农民创业创新政策，梳理政策"干货"并集中宣传、结合袁家村的实际情况采取措施，做到了整合资源项目、形成合力、共同推进。为了达到全村共同创业共同富裕的目标，村组织先后出台了一系列创业支持政策，如为先行启动农家乐装修改造的农户提供一半的补贴费用；由村组织筹集资金建设新街，对进入街区的商户全部免收租金并给予其他创业扶持；外来社会资金投入袁家村旅游建设，村组织免费为其提供土地，并给予大力支持等。返乡创业者、大学生创业者、青年创业者等众多人才积极加入到袁家村创业浪潮中，为袁家村的发展注入了新鲜血液。

3. 注重理念教育，强调技能培训

在"大众创业、万众创新"的背景下倡导加强教育和创业培训，运用政府购买服务的机制帮助返乡创业人员改善经营、开拓市场。为了开阔村民的视野，达到理念的创新，袁家村建设了农民学校，教育的重点是全村村民的思想能与时俱进，教育出一批思想好、有文化、有见识的新时代农

民。为了让农民增见识、长本事，袁家村组织了专业的创业培训队伍，鼓励村民参加培训，提供有针对性的创业指导，提高大家的创新意识、服务意识和安全意识，培训的重点是青年农民创业，培养一批基础好、有激情、有潜力的青年农民，将其培育成农民创业的领头人。

冲浪项目

三角翼项目

4. 集中优势资源，拓展创业空间

增加农民收入是发展的核心，袁家村紧密结合当地实际，整合各类资源，致力于打造关中民俗体验地，发挥优势项目，突出个性特色，走一条真正属于自己的发展路子。袁家村善于在转型中捕捉创业机遇、困境中创造创业条件，不断整合新资源、发展新优势、拓展新空间，引领村民共同创业、共同致富。袁家村将以“一村带九村”的发展要求，辐射带动周边九村发展区域板块经济，目前已扶持发展起了山底御杏生态观光园、花果氧吧东坪村、龙眠福地陵光村等一批乡村旅游示范村。十村将相互帮助、相互扶持、相互影响，使创业空间得以拓展。

袁家村以乡村旅游为主体的发展模式，开创了城乡融合发展的新路径。袁家村以关中文化品牌为引领，为了招贤纳士打造了丰富的创业平台并以开放的、自由的姿态接纳他们，尽可能为他们提供政策支持、管理服务和人文关怀。袁家村以极具包容的胸怀接纳多元文化，将乡土特色与国际化元素巧妙地融合起来，带给游客多样化的体验。袁家村奏响了引领时代的号角，整合了独具特色的资源，凝聚了集体智慧的结晶，彰显了包罗万象的胸怀，蕴藏了无穷无尽的潜力，因此，袁家村是“大众创业，万众创新”的经典范例。

六、有一个好班子——坚强有力、团结实干的领导班子

班子团结有力是袁家村成功的一大法宝。多年来，袁家村两委会一班人始终做到同心协力干事，共谋发展大业。从 20 世纪 70 年代初的郭裕禄、张文西、王志学等一班人，到现在的郭占武、郭俊武、王创战等一班人的身上，都展现出了一股强烈的进取心和实干精神，他们都能按照既定目标，"咬定青山不放松"，一茬接着一茬干，坚定不移地将认准的事情完美执行到位，从不推诿扯皮，从不争论内耗。结合袁家村发展壮大的历程，我们不难发现，无论在哪个发展阶段，都离不开郭裕禄、郭占武等村委班子带头人的号召带领。每次变革和转型，都是这些"领头雁"头脑清醒、敢为人先，自始至终坚持其独到的、与时俱进的"经营"理念，确保了村级经济转型跨越既积极又稳妥，保持了发展的持续性和旺盛的生命力。据统计，仅陕西，学习袁家村模式的村庄就有将近 60 个，这些地方虽然在区位、文化和环境上不输袁家村，但最终却成不了"袁家村"，所以人们都说袁家村是不可复制的。当然，这种说法有些绝对，但也恰恰说明比环境、条件更重要的是人，人的因素永远是第一位的。如果说袁家村的成功不可复制，那么究其根本则是袁家村的"人"是不可复制的，好的带头人带领着一个好的干部群体，好的干部群体带领着好的村民形成了特有的袁家村。可以说袁家村是"一个人带领一个团队领导一群人干了一件事，最后达到了一个目标：群众共同致富，解决了利益分配、食品安全等问题"。

1. 领导走心，敢为人先，目光长远

袁家村是一个远近闻名的老先进典型，秉承着"一个人富了不算富，大家富了才算富"的精神。郭裕禄老书记也一直坚持让"有钱的带没钱的，有本事的带没本事的，有能力的带没能力的，大家共同富裕"。从 20 世纪 70 年代，郭裕禄出任袁家村第 36 任队长开始，面对积贫积弱的局面，他并未退缩，而是立志带领袁家人向贫穷宣战，寻找集体脱贫致富的道路。郭裕禄书记认识到全村最紧迫的问题是温饱问题，同时意识到袁家村落后的本质原因是民心不齐、缺乏凝聚力，因此带领其他村干部着力对村民进行思想教育，打击村霸获取村民信任，在此基础上带领村民大力发

展粮食生产，成功解决了袁家村的温饱问题。村民说："没有郭书记领着咱们干，就没有今天的新袁家。"郭裕禄书记自己说："要使我一家富起来，那可以说是易如反掌，可袁家的其他人呢？那些孤寡老人和残疾人呢？他们怎么富起来？我一个人就是拿立柜盛票子，当个'王十万'，其他人穷过活，我心里怎能安然？我是党支部书记，应该带领大家共同致富，不能丢下大家不管。"正是秉持着共同富裕的理念，袁家村抓住改革开放的契机，大力发展村办企业，审时度势将土地承包到农户，大力发展果品种植，使农民的收入变成了"果业收入＋工资收入＋村集体分红"的模式。然而这还不够，郭裕禄书记认识到要想真正富裕还需拓宽发展领域，因此加大投资规模，使原有的村农工商总公司迅速发展成集建材、餐饮、旅游、运输、服务、房地产、影视为一体，总资产达到10亿元的大型集团公司，实现农业稳村向工业富村的成功转型，袁家村成为远近闻名的"小康村"。究其原因，是郭裕禄书记心怀袁家村，他高瞻远瞩，抓住每一次机遇，带领村民共同奋斗，志在让袁家村越来越富。

郭占武书记认为现在农村发展不起来的原因是"能行人都走了"，而袁家村是"能行人都回来了"。2000年以后，袁家村的发展遭遇突变，果业、养殖业效益下滑，村办企业关停，以郭占武书记为首的领导班子意识到袁家村必须转型。恰逢2007年县委、县政府作出大力发展乡村旅游的战略决策，郭占武书记结合自身经历，依托得天独厚的人文资源优势，开启了袁家村的第二次转型之路，不惜斥资20万元面向社会各界精英人士及公司征集经典策划方案，将袁家村建成了关中印象体验地。郭占武书记说："袁家村是典型的供给侧的产物，因为市场在发展，城里人需要袁家村这样一个乡村旅游的产品，袁家村的发展要顺应市场需要，但要走在政策之前。""我们袁家村如果拿四个字来说，绝对是因地制宜，就是我们自己探索出来袁家村的发展路子，没有借助外在的力量。我们袁家村的主题是关中民俗，我们为什么不做红色延安，为什么不做唐昭陵，唐昭陵就在我们背后我们都不做，不做的原因是那些跟我们的生活都没什么关系，我们就要做关中地地道道的农村生活。我们说的话，我们的衣着，我们的很多东西都是关中民俗的一部分，所以我说我们是因地制宜。我就觉得这个东西我们能做，别的我们做不了。"众所周知，郭占武书记回袁家村之前在咸阳有一份体面的公务员工作，不愁吃穿，但是他心系袁家村的父老乡亲，因此他想用自己多年的积蓄在袁家村建个街道，吸引游客来，让农民挣钱，也算对得起父老乡亲。然而为了让旅游能发展起来，他要帮忙给村民联系商户、教村民如何经营，久而久之，袁家村的旅游慢慢做了起来，而郭书记也"把玩的事做成了主业"。当然，袁家村不会止步于"关中印象体验地"，"我们在实行'走出去'战略，将袁家村的经验带出去，让'袁家村'遍布各地，我们的梦想是上市。"

毛主席说："政治路线确定之后，干部就是决定的因素。"袁家村领导见多识广，没有盲目硬搬硬套其他地区的旅游模式，而是借助自身民俗的优势，将自己的生活做成旅游，将村庄的发展引向正确的方向。作为袁家村的领导人，"我们没等，我们没靠，我们没要"，20 世纪 70 年代，郭裕禄想的是如何发展生产力，让农民实现温饱；80 年代，他想的是如何充分利用剩余劳动力，建起村办企业，让农民富起来；进入 21 世纪，郭占武想的是如何让袁家村的大旗不倒，让农民持续富裕……袁家村现在的发展离不开这些领导人的改革创新意识，离不开他们立足本职工作、兢兢业业、创造一流业绩的工作理念，离不开他们工作中处处为先，想得比别人远、做得比别人快，想在前、做在前的高瞻远瞩。

2. 党员用心，无私奉献，先锋模范

袁家村党支部委员会由袁家党支部、东周党支部、西周党支部组成，共有共产党员 62 名，支委会由 8 名党员组成。村委会 5 人中有 4 人是党员。他们在实际工作中，充分发挥了党员应尽的责任和义务，不仅有共产主义远大理想、坚定的中国特色社会主义信念，而且还时刻牢记党的使命、党全心全意为人民服务的宗旨，保证将人民赋予的权力最大程度地用于为民服务，一切工作，都服从和服务于党的中心工作，服从人民群众的需要。支撑袁家村历次转型发展的，就是党员干部严以修身、无私奉献的这种精神。

郭裕禄作为袁家村党支部的老书记，也曾任中共礼泉县委副书记，中共十一大、十二大、十四大代表，陕西省第六、第七、第八届党代表，全国劳动模范，全国优秀党务工作者，陕西省优秀共产党员。这些荣誉是郭书记以自己作为党员的实际行动换来的，无论在艰苦创业的岁月里，还是在兴办企业奔小康的建设中，他充分体现了一个优秀共产党员应有的模范形象。在郭裕禄接手之前，袁家村是有名的穷村，当年国家对农民买化肥给予政策优惠，但是袁家村还是没钱买化肥，为此，郭书记带头，发动群众在过年期间全村上山捡羊粪，以让来年的庄稼增收。他带领村民人拉肩扛、平整土地，将全村 500 多亩"三跑"田（跑土、跑水、跑肥）改

造为“三保”田。他上任后做的第一件事，就是为村上讨要欠款，第一个对象就是和他有亲戚关系的前任队长，为追回这 700 元欠款，他带人上房揭瓦，在全村引起极大震动。由于郭裕禄敢动真格的，不久全村人共欠队里的 3700 元欠款悉数追回。另一件让村民吃惊的事情是，郭裕禄撤了父亲看菜园的工作，原因是当时掌管生产队菜园的父亲将井水首先引入了自家的自留地，大多数村民则打心眼里佩服这位大公无私的书记。“有人说我不近人情，不是当干部的料，但我认为，当干部的就是要铁面无私，六亲不认。”“雪里面埋不住鞋，在群众面前，身教重于言教，给群众少说大话，多干实事就能取信于民。”“事业是干出来的，不是说出来的，也不是唱出来的、吹出来的，要得到群众的拥护，就必须多想人民的事业，多想党的事业，不能斤斤计较个人得失。我把这个村子看成一个大家庭，自己的家庭看成一个小家庭，大家庭好了小家庭自然就好了。想问题应该站在大多数人的利益上看，要站高看远。”正如他所说，他用行动阐释了一个党员一切事情都以人民的利益为先，时刻谨记为人民服务的宗旨。

时至今日，党员的这种先锋模范精神依旧在袁家村的领导班子、袁家人的身上得以体现。开始兴办乡村旅游初期，村民对创办农家乐缺乏信心，大家质疑：袁家村没有南方的青山绿水，没有远近闻名的名胜古迹，靠啥吸引人？游客凭啥来袁家村？村支部将“支部引领、党员示范、骨干带头、群众参与”作为一种启蒙模式，一方面组织村民赴外地参观，让大家学习先行者，另一方面村干部走进农家做工作。最后，还是几家党员家庭带头办起了农家乐，其他村民看见可以盈利，家家户户才办起了农家乐。同样，最初投资酸奶的时候，村民不知道股份公司是什么，没人敢投，尽管村委会不断做思想工作，但是村民还是不能理解，村支部就先做通村干部和党员的工作，让他们将思想传达给每个村民，最终要让 99% 的村民入股。于是，党员、村干部起带头作用开始入股，后来，有的群众为了照顾村干部的情绪，象征性地入了一两万元，等到年底分红的时候居然拿到了许多钱，大家才认识到“股份制能挣钱”。第二年大家开始抢着入股，现在完全接受了股份制。事实上，当时党员和村干部也并不知道到底能不能赚钱，就是拿自己当试验品，村民利益的试验品，因为他们知道自己作为党员如果不带头，那么村庄的发展将阻碍重重，即使试验失败，牺牲点个人利益也没有关系。

3. 班子尽心，公而忘私，共谋发展

班子团结有力是袁家村成功的一大法宝，不管是在20世纪70年代初的郭裕禄、张文西、王志学等一班人，还是现在的郭占武、郭俊武等一班人的身上，都展现出了一股强烈的进取心和实干精神，这些“领头雁”头脑清醒，敢为人先，自始至终坚持其独到的“经营”理念，确保了村级经济转型跨越，保持了发展的持续性和旺盛的生命力。袁家村的成功、袁家精神的发扬离不开这两个团队在实际工作中发挥的作用。

20世纪70年代改土造田之后，袁家村面临缺少灌溉水源的问题，于是，由郭裕禄、王志学等村干部组成的掘井突击队成立了。在打井的时候挖到五六十米深时，水泥井筒因遇到大石块发生了倾斜，井口附近的井壁突然崩塌，掘井突击队队员都不同程度地受了伤，作为队长的郭裕禄更是头破血流，人事不省。然而在昏迷两天后，郭裕禄再次出现在井口。受郭裕禄书记的精神感召，一些已经放弃的队员重新回到打井现场。之后几天，突击队员们吃住在井边，终于打成了袁家村历史上的第一眼机井，袁家人称其为“争气井”。正是由于这一班子人，袁家人才得以解决温饱问题。

郭占武说：“袁家村的核心应该是干部不为自己，一心一意为群众办事。”如今郭占武带领的班子人也继承了父辈的这种团结一致、共谋发展的理念，他们达成的共识是：将旅游做成产业，引导村民参与其中，就是带领大家走上共同富裕的道路。这班子人为了服务村民、帮助村民致富，牺牲了个人与家庭的利益，走村串户动员群众发展旅游业，逐家逐户做工作，帮助他们装修院落、指导和培训村民经营。郭占武书记说：“不要钱的服务就是袁家精神，干部就是服务队，就是为村上跑腿的，为群众服务的、干活的。”袁家村的村干部几十年如一日为村里工作，然而这一切都是义务的，并没有实际的工资。当然，“我们村干部也许也有私心，但是私心一出现，我们就能看见它带来的坏处，我们告诫自己，时时刻刻抠除私心。”“我们可以看见哪家生意好，把他劝走，自己做，自己挣钱，但是我们没有。”“酸奶做得好，油泼辣子卖得好，我可以入股的时候让别人少入，自己多入，到时候多分红，我也没有，大家都没有，每个人能入股多少都是有上限的，不能因为一个人而坏了规矩。”袁家村的村干部始终以廉洁自律要求自己，绝对不会因为自己的一点私利而做出违背群众利益的事情，做事不为钱，只为全村的共同富裕，这是他们特殊的身份的要求，

也是袁家村现在的平台和品牌的要求。尽管袁家村现在发展得如火如荼，但是我们也看到村干部依旧两袖清风。在村民、游客遇到问题时，任何一个村干部都可以为他们服务，“我们三委虽然分离，但是为人民服务的心没有分离”，遇到问题大家一起解决，从不相互推诿。正是因为有着村干部的团结协作，牺牲和奉献精神，袁家村才没有错失转型良机，他们牺牲小我，成全大我，共谋袁家村的发展，让袁家村始终走在时代的前列。

4. 村民齐心，不忘初衷，协力“袁”梦

一个村庄的发展离不开带头人，更离不开村庄的核心——村民。所谓“天时不如地利，地利不如人和”，可以说村民齐心是袁家村持续发展、实现袁家梦的根本基础。在发展村集体经济的时候，郭裕禄最注重的就是村民的思想教育，“思想一通，一通百通”。在他的引领号召下，袁家村千方百计提高村民的思想素质。这种思想延续至今，其一，为了达到村委会与村民意识的有效统一，村干部一次又一次召开各类会议，向群众做动员工作。通过不断地开会讨论，忆苦思甜，让村民不忘初心，将他们时刻团结在一起。其二，袁家村的祠堂是由全村八个姓氏的村民共同打造的。每年除夕，村委和村民都会在祠堂一同祭祖，宣读针对村委干部的“村规”以及针对普通村民的“民约”。这两个契约明确规定了管理团队和村民的权利与义务，用多年同甘共苦所积淀的精神纽带，把大家牢牢地团结在一起。其三，村里建起了农民学校，每周两次对村民开展培训，意在提高大家为游客服务的水平，凝聚健康发展正能量，激励年轻一代努力奋斗，把袁家村的明天建设得更加美好。谈到现在村民的整体素质，郭裕禄骄傲地说：“现在看效果特别明显，现在村民有钱了，一户一年最低都能有几十万元的收入，钱都是次要的，人的素质的改变是最重要的。袁家村要长远发展下去，必须要依靠自己，需要提高人的素质。”正是由于袁家村吸引有知识有文化的人入驻袁家村的政策的推动作用，袁家村现在有 30 多个大学生，更有硕士和博士，人的素质不断提升，袁家村也更富有“涵养”。

“我们的梦想，就是把关中民俗做到陕西第一，乡村度假旅游做到陕西第一。游客到陕西，提起‘红色’，看延安；提起文物古迹，看兵马俑；提起寺庙，看法门寺；提起关中民俗，看袁家村。”随着康庄一条街的日趋火爆和开办农家乐的农户越来越多，袁家村乡村旅游的发展模式也在不断创新和日趋完善。从过去的农民到现在市场经营的主体，袁家村村民的

思想在变，觉悟在提高，视野在开阔，随之人的精神面貌也在发生变化，全村提倡文明用语，诚信待客，邻里关系融洽。现如今袁家村已经形成了自己的"袁家村精神"，郭裕禄老书记从全体村民的角度出发，简单概括为"凝聚力"，认为袁家村精神的核心就是全体村民思想的统一，进而形成群体的凝聚力；郭占武书记将袁家村精神简单概括为"服务"二字，不仅是做好党员的先锋模范带头作用，全心全意为人民服务，而且全体村民互相服务，"谁都服务，谁都奉献；每个人每天用自己的时间给别人做一点点事"。袁家村正是用这简简单单的袁家村精神鼓舞着村干部、激励着每一个村民齐心协力，为袁家村的发展，为实现共同富裕而努力。袁家村过去有几家店面的生意非常火爆，但是大家没想着自己赚钱，到2010年多数作坊改成了股份制公司，扩大生产，让大家一起入股，自己留20%~30%的股份，把大部分股份分给群众，自己的收入保证的同时把项目做大还能带动别人致富。"把每个在袁家村生活的人变成袁家村的主人，将袁家村发展的责任和压力分摊，袁家村的兴衰每个人都有责任"，这种思想深入袁家村每个村民的心中，成为大家共同维护袁家村这个品牌、共同助推实现袁家梦的动力。

袁家村的成功并非偶然，不论是集体经济的充分利用，还是三次跨越式转型的实现，都离不开好的带头人所发挥的作用。他们长久以来坚持志在富民、共同富裕的宗旨，秉持着服务民众、敢为人先的发展理念，在不断地实践中缔造了袁家村的神话，可以说好的带头人是袁家村得以成功的核心。同时，党员的无私奉献精神是袁家村成功的关键，领导班子的精诚合作是袁家村成功的法宝，村民的团结、人心的凝聚是袁家村成功的基本保障。所以说，袁家村的经验可以任意复制，但是"袁家人"却需要慢慢品读。

第九章

独领风骚：以新型集体经济助推乡村振兴

一、时代呼唤：农村集体经济发展需要新模式

党的十九大报告首次提出了实施“乡村振兴战略”，这是中央对新时代“三农”工作提出的新思路、新要求，反映了中央对农村定位的再认识、对乡村价值的再重视。报告又明确提出：“深化农村集体产权制度改革，保障农民财产权益，壮大集体经济。”把振兴农村集体经济作为实施“乡村振兴战略”的基本路径和必然选择。

1. 我国社会主义公有制的性质和中央要求壮大农村集体经济

农村集体经济是我国社会主义公有制的重要组成部分。《中华人民共和国宪法》规定：“农村集体经济组织实行家庭承包经营为基础、统分结合的双层经营体制”。2013 年全国“两会”期间，习近平总书记提出：改革开放从农村破题，大包干是改革开放的先声。当时中央文件提出要建立统分结合的家庭承包责任制，实践的结果是，“分”的积极性充分体现了，但“统”怎么适应市场经济、规模经济，始终没有得到很好的解决。而“统”的载体和途径，就是加强合作制经济。习近平总书记多次强调要重构集体经济组织，提出了“既要壮大集体经济，也要解决好农民问题”的要求。他很早就提出“要走组织化的农村市场化发展路子”，“探索像日本农协、台湾农会的机制”，“组织农民是我们党的独特优势”。他任浙江

省委书记时提出了农村生产合作、产销合作、信用合作“三位一体”的宏伟构想。党的十八届三中全会提出要“发展壮大集体经济”；2016 年 12 月发布的《中共中央　国务院关于稳步推进农村集体产权制度改革的意见》，将农村集体经济组织认定为“特殊的经济组织”。党的十九大报告又明确提出：“深化农村集体产权制度改革，保障农民财产权益，壮大集体经济。”《中共中央　国务院关于实施乡村振兴战略的意见》进一步指出：“探索农村集体经济新的实现形式和运行机制。”

2. 农村集体经济发展存在的“三无”现象和“六缺”问题呼唤壮大农村集体经济

随着农村经济社会深刻变化和市场化步伐日益加快，一些地方的村级集体经济发展明显滞后，“无钱办事，无人办事，无章理事”的“三无”现象突出，出现了大量的集体经济“空壳村”；难以保障集体资产、资源、资金的保值增效；难以实现村集体的自我发展与壮大；难以适应推进现代农业和完善乡村治理的要求。具体有“六缺”：一是缺信心。农村干部群众对发展农村集体经济普遍信心不足。二是缺资金。村集体贷款融资难，起步发展面临资金瓶颈制约。三是缺政策。发展集体经济缺乏启动性政策支持。四是缺人才。农业经营性人才匮乏。五是缺体制。村级班子三年一选导致了部分村干部的短期行为，集体经济发展很难有一个长远规划。六是缺机制。政经不分，职能错位，集体经济管理体制机制不健全。2015 年底，全国无经营收益的行政村、经营收入 5 万元以下的行政村分别占全国总行政村的 53.6% 和 22.7%。一些地方集体经营性资产归属不明、经营收益不清、分配不公开、成员的集体收益分配权缺乏保障等问题要求发展和壮大新集体经济。

3. 我国农村生产力的发展和城镇化水平的提高使壮大农村集体经济具备了现实可能性

改革开放 40 多年来，农村生产力的发展和城镇化水平的提高，使农村集体经济的发展具备了现实可能性。一是组织基础依然存在。中国目前存在 200 多万个农村集体经济组织；没有成立集体经济组织的村民委员会与村党支部实际上履行着部分集体经济组织的职能。二是工业化发展为发展农村集体经济提供了物质基础。工业化带动了城镇化进程，农业剩余劳动力到城镇就业为农业的适度规模经营创造了条件；工业化促进了农业机械化，机械化水平的提高为实现农业集约化、集体化创造了基本物质条件。三是一批职业农民应运而生，为农村集体经济的发展壮大储备了人力资源和智力支持。

二、“三次巨变”：催生集体经济实现“三次飞跃”

从20世纪70年代至今，袁家村的发展先后经历了“三次跳跃式的巨变”，从籍籍无名的贫困落后村成长为享誉全国的小康村、美丽乡村，走出了一条从治穷、致富到强村的发展路径。

1. 第一次巨变：整地造田治穷（1970—1978年）

以前的袁家村是个“耕地无牛，点灯没油，干活选不出头”的“烂杆村”。20世纪70年代初，老书记郭裕禄带领村民艰苦奋斗，全村上下通过挖坡填沟、打井积肥，把全村503亩靠天吃饭的坡地改造成了旱涝保收的水浇地，粮食亩产从1970年的80公斤提高到了1978年的825公斤。彻底解决了温饱问题，并且每年人均向国家贡献粮食350公斤，村级集体经济实力大大增强，成为全省乃至全国农业战线的一面旗帜。

2. 第二次巨变：发展工业致富（第一次转型，1979—2005年）

党的十一届三中全会后，袁家村人审时度势，决定走“农业强基，工业致富”的发展道路。1983年，村集体投资70万元，建成了一座年产1万吨水泥的水泥厂，投产当年就创利30万元。其后，村党支部制定了“内引外联，借船出海，创办扩建，滚动发展”的发展战略，于1988年成立“农工商公司”，先后投资460万元，建起了硅铁厂、印刷厂、海绵厂等一批村办企业。这一时期，袁家村集体下设12个子公司，形成了工、商、建、运、服等多行业发展体系。到了90年代末，全村90%以上的劳动力转移到二三产业中来，工农业产值比重发生变化，农业仅占0.5%，工商业则占99.5%。并成功地将发展的触角伸向并迅速融入大西安经济圈，实现了从农业稳村向工业富村的华丽转型，成为闻名全国的“小康村”。

3. 第三次巨变：乡村旅游强村（第二次转型，2006年至今）

2000年以后，国家调整产业政策，淘汰落后产能，陆续出台关停

“五小”企业的政策，袁家村的水泥厂、白灰窑厂等村办企业均在政策控制的范围之内，村办企业陆续破产倒闭。袁家村一度出现了长达5年的停滞期。搞传统农业没有出路，再发展企业已没有条件，外出打工也不是长久之计。怎么办？2006年，在新一任村党支部书记郭占武的带领下，“异想天开”地提出打造关中民俗文化旅游第一品牌的目标。郭占武经过外出考察学习，向专家朋友求教，受沿海发达地区和关中秦岭北麓农民办农家乐的启发，敏锐地意识到，伴随着工业化城镇化的快速发展，田园风光、青山绿水将成为市民最向往的地方，发展乡村旅游将有可能成为农民新的“摇钱树”。袁家村乡村旅游产业从无到有的发展历程，大致经历了吸引人、留住人、走出去三个阶段。

第一阶段，民俗旅游聚人气。一是大力发展农家乐，村支部将“支部引领、党员示范、骨干带头、群众参与”作为一种启蒙模式，通过示范带动，到2010年，全村62户，户户办起了农家乐，日接待量达上万人次；二是由村上投资1700万元于2007年建成作坊一条街“关中印象体验地”，以“前店后厂”的方式引进了豆腐、酿醋、辣子、酸奶、菜籽油等8家传统手工作坊；三是由村上投资500多万元于2009年建成关中特色小吃一条街，引进粉汤羊血、麻花、烙面等100余家关中特色小吃。

第二阶段，休闲度假提品质。一是在农家乐的基础上建起了52家农家客栈；二是发展精品民宿10家，引进投资8000多万元建成600多个床位的天元度假酒店，满足了游客对高品质住宿环境的追求，为休闲度假奠定了基础；三是在2013年后陆续建成了回民街、祠堂街、书院街和关中古镇、村史馆、关中戏楼，满足了游客怀旧怀古的情感需求；尤其针对年轻人的消费偏好，建成了艺术长廊、酒吧街、范桦艺术馆、创意工坊、游乐场，实现了阳光下的袁家村向月光下的袁家村转变，由一日游向多日游休闲度假的转变。

第三阶段，品牌输出拓市场。依托袁家村品牌，大胆走出去，把袁家村的关中美食搬到了都市市民的家门口，让市民既能品尝到特色美味小吃，又能买到有品质保障的农产品。从2015年开始，先后在西安曲江银泰商城、小寨赛格国际购物城、胡家庙万和城和咸阳人民路正兴广场开设了袁家村城市体验店。

目前，袁家村已成为基础设施较为完备、服务功能较为齐全，既有民俗风情、又有创意文化，既有田园乡愁、又有都市时尚的乡村旅游和休闲度假胜地。2019年全村共接待游客600万人次，农家乐经营户年最高收入50余万元。袁家村先后被评为国家AAAA级旅游景区、中国十大最美乡村、全国乡村旅游示范村、国家特色景观旅游名村、中国十佳小康村、中国最有魅力休闲乡村、全国一村一品示范村、中国传统村落、全国生态示范村、中国乡村旅游创客示范基地等，成为闻名全国的乡村振兴的“旗帜”和“标杆”。

三、“十大成效”：袁家村集体经济的华丽嬗变

袁家村集体经济发展的转型突破，是从农业向工业、从工业向第三产业融合发展演进的过程，既改变了农村传统的发展模式，更实现了发展质量由低到高、发展路径由窄变宽、发展效益由弱到强的“嬗变”。集体经济转型所取得的“十大成效”具体如下。

一是顺应了转型发展的新趋势。由依靠投资、出口拉动向扩大内需、依靠消费拉动是新常态下经济转型发展的必然趋势，而扩大内需的潜力在农村，拉动消费的动力则在城市。只有让农村内需潜力和城市消费动力相互融合、相互作用，农村集体经济转型发展之路才能走得更坚实、转得更有效。袁家村建设关中民俗体验地，就是对农村生产、生活、生态环境进行改造、提升，既释放了农村的内需潜力，又带来了城市的消费，既顺应了转型发展的新趋势，又为转型发展创建了好载体，实现了释放内需潜力与激活消费动力的良性互动，为农村集体经济转型发展提供了路径借鉴。

二是发挥了资源禀赋的新优势。只有坚持因地制宜，发挥资源禀赋的最大优势，集体经济的发展之路才能走得稳、转得快。袁家村毗邻省道——关中环线，福银高速更是直通袁家，便捷高效的交通设施成为袁家村发展乡村旅游最优质的资源；袁家村处在西安（咸阳）大都市1小时经济圈之内，1000多万的城市居民成为最大的游客来源地；袁家村地处昭陵景区，盛唐文化的巨大影响力和强大吸引力为袁家村发展旅游业提供了“金字招牌”；还有袁家村传承下来的农耕文化，更为乡村旅游带来了新的发展契机。正是充分利用资源禀赋的综合优势，才使得袁家村迅速在集体经济转型发展的道路上打开了局面。

三是实现了集体经济的新突破。“大河有水小河满，大河没水小河干”。村级集体经济是村级班子团结群众、引领群众的物质基础，没有强大的集体经济实力，农村转型突破就是一句空话。袁家村通过发展乡村旅游，使

村集体经济积累从 2007 年的 1700 万元增长到 2017 年 21 亿元，农民人均收入由 2007 年的 8600 元增长到 2017 年的 7.5 万元。另外，村办企业时期的发展成本高、代价大，而发展乡村旅游成本低、效益高；前者走的是粗放型的发展路子，后者走的是内涵式增长的路子；前者污染了环境、破坏了生态，后者保住了青山绿水，留住了民俗乡愁。

四是开辟了三产融合的新路径。围绕发展壮大乡村旅游，袁家村坚持一产为二产提供优质原料，二产为三产提供名特产品，三产为一产二产开拓广阔市场，实现一二三产业融合发展。目前，袁家村共有菜籽油、豆腐、醪糟、酸奶等加工企业 10 个，停车场、观光小火车、客运公司等服务企业 6 个，建成菜籽、玉米、大豆、红薯、蔬菜、辣椒等优质农产品基地 14 个。通过发展乡村旅游业，以三产接二产连一产向前延伸，以农产品终端消费需求为导向，逆向安排一二三产业全过程，使农业生产、加工、配送各环节都契合消费需求，实现了农产品从田头到餐桌、从初级产品到终端消费的无缝对接，形成了三产带二产连一产的产业体系，促进了三次产业的全环节升级、全链条升值，激发了农村发展活力。

五是催生了农业发展的新业态。袁家村通过建设关中民俗体验地，跳出了“就农业抓农业”的传统思维，以发展乡村旅游为主线，进一步挖掘、拓展和延伸农业的经济功能、文化功能和生态功能，实现了农区变景区、田园变公园、农房变客房、农产品变商品，催生了特色餐饮、民俗体验、休闲观光、食品加工、乡村住宿、物流运输、电子商务等一大批新产业新业态，使农村成为人们望山见水忆乡愁的好去处，使之成为繁荣农村、富裕农民的新兴支柱产业。

茶楼夜景

酒吧街篝火晚会

六是拓宽了农民致富的新渠道。推进农村转型发展，农民是主体，致富是目标。袁家村始终捍卫农民主体地位不动摇，让村民当家作主，自主发展、自我发展，实现全员参与，全民皆兵。农民群众结合自身实际，或直接经营，或参与创业，或入股分红，或就业增收，或出租房屋，或从事管理服务，收入渠道呈现出多元化特点，增收渠道更宽、来源更多、领域更广、效益更高，农民群众不离家、不离乡就能实现增收致富，过上和城里人一样甚至比城里人更富裕的生活。袁家村 2018 年农民人均纯收入达 7.5 万元，是咸阳市城镇居民可支配收入的 2.37 倍，是咸阳市农民人均纯收入的 7.16 倍。收入构成中，经营性收入 4 万元，占 53.3%；工资性收入 0.5 万元，占 6.6%；入股分红、房屋出租等财产性收入 3 万元，占 40.1%。

七是丰富了农耕文明的新内涵。农耕文明是人类文明的“基因库”，是乡村历史、文化、自然遗产的“活化石”和“博物馆”，蕴含着丰富的文化价值和景观价值。袁家村在建设关中民俗体验地的过程中，没有挖掉一棵树，没有拆掉一间房，而是在原村落的基础上进行复古改造，恢复传统民俗村落，建材用料讲究、建造工艺独特、建筑样式典雅的传统风貌，注重在传承中保护，在保护中丰富和拓展农耕文明，从而将关中传统村落中的建筑文化、民俗文化、农耕文化、祠堂文化等优秀文化鲜活地呈现给游客，让农耕文明从历史走进现实，实现了经济效益、社会效益、文化效益的最大化，让农耕文明折射出了耀眼的时代光芒。

八是激发了创业创新的新活力。创新是发展的动力之源，创业是百姓的致富之道。在“大众创业、万众创新”的时代浪潮下，袁家村为各类人才积极打造创业平台，营造良好的创业环境，营造开放、自由的创业氛围，吸引了众多人才带着自己的特色项目来到袁家村，开启创业之路，共同推动袁家村的发展，形成了“大众创业、万众创新”的新局面。袁家村的开放、包容让外来创业者逐渐融入袁家村，成为“新袁家村人”。袁家村的实践让人们体验到，在农村这个广阔舞台上，依靠自己的智慧和勤劳的双手，不但能够创造出更多的社会财富，而且能够创造出更加幸福美好的生活。正是怀着对幸福美好生活的向往和追求，让袁家村人和“新袁家村人”全身心地投入到创业创新的洪流中来，用“大胆试、勇敢闯、埋头干、用心做”的创业创新精神闯出了转型突破的新路子。

九是建立了乡村治理的新模式。“管理规范、运转协调、服务高效”的乡村治理体系是引领转型发展的“导航灯”。袁家村通过发展乡村旅游，使农村传统的生产生活方式和经营管理方式发生根本性转变，形成了“大社区、小城镇”的架构体系。面对新形势、新变化，袁家村没有故步自封，没有因循守旧，而是顺应新型城镇化发展的新趋势，以更加包容和开放的态度创新治理体系，推行“政经分离”、“四个分开”，实现集体经济的独立运行以及自治组织自治功能的“回归”，让更多的外来人员融入到袁家大社区的发展中来，让农民群众更多地分享转型发展带来的好处。

十是迈出了城乡融合的新步伐。推进城乡融合发展，关键要解决城乡要素交换不平等的问题，让城乡生产要素双向互动，而不是让农村的资源、资本、资金向城市单向输入。袁家村通过发展乡村旅游，既带来了城市的商气、人气和财气，更带来了城市庞大的消费群体，带动了城市资源、资本、资金等生产要素加速向农村转移。袁家村每年经营收入超过10亿元，其中90%以上来自城市。正是城市各类生产要素的输入，为袁家村实现就地城镇化注入了强大动力。袁家村群众完全可以自豪地说：“城市，让市民生活得更美好；袁家村，让农民比市民生活得更美好！”

四、探索与启示：新型集体经济的“袁家村‘九个三’模式”

2007年以来，咸阳市袁家村在村党支部书记郭占武的带领下，以乡村旅游为突破口，以村庄为载体，以村民为主体，通过股份制改革，经过一系列创新实践，成功探索出一条实施“乡村振兴战略”的新时代农村集体经济发展的“袁家村模式”。十多年来，袁家村在没有贷款、没有外债、没有国家补助的前提下，顺应市场经济规律，依靠党员干部引领，重新把农民组织起来，使村集体经济积累从2007年的1700万元增长到2017年的21亿元，农民人均收入由2007年的8600元增长到2017年的7.5万元。

1. 新发展方式：“三产融合”

区别于“由一产向二产和三产拓展”的一般思路，袁家村走的是“由三产带二产促一产、基于品牌溢价的多维度产业共融”的发展路径。袁家村从发展民俗旅游开始，从弱到强，推动了第三产业的快速发展，第三产业发展又反推手工作坊发展，相继扩张成立“前店后厂”和加工企业，加工业的升级推动了第二产业的发展壮大，从而对优质农副产品的需求快速增大，倒逼出遍布各地的种养殖基地和订单农业，推动了第一产业规模的不断扩大，最终形成了“三产带二产促一产”的三产融合发展格局，形成一个相容共生、互补兼顾、层次递进、环环相扣的村集体经济可持续发展的闭环产业链和成熟商业模式。

郭占武书记（前右）陪同领导视察袁家村

袁家村的实践启示我们，发展农村集体经济，必须把三产融合发展作为基本路径，坚持以农产品终端消费需求为导向，大力推行产业种植、加工、销售一体化模式，尽可能把农产品价值链上的每一段利润“吃干榨净”，使农业生产、加工、配送各环节都契合消费需求，实现农产品从田头到餐桌、从初级产品到终端消费的无缝对接，促进农产品全环节升级、全链条升值，全面提升农业综合效益。

2. 新合作方式：“三股共有”

袁家村股权结构由三部分构成：一是基本股。袁家村对集体资产进行股份制改造，集体保留 38%，其余 62% 量化到户，每户 20 万元，每年分红 4 万元，只有本村集体经济组织成员才能持有。缺资金的农户以土地每亩地折价 4 万元入股。二是交叉股。旅游公司、合作社、商铺、农家乐互相持有股份，共交叉持股 460 家商铺，村民可以自主选择自己入股的店铺。三是调节股。全民参与、入股自愿、钱少先入，钱多少入，照顾小户、限制大户。股份少的可以得到较高的分红，股份超过限额的分红就会相应比例地减少。袁家村的新集体经济实现了所有权、经营权、收益权的高度统一，全民参与、入股自愿，你中有我，我中有你，形成了利益共同体。通过调节收入分配和再分配，避免两极分化，实现利益均衡。袁家村农民人均纯收入中农民入股分红、房屋出租等财产性收入占 40.1%。

袁家村的实践启示我们，股份合作是农村新集体经济的基本形式。发展农村集体经济，要以股份合作为纽带，促进农户与新型经营主体联产联业、联股联心，打造利益共同体。

3. 新经营方式："三个结合"

袁家村坚持以企业管理方式治村，以创新经营方式激发发展活力，提高效益。一是放水养鱼与借力发展相结合。秉承"先做强再做大"的经营理念，在发展乡村旅游起步阶段，对所有经营户免收租赁费，对投资规模较大、缺乏资金的经营户提供资金支持，做到扶上马再送一程。依靠品牌效应，吸引更多外来资本投资袁家村，天元假日酒店、左右客酒店、南门客栈等相继营业。城市资本、资源、资金更加关注袁家村。先后在西安曲江银泰商城、小寨赛格国际购物城、胡家庙万和城和咸阳人民路正兴广场开设了 4 家袁家村城市体验店。二是农户经营与协会组织相结合。农户自主经营，让乡村旅游的乡土情更浓，民俗味更真，让游客体验到传统民俗文化的"返璞归真"。同时成立各类协会，对经营户进行指导、监督和管理。三是封闭运营与过程公开相结合。袁家村乡村旅游特色餐饮项目采取公司化运营方式，进行封闭式管理，经营户所需食品原料由公司集中采购和统一供应。同时，经营户对食品原料加工和销售过程全程向游客开放，实现体验型和消费型的高度融合。

袁家村的实践启示我们，发展农村集体经济，要始终坚持以市场为导向，借鉴企业化经营、公司化管理的模式，将农户与协会组织形成利益共同体，抱团闯市场，从而形成整体效应、规模效益。

4. 新管理方式："三轮驱动"

这里所说的"三轮"，就是"质量、特色、诚信"，它们是袁家村人多年来一直坚守的信念和工作准则。

袁家村实施品牌化营销策略，以质量、特色、诚信打造"袁家村"品牌，增强吸引力，提升竞争力，扩大影响力。一是以质量塑品牌。始终把“农民自己捍卫食品安全”作为袁家村的“生命”，严把材料、管理、监督、加工、销售“五大关口”，杜绝任何添加剂。从2007年起步以来，袁家村乡村旅游累计加工销售小麦、大米、玉米、大豆等粮食超过100万吨，食用油12万吨，肉蛋奶超过45万吨，各类蔬菜75万吨，水果58万吨，交出了一份“运营十年未发生一起食品安全事件”的完美答卷。二是以特色塑品牌。体现关中古韵的乡村院落，怀有历史沧桑的明清建筑，荟萃经典美食的特色小吃，充满田园风光的果园采摘，塑造了“人无我有，人有我优，人优我特”的乡村民俗文化特色旅游品牌。三是以诚信塑品牌。始终把塑造诚信文化作为立村之本、经营之基，把袁家村人的实心、用心、专心、诚心的真感情融入到乡村旅游中，共同营造“诚信做事”的团队文化。具体到管理经营的细节上，袁家村要求每家经营商户都要在自己的广告招牌上明确写下诚信承诺书，诸如“如果羊血掺假，甘愿祸及子孙”“以上内容真实可靠，如若违背甘愿后辈受穷”，等等，以诚信为本的集体价值观共同维护袁家村的品牌形象。

袁家村的实践启示我们，农产品品牌是一种可贵的无形资产，承载着历史、文化、责任、诚信、安全等内涵，只有挖掘好、运用好、保护好它，才能让农产品品牌这块金字招牌实至名归，才能以品牌促消费，以消费促增值。

5. 新组织方式："三个分开"

袁家村打破村级党组织、村民自治组织和集体经济组织“三位一体”“政经混合”的治理模式，让村级“三驾马车”实现“三个分开”。一是职能分开。清晰界定社区党支部、自治组织、集体经济组织的职责和任务，确保各个组织按照各自职能规范运作。社区党支部夯实强化领导、引导和监督职能；社区居委会回归社会管理、服务职能；经济组织回归集体资产经营管理职能。二是管理分开。党支部、居委会、集体经济组织人员的选任、撤免、职责、考评、薪酬等方面分离管理。党支部书记不兼任经济组织领导成员，以便其发挥对村委会和集体经济组织的领导和监督作用；居委会委员不与经济组织成员交叉任职，也不直接参与集体经济经营活动。三是账目分开。理顺集体资产产权关系，将非经营性资产确权登记在自治组织名下，将经营性资产确权登记在集体经济组织名下，同时分设行政账和经济账，实行资产、账务和核算分离。实现“三个分开”，党的领导是关键。袁家村党支部在书记郭占武的带领下，多年形成“三个一”的规矩：一个铁律，每周坚持召开一次党员群众代表会议，村上大大小小的事情都在这个会上讨论决定；一个好传统，党员干部秉承“有亏先吃、有困难先上、有风险先试”的一贯作风；一个好制度，党支部委员、党员设岗定责制度，设定政策宣传、环境卫生、矛盾调解、技术服务、维稳巡逻、财务监督等岗位。郭占武说：“三委分离，各司其职，各负其责，是为了给群众一个明白，还干部一个清白，我们三委虽然分离，但是为人民服务的心没有分离。”

袁家村的实践启示我们，发展壮大集体经济，必须构建“政经分开”的治理体系，村支部发挥领导核心作用，村委会发挥服务职能，村级经济组织发挥管理运营职能，在集体经济问题与其他问题之间建立“防火墙”，促使三大组织各归其位，带领广大群众共同建设幸福生活的美好家园。

6. 新治理模式：“三治合一”

袁家村针对农村社会结构出现变化的新情况，创新乡村治理理念和模式，推进“自治、法治、德治”建设。以自治为基础，以村民议事会、道德评议会、红白理事会、禁毒禁赌会等方式，实现村民“自我管理、自我教育、自我服务、自我监督”。以法治为保障，采取市场化运作模式，按照市场经济的法律、法规来培育壮大经营主体，推进股份制合作，让各类市场主体都能在袁家村健康成长，获得收益，使袁家村成为创业致富的乐土。以德治为引领，将培育和塑造诚信文化、祠堂文化、民俗文化、书斋文化、乡贤文化等乡风文明与发展乡村旅游结合起来，让袁家村成为了乡风文明的精神家园。对“三治合一”，郭占武认为：“无论怎么治，村民的思想教育是最重要的，思想一通，一通百通。”袁家村通过感恩教育、宗族教育和课堂教育来提高村民的思想素质。一是感恩教育。每周一的学习会上，把政策理论学习与忆苦思甜、感恩会结合起来，让党员、群众、商户上台讲述自己的创业史和在袁家村的发展史。二是宗族教育。袁家村的祠堂是由全村八个姓氏的村民共同建造的。村委和村民在祠堂一同祭祖，学习针对村委干部的“村规”以及针对普通村民的“民约”。三是课堂教育。专门设有袁家村农民学校，每周两次对村民开展培训，凝聚健康发展正能量，在主干街道上开辟了“新乡贤带头人”示范栏，用身边好人、道德模范、优秀村干部教育引导群众。

袁家村的实践启示我们，健全完善乡村治理体系，德治是法治、自治的基础，重点解决治理主体思想精神层面的素质修养问题；法治是德治、自治的保障，重点解决治理的现实依据和手段问题；自治是德治、法治的目标，重点解决治理的具体形式和载体问题。自治、法治、德治最终都统一于“人”这个核心，激发人的责任感和参与活力，促进人与人和谐相处、社会安定有序。

7. 新发展动力：“三创联动”

人才缺乏和流失是乡村衰败的主要原因。为了吸引人才，袁家村抓住“大众创业、万众创新”的机遇，打造创客、创新、创业平台，鼓励当地、外地农民在袁家村创业，鼓励和吸引大学生创客、青年创业团队、文化企业、广告公司、建筑设计师等到袁家村创业，对艺术长廊、农家书屋、咖啡酒吧、创意工坊等新业态免收一切费用，有的甚至由村上给予补贴，填补了旅游项目空白，进一步提升了旅游品质。来自各行各业、各个领域有文化、懂技术、善经营、会管理的创客大军，成为带动袁家村发展的主要力量，形成了创客引领创新，创新带动创业，创业推动发展的良好局面。一个只有原住村民 286 人的袁家村吸引了 2983 名“新袁家村人”长期生活工作居住在此，形成了袁家村现有的发展规模，成为“大众创业，万众创新”的经典范本。

袁家村的经验启示我们，农村广阔天地大有作为，发展农村集体经济关键在人才，动力是“三创”（创客、创新、创业）。要针对农村当前“空心化”和缺人才、缺技术、缺劳力的现实问题，鼓励和引导返乡农民工、退伍军人、农村乡贤、大专院校毕业生等到农村创业，大力培育懂农业、爱农村、爱农民的新型经营主体，搭建各类产业平台、文化平台、消费平台、教育平台等，吸引市民和所有利益相关者成为新农人。

8. 新发展理念：“三生共赢”

袁家村在集体经济不断发展壮大的过程中，注重生产、生活、生态的高度契合，通过生产方式标准化，建立了从田间到餐桌、从加工到销售、从管理到监督的立体化、全方位、多层级的食品安全监管体系，实现了“农民自己捍卫食品安全”的创举；通过生活方式田园化，在村落修旧如旧的复古改造过程中，遵循“多种树、不填湖、少拆房”的理念，保持了原生态，体现了乡土情，弘扬了民俗风，使“看得见山，望得见水，记得住乡愁”的天然意境成为最大特色；通过生态方式绿色化，注重发展绿色食品，不添加任何防腐剂，实现了农产品的“返璞归真”。

袁家村的实践启示我们，发展农村集体经济，要注重生产、生活、生态的高度融合，大力探索以“生产美、生活美、生态美”为主要内容的“三生共赢”发展新模式，通过推进农业生产过程标准化、组织化、集约化，实现农业发展方式的根本性转变；通过提升乡村公共服务水平，让农民群众拥有更多的获得感；通过推行绿色、生态、低碳、环保的生产生活方式，让绿色生态成为农村的主基调。

9. 新发展目标：“三共融合”

袁家村在集体经济发展壮大过程中，始终秉承共建共享共同富裕的理念，通过发展乡村旅游、培育致富产业，让农民群众收入有来源、有保障、有支撑；通过搭建户社合作、户企合作、村企合作、村社合作平台，打造互助合作的利益共同体，以合作促提升，以合作促共赢；通过采取“以长补短”“以强扶弱”“以点带面”的方法，在兼顾公平效率的前提下，调整利益分配方式，缩小收入差距，不但使本村群众走上了致富路，更带动了周边近万人增收致富。一是以“长”补“短”。针对经营户收入高低不均的现实，将盈利高的商户变为合作社，分出一部分股份给低盈利的、必不可少的商户，将高收益、低收益的商户利益绑定在一起，消除了“不平衡”心理，实现了“家家有生意、户户能赚钱、大家齐致富”。二是以“强”扶“弱”。先后组织周边村近千户群众在袁家村开展创业增收。为老弱病残贫困户提供摊点 108 个。在西安、咸阳的分店用 100 户商铺、作坊，吸纳 200 户贫困户入股。将烟霞镇 899 户贫困户以每户 3 万元的形式纳入合作社，实现整镇脱贫。三是以“点”带“面”。以袁家村为龙头，推行“一点促全域，一村带九村”的乡村旅游发展模式，集中周边东周、西周等九个村，联合建设袁家大社区，实现了“富一村带一片”的效果。袁家村共建共享共同富裕的理念，蕴含着全民共享、全面共享、共建共享的丰富内涵。

袁家村的实践启示我们，发展农村集体经济，必须把实现共同富裕作为根本要求，发展成果让全体村民共享。而共享发展的基础是要坚持共建的原则，人人参与、人人尽力、人人享有。

结论：新的组织和产权制度安排要求与新的集体经济发展模式相匹配，新时代呼唤新集体经济。袁家村通过产业共融、产权共有、村民共治、发展共享壮大了集体经济，克服了农民个体经营的盲目性和分散化，实现了全体村民利益的一致性，避免两极分化，走共同富裕的道路，在农村实行家庭联产承包责任制 40 年后，在完全市场化的条件下，在没有任何强迫命令的前提下，在农民自觉自愿的基础上，创造了中国特色社会主义统分结合、双层经营的农村新集体经济发展之路。从袁家村的实践来看，所谓新集体经济，是在不改变农村土地集体所有制性质的前提下，在农村基层党组织的坚强领导下，村集体与村民股份合作、联合经营、统一管理，产权共有、分配清晰、共同富裕的合作性集体经济。新集体经济既充分发挥市场经济配置资源的优越性，又坚持集体经营的商业模式创新；既确保集体资产保值增值，也将产权明晰到人，村民和集体成为利益共同体；既强调保持公平，同时又兼顾效率，充分调动了集体成员的积极性，通过集体的调节确保共同富裕。

分享袁家村发展经验

第十章

领导与专家评价

马文瑞：我所认识的郭裕禄

（马文瑞：中共陕西省委原书记，第六、七届全国政协副主席。此文系作者为《袁家村的变迁》（陕西旅游出版社出版，2002）所写的序言）

1979年春至1984年秋，我在陕西省担任省委第一书记。由于工作的关系，经常接触一些农村基层干部。全国劳模、袁家村党支部书记、村集团公司董事长郭裕禄就是我在此间结识的。

郭裕禄作为先进人物，有时参加一些省上的会议和活动，我则有时到袁家视察或陪同客人去参观，这样，我们就有较多的接触。我需要了解农村工作的情况，就找他交谈，他有时在工作中遇到困难，也来找我。党的十一届三中全会后，我国广大农村实行经济体制改革，面对包产到户的大潮，郭裕禄从袁家的实际出发，坚持走集体化道路，曾一度受到非议，压力很大。我知道后，随即找他面谈："中央75号文件讲得十分清楚，责任制是五种形式，不论采取哪一种形式，只要能提高精神文明，发展生产，就是一种好形式。"这时，有关领导人也对他的作法予以支持，他这才从重压中解脱出来。

郭裕禄是一位具有魄力和实干精神的农村基层干部。1970年前，袁家是一个"干活选不出头，点灯买不起油，耕地拉不出牛"的烂摊子，10年间换了35任生产队长，村子落后面貌还是不能改变。郭裕禄作为第36任队长走马上任，他带领群众平地、打井、积肥，使粮食亩产由80多公斤提高到800多公斤，解决了群众的温饱问题。

郭裕禄是一位具有经济头脑和开拓精神的农民企业家。早在70年代，他就意识到“光在地里刨，八辈子也富不起来”。他领导袁家人办起了砖瓦厂、白灰厂、运输队、秦川养牛场，为袁家的经济发展奠定了良好的基础。党的十一届三中全会后，他锐意改革，奋发开拓，领导袁家人办起了水泥厂、硅铁厂、海绵厂、水泥预制厂、秦始皇陵模拟地下宫、工贸公司等企业，使袁家的经济跃上了快速发展的轨道。在市场经济的大潮中，在郭裕禄的领导下，袁家村组建了集团公司，坚持内联外引，发展外向型经济，向房地产开发、旅游、影视、餐饮、铁路联运和高新技术开发等领域迈进，集体经济迅速发展壮大。目前，集团公司已发展有12个子公司和企业，从业人员1500多人。集体经济的发展使村民的生活水平发生了翻天覆地的变化，人均年收入由1970年的29.6元增加到2001年的1.166万元，村上固定资产达2.83亿元。村上建起漂亮、豪华的村民住宅楼，人均住房面积达52平方米。

郭裕禄是一位不忘公仆之本、廉洁奉公、不谋私利的优秀共产党员。他几十年如一日，全心全意为人民谋利益。群众感激他，提出要用奖金奖励他。他说：“我要那么多钱干什么？群众富了，我也就富了。”也有人想利用他，曾以数千元、数万元、数百万元贿赂他，他都嗤之以鼻。他说：“要使我一家富起来，那可以说易如反掌，可袁家村那些粗人、笨人、残疾人呢？ 那些孤寡老人呢？我一个人就是拿立柜盛票子，当个大富翁，其他人穷过活，我心里怎能安然？”

刘凤梅：我所认识的郭裕禄

（刘凤梅：陕西省纪律检查委员会《党风与廉政》杂志社原副主编，此文系其长篇报告文学《黄土魂》的自序）

认识郭裕禄是1993年的事。

那年4月，我作为一名记者去礼泉采访，有人兴致勃勃地为我推荐了郭裕禄，并建议去采访。我则找了几条理由予以拒绝。以后，每到礼泉，总有人谈起郭裕禄，而且钦佩之情无不溢于言表。我大受感动，决定为我们的刊物写一篇小文。

9月，我来到袁家。使我惊异得是袁家人对郭裕禄的情感，是那样的炽热，那样的真挚深厚，使人直觉地感受到他在群众心目中的位置与威望。令我印象最深的是村民杨兴民，他似乎有很多话要说，却不知从何谈起，最后竟说出这样一句话：“郭裕禄是我们袁家的毛主席。”吃惊之余我问他：“为什么这样说?”他说：是郭裕禄带领他脱贫致富，是郭裕禄帮助他成家立业，过上了幸福美满的生活。在后来的采访中，几乎所有的人都会谈出几件对郭裕禄感恩戴德的事。而大伙众口一词的是：“郭裕禄爱穷人，肯帮扶穷人，要不是郭裕禄就没有袁家的今天。”党的十一届三中全会后，我国广大农村实行了联产承包责任制，分田到户的农民们迅速走向两极分化。有实力、有智慧的致了富，发了财，既无实力又无智慧的依然挣扎在贫困线上。凭郭裕禄的智慧和能耐，他完全可以达到致富发财的目的。但他不愿撇下大伙不管，他说：要使我一家富起来，那可以说易如反掌，可袁家的那些粗人、笨人呢？那些孤寡老人和残疾人呢？他们怎么富起来？我一个人就是拿立柜盛票子，当个“王十万”，其他人穷过活，我心里怎能安然？俗话说得好，“一个笑的拖一个哭的，一个能行的帮一个不能行的”，我是党支部书记，应该带领大家共同致富，不能丢下大家不管。他顶着极大的政治压力，带领大伙走上一条共同致富的道路，使袁家人过上了小康生活，使袁家成为共同致富的典范。

在人们看来，郭裕禄完全有理由躺在功劳谱上享清福了。可他却说：“一花独放不是春，万紫千红才是春。”于是，他伸出援助的手，把爱的种子又播撒在上古村、东周村、西周村，甚至陕北黄土高原。

有播种，就会有收获。他用自己的行为实践着党的宗旨，他用自己的爱心和责任感播种栽培着事业之树。这正应了那句民言“种瓜得瓜，种豆得豆”，他在村民心中树起一座奉献的丰碑。他成了全国劳模、全国优秀农民企业家、全国先进党务工作者，分别出席了党的十一大、十二大和十四大，受到党和国家领导人的接见。

他是一位富有立体感的人。这，就是我所认识的郭裕禄。

温铁军：郭占武的成功之处

（温铁军：“三农”问题专家，中国人民大学农业与农村发展学院院长，北京大学习近平新时代中国特色社会主义思想研究院乡村振兴中心主任，浙江财经大学中国乡村振兴研究院名誉院长。）

第一，郭占武打造的袁家村模式与中央所讲的农业供给侧结构性改革核心精神是一致的。

中央提出农业结构性过剩，以往的增长方式是粗放的数量型增长。中央现在要求一二三产融合加绿色方式。郭占武打造的袁家村模式是三产带一产，已经做到了三产融合，在食品中的业户，各个不同村落的农民，提出农民捍卫食品安全，以三产带一产，带动绿色生产，这和我们以往地方政府推广的大规模产业化思路之间有差别。谁在贯彻中央一号文件？是村民，是袁家村这种基层干部和农民结合，推出的三产带一产，三产融合的绿色生产方式。

第二，郭占武打造的袁家村模式与中央一号文件强调的市民下乡与农民联合创业是一致的。

袁家村百分之九十多是下乡市民，外来人口十倍于本村，市民下乡与农民联合必有各种各样的矛盾冲突，怎样化解，怎么城乡融合？鼓励市民下乡，市民相当于中小企业，市民怎么下乡，跟农民结合发展呢？武汉市推出“市民下乡黄金二十条”，鼓励市民下乡和农民结合。袁家村的很多民宿都是典型的市民文化和品味，虽然用的是农村材料，但体现的是市民品味。怎么才是城乡融合，才是党的十九大乡村振兴战略提出的城乡融合？现在很多干部还在强调农民的农业，难道市民不能搞农业吗？新型经营主体是什么？为什么中央在表彰新农民呢？谁是新农民呢？大量的市民下乡变成新农民，同时新农民进城变成新市民了。本来城乡融合是正常的，过去的二元结构阻断了城乡之间的交流，但现在我们看到的典型，难道不是城乡融合，难道不是市民下乡与农民结合创业吗？这正好体现了中央精神。

第三，郭占武打造的袁家村模式与全面小康的目标是一致的。

从袁家村现在的财产关系来看，真正做到了平衡。党的十九大提出新时代基本矛盾是不平衡不充分发展，不平衡的背后是财产的不平衡，是贫富差别，所以中央在 2015 年提出要在 2020 年完全消除贫困，达到全面小康。袁家村通过独特的财产制度安排，让所有的村民都成为了股东，这一点，和总书记批复的“三变”是一致的，把村民变股东，在财产关系上有处置权。同时袁家村的项目进城是一个新业态，农村的餐饮业，带有乡土餐饮文化体验的食品消费进城，乡村产业向城市演变的过程带动的是什么呢？带动的是大家一起入股，这种财产关系形成的结果是弱化贫富差别，减少不平衡和不充分，所以我们看财产关系，它带来的是一个新的业态发展的方式，农民可以以这种合作社的财产关系组合，进入到城市，变成城市的新业态。

宰建伟：我所知道的郭占武

（宰建伟：袁家村教师，国家乡村旅游人才培训基地产业导师，中国乡村振兴袁家村课题组负责人）

“袁家村模式”是袁家村人在党的领导下，把农民组织起来，自主创新，有效解决三农问题，实现乡村振兴的思路和经验总结。那么，应该怎么看袁家村成功的原因？我认为，郭占武在发展过程中渐次递进地解决了三大问题。

首先，郭占武成功解决了远离城市的乡村如何吸引游客来并形成规模化客流量的问题。这个问题至今困扰着试图进入乡村振兴领域的政府、企业和专家学者。一般说来旅游吸引物或者是自然景观，例如绿水青山，或者是人文景观，例如古村古镇，再就是人造景观，如各种主题景区。这些袁家村都没有，也没钱造。郭占武是把乡村的传统习俗和村民的日常生活当资源，“无中生有”搞旅游，他把村民组织起来，以村民为主体，以村庄为载体，恢复关中民俗，重建乡村生活，以此作为旅游吸引核，独一无二，不可复制，形成乡村旅游的超级 VIP，是完整意义上的乡村旅游（包括乡村、村庄和农民三要素）。袁家村村就是景区，家就是景点，村景一体，全民参与，袁家村不搞那些花里胡哨的雕塑和景观，村民一张张朴实真诚、生动活泼的面孔岂是那些一成不变的雕塑所能表现的。来到袁家村的游客可以长时间、全方位、零距离、多角度体验和感受乡村生活的真实性和独特魅力，尽管它并不完美。袁家村卖的不是教科书意义上的景区，而是乡村生活。所以我说袁家村是一个乡村旅游的超级 VIP，据我了解，中国没有第二个。

其次，郭占武成功解决了旅游产业化和农民持续增收的问题。乡村旅游市场很大，但是企业和产业很弱，很多旅游企业不挣钱，产业做不大。郭占武说他搞乡村旅游打造的是农民创业平台，也就是要让农民挣钱。所以一开始就是以市场为导向的，把农民培养成经营主体，农民做自己最熟悉的事得心应手，普通常见的农副产品都做成了高附加值的旅游产品。我发现，在袁家村，凡是农民做的或是和本地乡村生活相关的产品市场表现就好，反之则不好。这也证明了袁家村的价值是乡村生活。郭占武以旅游创品牌、逆向发展的模式也是一大创新，他用三产带二产促一产，实现三产融合发展。举个例子，袁家村的油泼辣子，最早是郭占武创意设计和恢复的一个关中民俗场景。在康庄老街的一面土坡下，一头老黄牛、一个石磨盘，一位农家妇女把烧开的菜籽油往碾好的辣子往上一泼，满街飘香。油泼辣子既是美食，又是乡愁，大受游客青睐，游客边看边买，供不应求。郭占武判断该产品具有很大的市场潜力，随即建起作坊，扩大油泼辣子的生产能力，使之逐步产业化。三产的一个体验场景转变为二产的加工项目，小小一瓶油泼辣子从一开始的年营业额不足 10 万元到 2018 年营业收入高达 800 多万元。酸奶现在是袁家村销量最大的明星产品。最早也是郭占武指导的一户村民在自己家的小作坊生产，由于现做现卖，奶新鲜，味道好，游客在品尝后都要买几瓶带走。但小作坊满足不了快速增长的袁家村旅游市场，郭占武在对酸奶市场进行深入调研和准确判断的基础上，和专业的乳制品厂家合作，由作坊到生产车间，最终实现了流水线作业，产能和产量不断增加，2018 年袁家村酸奶的销售额超过了 3000 万元。诸如面粉、醋、粉条等等走的都是这个路径，就是变农副产品为旅游产品，旅游产品形成产业。郭占武四两拨千斤，以微不足道的一点投资在袁家村创造出一个强大的旅游消费市场，非常了不起。我们也看到很多政府或企业投巨资建起来的特色小镇、田园综合体或大型旅游景区冷冷清清，经营惨淡，既无品牌，也无产业。

最后，郭占武用股份合作的方式，调节收入分配，避免两极分化，成功解决了全体村民共同富裕的问题，从根本上保证了袁家村的可持续发展和乡村振兴。把农民组织起来，让乡村旅游有序发展并不那么简单。一家一户就是一个经营主体，农民在自己家做生意谁也管不了。一家挣钱，家家仿效，一个东西卖得好，人人都来卖这个东西。如果不能让村民挣到钱，不能调节收入分配，让村民利益平衡，乡村旅游就会无序发展，恶性竞争，起步于农家乐止步于农家乐，而不可能做成产业。全国各地很多的乡村旅游没有跳出这个陷阱和“怪圈”，原因就在于组织无效，管不住村民。资本下乡之所以不进村，也是因为搞不定农民。回到十年前，没有人能想象今天的变化。发展不仅引发了村民利益关系的巨大变化，同时也激起村民心理的剧烈波动，在发展过程中曾出现过很多始料不及、意想不到的问题和情况。村民与村民之间、商户与商户之间、本地村民和外来商户之间、投资人和村集体之间、本村和邻村之间，各种矛盾错综复杂，利益冲突此起彼伏。可谓处处陷阱，步步惊心。在跌宕起伏、变幻不定的利益大潮中，稍有不慎或一步走错，袁家村这支刚刚起航的小船随时都有倾覆沉没的危险，难逃乡村旅游“其兴也勃焉，其亡也忽焉”的发展“怪圈”和宿命。在这些关键时刻，郭占武确实有定力、有气概，也有智慧和耐心，牢牢把控住发展方向，排除了各种干扰和阻力，化解掉各种矛盾和纠纷，通过适时、适度调节收入分配，逐步平衡了村民及商户的利益关系。既确保了袁家村的整体利益和长远利益，又兼顾到每家每户的个人利益和眼前利益。这里面的故事太多了，都值得记录在案，作为启示和借鉴。没有经历这个过程或不知内情的人无法想象郭占武所承受的巨大压力和情感精神的折磨，这可能是他人生的“炼狱”，也是让他脱胎换骨的必经之路。我们发现，新中国成立以来所有的先进农村典型都有一个共同点，即都有一个能代表村民利益的村民领袖，有了村民领袖就能把村民组织起来，就能实现农民的主体性。郭占武就是这样的村民领袖，他的威信也不是外界认为的先天就有，而是在不断帮助村民挣钱、公平合理地给群众分钱的过程中逐步树立起来的。郭占武做事的方法也很独特，没有那么多条条框框，讲实效，接地气，让我们看到乡村民间有大智慧。他大处着眼，小处着手，具体问题，具体对待，因事定策，因人施策，极具创造性地设计出一整套符合乡村实际和农民特点的股份合作制度，形成一个股权清晰、分配明确、你中有我、我中有你的利益共同体。事实证明，郭占武富有远见的利益调整和制度安排，确保了袁家村在共同富裕的正确道路上能够平稳前行。这在中国乡村发展史上既是一次创新实践，也是一个重大突破，意义非凡而深远。

附 录

一、郭裕禄小传

郭裕禄，1945 年 11 月出生，中共党员，初中文化程度，曾任中共礼泉县委副书记，袁家村党支部书记，袁家村集团公司董事长，中共十一大、十二大、十四大代表，中共陕西省第八届委员会委员，中共陕西省党代会第六、第七、第八届代表，全国劳动模范，全国优秀党务工作者，省市优秀共产党员，省市优秀企业家。

1970 年冬，郭裕禄出任袁家村第 36 任队长，他立志带领袁家人向贫穷宣战，寻找集体脱贫致富的道路。他始终坚持社会主义集体富裕的方向，从严治村，严以律己，发动群众，依靠群众，自力更生，发愤图强。无论在艰苦创业的岁月里，还是在兴办企业奔小康的建设中，他充分体现了一个优秀共产党员的模范形象，他以过人的胆识，领导袁家人战天斗地，夺取粮棉大丰收，领导袁家人在经济大潮的风口浪尖上去拼搏，他是群众拥护爱戴的模范带头人。袁家村从贫穷落后到提前迈入社会主义小康村行列，郭裕禄功不可没。村民们由衷地说："没有郭书记领着咱们干，就没有今天的新袁家。"

二、郭占武小传

郭占武，现任陕西省礼泉县袁家村党支部书记，袁家村·关中印象体验地创始人和设计师，陕西省人民代表大会常务委员会民族宗教侨务外事工作委员会委员，陕西省第十三届人民代表大会代表，“2016 年中国乡村旅游年度人物”。

2007 年，在村办集体企业不景气，袁家村今后怎么发展成为村里当务之急的问题时，郭占武提出要打造老作坊一条街，开展乡村旅游。在一片质疑声中，他以公司名义给经营户担保产品销售，并且不收取经营户任何费用，然后，他又挨家挨户动员全村群众办农家乐。经过 10 年的发展，袁家村从最初的“作坊一条街”到“小吃一条街”“酒吧一条街”“田园旅店一条街”，发展到如今的现代农业示范园，不仅让本村人奔向小康，还带动大量外村人共同致富。

在他的带领下，袁家村注重精神文明建设，弘扬传统美德，倡导无私奉献，坚持诚信为本，最终给游客呈现一个古朴典雅、诚实守信的美丽乡村样本。在千篇一律的“小吃街”轰炸下，袁家村用乡情和小吃留住“关中味道”，用匠心和诚信保障食品安全。通过一系列自主创新实践，探索出了一条破解“三农”难题、实现乡村振兴的新路径，他的发展思路和成功经验被总结为“袁家村模式”，在全国产生了重大影响。

三、郭占武语录

集体经济与共同富裕

1. 百年袁家，是产业发展百年，人才聚集百年，老百姓跟着走百年！
2. 要舍得给村民分钱，才能带领！
3. 让更多的人跟着袁家村富起来，而不是让个别人富起来！

人才振兴与领导力

1. 村上实际没有干部，愿意用自己的时间给大家服务的人都是干部。
2. 如果没有年轻人回归，乡村谁来振兴！
3. 我们需要人才，不是啥都来！我们缺项目，不是啥都要！
4. 人有灵人，有笨人，有灵笨人！灵人干啥成啥，笨人说啥干啥，灵笨人要不得！
5. 没有能力还不放手，这是没本事的表现。

6. 我们要求群众对干部工作的满意度是百分之百，同样我们要求群众对干部的信任度也是百分之百。

7. 原住民是一个村子的灵魂。

8. 袁家村不需要出主意的人，需要能落地的人！

9. 袁家村是一艘航空母舰，每个人都要在上面找到自己的位置。

10. 一个企业要有文化人、要有笨人，笨人和文化人碰撞才能成长，全靠笨人不行，全靠文化人也不行。

11. 袁家村，只有一般的农民或者文化程度不高的人，但是，我们如果能驾驭或者能吸引很多有能力的人到袁家村来，袁家村可能就是永远的了不起，永远的能在市场前沿，如果袁家村只是相信自己本村人，只想通过几个人把袁家村搞好，依我看来，那绝对是脑子有问题。

12. 袁家村的包容是啥？就是你有能力你来干，我们能驾驭得了就行。我们能驾驭有能力的人就是我们的本事，我们能把有能力的人拉到一个跑道上跑就是我们的本事。

13. 驾驭一个人，驾驭一个团队，驾驭一个合作伙伴，比咱们自己学要好得多。

产业兴旺

1. 袁家村是百分之百能复制的，思路能复制，经验能复制！

2. 产业要是发展起来，一个村可以带一万个村！

3. 我们到底做什么样的产业，我们应该叫大农业，大农业包括农民、农村、农业。

4. 我们做三产、做二产、做一产，拿这个三产融合做的就是产业链。

5. 袁家村要出去，不能光做旅游，也不能只做小吃，必须做产业。

6. 我其实在培育“袁家村”三个字，等培育到时候，什么都是钱。

7. 我一直说旅游是产业，而且旅游这个产业能发展大，还能加很多东西进去。

8. 美丽乡村只是把乡村变美了，产业和群众还是两张皮。而乡村振兴，不仅要让农村变美，而且还要把农民和产业紧紧地结合在一起。

9. 我们袁家村要再开放、再包容些，这个时候我们的 IP 就不止是关中的，而是代表全国的。

管理与治理

1. 在没有动一兵一卒的情况下，怎么干就应该想好了。
2. 管理就是服务。
3. 执行力就是生命力，没有执行力，一切都是空谈。
4. 什么是大事？什么是小事？小事堆积起来都是大事。
5. 农村工作的核心，其实是解决思想问题。
6. 问题要解决在萌芽之中！
7. 干个啥就说个啥！
8. 在村里，桌子底下一毛钱都没有，想挣钱，全部放在桌面上。
9. 与人互动，是最有效的方式。
10. 规划和设计的问题，并不重要，重要的是谁来干。
11. 不懂多问，搞错了也不要紧，袁家村不需要不懂装懂的人！
12. 村上有几派，谁是老干部，谁是新干部，谁是墙里柱子不显身的，我们全都得清楚。
13. 人要有知足感、满足感，幸福感自然就来了。
14. 袁家村看似和每个人没有关系的事情，其实和每个人都有关系。
15. 从消费者的角度体验，才能发现问题。

创新

1. 袁家村的今天，是我胡想出来的。
2. 灵感源于现场！
3. 袁家村没有爆点，每一个都是亮点，所有的亮点连起来就是最大的爆点。
4. 创意是 1+1=2，落地是 2−1=1，是一个对想法的验算，如果不能落地，就要放弃这个想法。
5. 从我这里学的，都是学校没有教的。
6. 我们没借鉴任何人发展旅游的办法来发展我们村，因地制宜，袁家村有什么，我们因地制宜地做。
7. 给先人能看住门的，都败了；踢踏江山的，都成了。

求商与育商

1. 我搭平台，你靠本事来赚钱，共赢！

2. 我们招商的原则是：找对人，管得住！

3. 以把商户的心留下来为原则，以村上的可持续发展为原则，以服务好商户为原则，以把味道做好为原则。

4. 管理商户最大的成本就是沟通，要走心不要走形式。

5. 我们发展产业的同时，把农民培养成老板，把农民培养成主人，社会效应就有了。

6. 咋样的人能进袁家村要有一个公式，先有一个好良心，再有一门好手艺，我们要提供好平台和好原料。

7. 要明白一个道理，好商户都是培育出来的。

8. 我们要坚决取缔二老板！

初心与个人成长

1. 袁家村就是我家，父老乡亲就是我的兄弟姐妹。

2. 我回袁家村纯粹是为了一个情怀，我觉得袁家村这面大旗不能在我手里倒下。

3. 我们要像保护自己的鼻子眼睛一样保护这些古建筑。

4. 我一直对自己的总结是，我是一个做旅游的，不是讲旅游的。

5. 思考是一个人能成长、能成熟，最关键的一项技能。

6. 你连我一天见都不见，你怎么翻版，你就会翻到沟里。

7. 大家要提防自认为很了解袁家村的现象，以为对袁家村所有东西都很清晰，以为自己出去都能独当一面，其实你们了解的都是幻觉，其实什么也干不了。如果这种现象不消除，你们每个人就不会进步，就认为自己了不起，谁都不想学习。

8. 把自己的事情做好，才给别人出主意，帮别人把事情做好。

9. 你们光跟着我后面说好，是真好还是假好，好在哪里？光知道说好是不行的。

四、袁家村发展大事记

1953 年袁家村建立互助组。

1955 年袁家村与西周村、东周村联合建立高级社。

1958 年高级社改为东周生产大队。

1962 年袁家村单独成立生产大队。

1970 年 11 月郭裕禄担任袁家村第 36 任队长。

1970 年袁家村打成第一眼大口井。

1972 年袁家村建立党支部，郭裕禄任支部书记。

1973 年袁家村粮棉产量过“纲要”。

1975 年袁家村棉花产量创历史最高水平，亩产皮棉 89 公斤。

1977 年 8 月 20 日，村党支部书记郭裕禄被选为党的十一大代表，到北京参加中国共产党第十一次全国代表大会。

1979 年袁家村粮食亩产达到 825 公斤，比 1970 年增长 10 倍。

1982 年 9 月 13 日，村党支部书记郭裕禄被选为党的十二大代表，到北京参加中国共产党第十二次全国代表大会。

1984 年袁家村建成水泥厂，当年创利润 30 万元，1986 年产量超过 5 万吨，1990 年产值达到 380 万元。

1985 年全国政协主席邓颖超在西安接见村党支部书记郭裕禄，对袁家村走集体致富的路子给予了肯定。

1987 年村党支部书记郭裕禄率领村民赴德国参观访问。

1988 年成立农工商总公司，董事长郭裕禄，总经理郭占武，副总经理王志学、张文西、郭建杰。

1989 年 9 月 22 日，村党支部书记郭裕禄被评为全国先进党务工作者。

1989 年 9 月 28 日，村党支部书记郭裕禄被评为全国劳动模范。

1990 年投资 460 万元，建成硅铁厂、印刷厂。

1990 年 4 月 14 日，中共中央政治局常委李瑞环在省委书记张勃兴等人的陪同下，参观了袁家村，他对张勃兴说：“如果陕西有三分之一的农村像袁家一样，那陕西就了不起了。你们省要把袁家的经验总结出来，在全省推广，人家看了袁家，能不说社会主义好吗！如果过得寒酸，叫人说社会主义好，那是不可能的。”后又题词“劳动致富，无上光荣”。

1991 年 7 月 5 日，我驻外 30 多个国家大使参观团范国详、杨一怀、刘立德、喻明生等人参观了袁家村后留言：“坚持社会主义集体经济，艰苦创业，共同富裕的楷模。”

1991 年 8 月 13 日，苏共中央农业政策部代表团到袁家村参观并留言。

1992 年 3 月至 9 月，郭裕禄同志推选为礼泉县人大副主任，中共陕西省委委员，礼泉县委副书记。

1992 年 10 月 19 日，村党支部书记郭裕禄被选为党的十四大代表，到北京参加中国共产党第十四次全国代表大会。

1992 年 10 月，中共中央政治局常委、国务院副总理朱镕基在北京党的十四大期间接见村党支部书记郭裕禄。

1993 年 3 月 9 日，袁家农工商联合总公司挂牌成立。注册资金 2100 万元。

1994 年春，袁家水泥厂扩大生产规模，水泥由年产 5 万吨扩大到 15 万吨。

1995 年 10 月 17 日，原“袁家农工商联合总公司”经上级批准改为“礼泉县袁家集团公司”。注册资金 8000 万元，法人代表郭占武。

1995 年 11 月 17 日，烟霞中学教职工和学生给袁家村送来“捐资助学，造福子孙”牌匾。

1996 年 4 月 8 日，袁家村组织全村 45 岁以上中老年妇女 40 余人乘飞机赴北京参观游览。

1996 年 12 月 24 日，陕西省委书记安启元来袁家村视察工作。

1998 年 9 月 3 日，袁家村村民向长江流域、嫩江流域特大洪水灾区捐款捐物，共计 56240 元人民币。

1999 年 9 月，中央精神文明建设指导委员会授予袁家村“全国创建文明村镇工作先进单位”。

1999 年度，袁家集团公司向国家上缴税金 199.656 万元。其中：金裕公司上缴 193.8 万元；袁家村委会上缴 1.5 万元；个体运输户上缴 4.356 万元。

2000 年 4 月 20 日，德国一行 15 人来袁家村参观考察。

2001 年 3 月，袁家村被咸阳市委、市政府命名表彰为计划生育“六好六无”示范村。

2007 年

6 月 19 日，郭占武书记提出旅游发展思路及口号“大干 100 天，幸福袁家人”。

9 月 29 日，袁家村关中印象体验地开业，首批建成作坊街和 5 户农家乐。

全年接待游客 3 万人。

2008 年

4 月起，组织村民外出考察学习（先后赴四川成都、云南丽江、山西平遥等地考察学习）。

全年接待游客量 10 万人。

2009 年

被陕西省农业厅评为“陕西省一村一品农家乐明星村”“陕西省文化产业示范单位”；被省环保厅评为“陕西省生态村”。

9 月，袁家村小吃街建成开业。

全年接待游客 50 万人。

2010 年

郭占武书记提出从乡村旅游向乡村度假转型，与希腊人合作客栈 Amanda。

被评为国家 AAA 级旅游景区。

5 月，股份合作社成立，袁家村将作坊店改制为作坊合作社，这是袁家村发展历史上一次质的变革。

全年接待游客 80 万人。

2011 年

被农业部评为“中国最有魅力休闲乡村”。

重建唐宝宁寺。

全年接待游客 120 万人。

2012 年

荣获农业部颁发的“全国一村一品示范村”“全国生态示范村”称号。

荣获陕西省发改委颁发的“旅游服务业标准化试点”称号。

陕西省委书记赵乐际来袁家村视察工作。

9月，酒吧咖啡一条街建成开业。

全年接待游客180万人。

2013年

被国家住建部及旅游局评为“国家特色景观旅游名村”，入选第二批“中国传统村落”名录。

全国人大常委会副委员长吉炳轩来袁家村视察工作。

开办袁家村农民学校，通过对农民进行培训、教育，群众、商户整体素质大幅提高。

全年接待游客量260万人。

2014年

被评为国家AAAA级景区、“2014中国十大最美乡村”、“中国十佳小康村”。

被陕西省委宣传部评为“2013年度陕西最具成长力文化企业”。

2月，艺术长廊建成，袁家村有了文创新业态。

2月，开通袁家村至西安、咸阳的旅游专线。

3月，中共中央政治局常委、中央书记处书记刘云山到访袁家村。

3月，中央电视台农业军事频道来袁家村拍摄《美丽乡村中国行》。

7月，湖南卫视“汉语桥”栏目组来袁家村拍摄。

全年接待游客350万人。

2015年

获评国家旅游局全国首批“中国乡村旅游创客示范基地”。

被陕西省政府评为“陕西名牌”。

8月8日，袁家村西安曲江银泰店开业，“袁家村进城”一炮打响。

10月1日，回民街、祠堂街开业。

10月，袁家村受邀参加湖南卫视第十届金鹰电视艺术节。

全年接待游客 450 万人。

2016 年

被中国社会科学院评为“中国乡村旅游研究基地”。

郭占武书记提出袁家村“走出去”战略。

1 月，袁家村大型生态停车场建成并投入运营。

3 月，组织村民商户分批去日本考察学习。

5 月，全国人大常委会副委员长、全国妇联主席沈跃跃来袁家村视察工作。

8 月，“书院街”项目建设完成。

10 月 27、28 日，举办中国（袁家村）乡村旅游高峰论坛。

10 月 28 日，袁家村城市体验店西安小寨赛格店开业。

12 月，中央电视台农业军事频道《美丽乡村过大年》来袁家村拍摄。

全年接待游客 500 万人。

2017 年

1 月 1 日，袁家村咸阳正兴广场店开业。

3 月 15 日，中央农村工作领导小组副组长、中央农办主任唐仁健来袁家村调研乡村旅游、美丽乡村建设和产业发展情况。唐仁健指出：今后袁家的发展要持续地走下去，必须保持“五气”，即：一是要有一定的土气，要保留传统的东西，民俗的东西，接地气，给人留下乡愁的记忆；二是要有一定的老气，要保留古建筑风格，要有一些反映岁月记忆的建筑、树木等，让人感觉有历史的印痕；三是要有一定的生气，要有生命力的东西支撑袁家的发展，不断挖掘和延长产业链，做一些能聚集人气的项目；四是要有一定的洋气，与时俱进，适应现代化发展需要，吸引年轻人时尚需求；五是要有一定的朝气，要顺应时代潮流，不断创新，激发新的活力，走在发展的前沿。

4 月 16 日，美国 PBS 电视台来袁家村拍摄中国旅游宣传片。

5 月 3 日，袁家村美丽乡村培训班开班。

7 月 28 日，袁家村西安胡家庙万和城店开业。

8月，袁家村被评为全国农村综合性改革试点。

9月30日，袁家村浐灞砂之船奥莱店开业。

12月16日，郭占武书记当选陕西省人大代表。

12月26日，中央电视台综艺频道新春特辑节目《正月好味到》来到袁家村拍摄。

袁家村“走出去”战略迈出坚实步伐，袁家村与湖北、山西、河南、青海、浙江、江苏等省份签订战略合作协议。

全年接待游客550万人。

2018年

在2018年全国农民新春联欢会“亿万农民的笑声”中袁家村作为应邀嘉宾向祖国报告。

1月15日，在“2017年陕西旅游年度盛典”上，袁家村获“感动陕西2017年度影响力十大旅游区”和“十佳特色民宿集群”两项殊荣。

2月份，袁家村新集体经济“一新九法”模式被评为“2017中国三农十大创新榜样”。

3月16日，国家发改委、农业部来人到袁家村调研乡村振兴工作。

4月10日，中共十九届中央委员、十三届全国人大常委会副委员长吉炳轩同志视察袁家村。

4月15日，中央电视台中文国际频道播出《外国人在中国》袁家村特辑——关中民俗婚礼。

5月8日，十一届全国人大常委会副委员长周铁农同志视察袁家村。

5月10日，青海省委书记王建军同志视察袁家村青海项目。

5月18日，袁家村五星级温泉度假酒店项目开工建设。

5月27日，陕西省委常委、西安市委书记王永康同志考察袁家村。

6月15日，国务院发展研究中心副主任王安顺同志调研袁家村乡村振兴工作。

6月28日，袁家村西安盛龙店开业。

7月5日，村委会换届，王创战同志当选新一届袁家村村委会主任。

7月12日，中央政策研究室经济局局长冯海发调研袁家村乡村振兴工作。

7 月 13 日，袁家村旅者营地运动中心项目开工建设。

7 月 18 日，袁家村夜校开讲，“在实战中学习，在学习中实战”。

7 月 31 日，中央电视台经济频道《经济半小时》栏目播出袁家村特辑《贫瘠的土地如何遍地生“金”》。

8 月 6 日，中央电视台农业军事频道《美丽乡村中国行》栏目播出袁家村特辑《乡村振兴看中国——创新袁家村》。

8 月 24 日，袁家村向全球招募实习村长。

10 月 1 日，袁家村西安凤城八路卜蜂莲花店开业。

10 月 18 日，袁家村西安凤城一路社区店开业。

10 月 28 日，袁家村西安高新卜蜂莲花店开业。

12 月 6 日，袁家村西安康复路亿象城店开业。

12 月 20 日，袁家村西安钟楼骡马市店开业、袁家村西安泾河新城万国荟奥特莱斯店开业。

12 月 21 日，举办“首届中国乡村振兴大会袁家村峰会暨第八届全国农民合作社大会”。

12 月 25—30 日，举办“第六届中国（咸阳）国际微电影展”。

全年接待游客 580 万人。

2019 年

1 月 6 日，中央电视台农业军事频道《乡土》栏目来袁家村拍摄《全国休闲农业精品地图》。

1 月 7 日，陕西省委常委、西安市委书记王永康实地调研西咸新区——袁家村万国荟奥特莱斯店。

1 月 20 日，袁家村西安骡马市店开业。

3 月 27 日，袁家村民乐园城市店开业。

4 月 30 日—5 月 4 日，举办中国·袁家村街画艺术节。

5 月 25 日，哥伦比亚众议院一行考察袁家村。

5 月 26 日，袁家村万象汇高新店开业。

7 月 1 日，山西忻州秀荣印象·袁家村开业。

7 月 12 日，文化和旅游部发布《关于公示第一批拟入选全国乡村旅游重点村名录乡村名单的公告》，袁家村入选第一批全国乡村旅游重点村名录。

7 月 16 日，新加坡丰益国际董事局主席、益海嘉里集团董事长郭孔丰实地考察袁家村。

7 月 26 日，宝鸡市袁家村星钻国际店开业。

9 月 28 日，河南新乡同盟古镇・袁家村开业。

11 月 14 日，袁家村星巴克开业。

12 月 5 日，住房和城乡建设部印发《关于公布美好环境与幸福生活共同缔造活动第一批精选试点村、连片推进村和试点县名单》，袁家村入选。

12 月 22 日，陕西省委常委、西安市委书记王浩考察袁家村。

全年接待游客 600 万人。

参考文献

[1] 陈林．习近平的“三农”情怀［EB/OL］（2013-05-09）［2020-08-20］．http://dangshi.people.com.cn/n/2013/0509/c85037-21420293.html.

[2] 乡村振兴战略规划（2018—2022年）［EB/OL］(2018-09-27)［2020-08-20］.https://www.sohu.com/a/256446238_100273408.

[3] 乡村振兴，袁家村创造了多少个全国第一？［EB/OL］（2019-06-11）［2020-08-20］.https://www.sohu.com/a/320045882_99899537.

[4] 温铁军：乡村振兴如何正确学习袁家村？［EB/OL］（2019-02-26）［2020-08-20］. https://www.sohu.com/a/298104884_653202?sec.

[5] 王新华．袁家村的变迁［M］．西安：陕西旅游出版社,2002.

[6] 刘凤梅．黄土魂［M］．西安：陕西人民出版社,1994.

[7] 毛泽东．中国共产党在民族战争中的地位［M］//毛泽东．毛泽东选集：第2卷．北京：人民出版社,1991:526.

[8] 西安峰．咸阳袁家村历史概况［EB/OL］（2015-06-10）［2020-08-20］．http://ai163.cn/xa/news/xianyang/20140527/845.html.

后 记

本书是集体智慧的结晶。第一、第五章由周佩萱撰写，第二、第七章由柳泽凡撰写，第三章由蔡兆凝撰写，第四章由褚庆宜撰写；第六章第一节由柳泽凡撰写，第二节由周佩萱撰写，第三至第五节由蔡兆凝撰写，第六至第九节由褚庆宜撰写；第八章由赵强社、郭占锋撰写，第九章由赵强社撰写。赵晓峰和张贯磊负责章节布局和稿件统筹。孙永华做了大量文字校对和资料搜集工作。

袁家村的郭裕禄老书记、郭占武书记、郭俊武、王创战、袁社娃等新旧村两委班子成员以及小吃街、作坊街、文化艺术长廊等不同街道的一些商户、村民和打工者接受了我们的访谈调研，他们亲身经历了袁家村的“艰难时光”，也见证了袁家村在新时代的“转折与发展”。另外本书在编写过程中参考了有关材料，在此一并表示感谢。

赵强社

2020 年 7 月 18 日

赵强社，管理学博士，高级经济师，中共陕西省咸阳市委农工办主任，西北农林科技大学兼职教授、硕士生导师。